星野 豊

信 託 法

法律学講座

信 山 社

序

　本書は，日本の信託法について，基本的知識を解説し，併せて，解釈を理論的に検討しようとするものである。
　信託法は，大正 11 年に立法されて以来，必ずしも議論が盛んに行われない時代が長く続いたが，平成 14 年に信託関係の一般論に関する最高裁判決が出された頃から，学界および実務界の双方において，にわかに注目されるようになった。そして，平成 16 年に信託業法の改正が，平成 18 年末に信託法の改正が，続いて成立したことにより，信託法および関連法規の条文数と条文の分量は，飛躍的に増大した。特に，現行信託法の条文には，改正前の旧信託法との比較で見ても，極めて細かな事項までが信託法本体に明文で規定されることとなった。例えて言えば，条文の文言をそのまま文章として書き下せば，信託法の一般的な教科書が出来上がる程度の細かな内容を，現行信託法は規定しているのである。
　しかしながら，いかに細かな条文を規定したとしても，信託法の理論的な解釈の可能性は，立法者の予測を超えてはるかに広いものであり，既存の議論の枠内に収まりきらない解釈上の問題点も，基本的な次元のものを含めて少なからず存在している。したがって，信託法の学習や研究に際しては，条文の具体的な内容と条文相互間の関係を体系的に理解すると共に，信託法の条文から一歩離れて，信託関係を理論的にどのように捉え，どのような観点に基づいて解釈を行うべきかを，同時に考えていく必要がある。これは，信託法の解釈に限らず，法律学の最も基本的な使命であるところの，条文に規定されている問題解決の理論的基盤を探究し，未知の問題点が生じた場合における解釈の基本的な方向性を示す，という作業の一環にほかならない。
　以上のことから，本書では，信託法の条文についての基本的な知識を解説すると共に，信託に関する理論的観点から導かれる議論を，条文の解釈と融合させることを試みた。これにより，信託法に対する読者の理解が容易になったか，あるいはより困難になったかは，各読者において判断していただくほかはない。なお，旧信託法の解釈に関する議論であるが，信託関係についての理論的観点と信託法の個々の問題点の解釈との相互関係について考察を

加えた，私自身の研究書として，星野豊『信託法理論の形成と応用』（信山社，2004年）が刊行されているので，本書の内容についてより深く検討してみたい方，あるいは，信託法理論と信託法との関係について興味を持たれた方は，この研究書の方もぜひお読みいただければ幸いである。

　また，本書で引用されている現行信託法の条文は，本書の出版時である平成23年現在のものであるため，その後における法改正や議論の補足については，筑波大学附属図書館が管理運営する「つくばリポジトリ」サイトにおいて，本書の紹介を兼ねた補足原稿を，「星野豊『信託法』（信山社，2011年）【INTRODUCTION & APPENDIX】」と題して，随時更新することとした。URLは，下記のとおりである。

　　　　http://hdl.handle.net/2241/113144

読者におかれては，お手数をおかけして申し訳ないことであるが，本書を読まれるに際して，こちらの原稿についても，併せて御参照をお願いしたい。

　本書の内容は，本書において初めて公表するものであるが，本書の議論の基本ないし前提となっているのは，平成3年から6年まで三井信託銀行（当時）で行った信託法の研修講師の経験と，平成12年以来，筑波大学社会学類および同大学院で実施している信託法の講義・演習である。また，平成7年以来，みずほ信託銀行（研究会発足当時は安田信託銀行）と共同で実施してきた研究会での議論から得たものも極めて大きい。さらに，櫻田直弘，近藤康雄，中山雅彦，新部敏の4氏からは，本書の原稿に対して，理論上，実務上双方の観点から，多くの御教示をいただいた。お世辞にも分かりやすいとは言えない私の議論に辛抱強く付き合ってくださった学生や実務家の皆さんに，改めてお詫びを申し上げると共に，本書の上梓をもって，これまでの御礼の一端に代えさせていただきたいと思う。最後に，本書の構想から完成に到るまで，かなり長い期間が経過してしまったが，その間絶え間なく励ましと御協力をいただいた信山社の方々に厚く御礼を申し上げたい。

　　　2011年6月16日

　　　　　　　　　　　　　　　　　　　　　　　　　　　　星　野　　豊

目　　次

第1章　信託の定義と特徴 …………………………………………… 1

第1節　信託の定義 ………………………………………………… 1
(1) 信託の定義の多様性 (1)
(2) 信託法上の定義規定 (3)

第2節　信託の歴史と信託法制 …………………………………… 8
(1) 英国における信託法理の形成 (8)
(2) 裁判所制度改革と債権説の役割 (9)
(3) 米国における信託法理の発展 (11)
(4) 旧信託法の基本的特徴 (12)
(5) 現行信託法の基本的特徴 (13)

第3節　信託と信託類似法理 ……………………………………… 15
(1) 信託と信託類似法理との比較検討 (15)
　(a) 代理 (16)　(b) 間接代理 (16)　(c) 寄託 (17)
　(d) 委任 (18)　(e) 会社 (18)　(f) 組合 (19)
　(g) パートナーシップ (19)　(h) 権利能力のない社団 (20)　(i) 譲渡担保 (20)
(2) 財産管理に関する裁判例と信託法の適用 (21)
　(a) 保険料専用口座の預金債権の帰属 (21)　(b) マンションの預託管理金に関する権利関係 (23)　(c) 後継ぎ遺贈の解釈 (23)　(d) 遺言執行者の受遺者選定権限 (24)　(e) 親子間の利益相反行為の解釈 (25)　(f) 公共請負工事の預託保証金の法律関係 (26)

第4節　信託の理論的特徴 ………………………………………… 28
(1) 信託の定義と信託の基本構造との関係 (28)
　(a) 信託財産二重領有説 (28)　(b) 債権説 (29)
　(c) 英国の物権説（受益者実質所有権説）(30)　(d) 米国の物権説 (31)　(e) 信託財産実質法主体性説 (32)
(2) 信託の基本構造と信託の特徴との関係 (33)

(3) 信託の理論的特徴に関する本書の立場 (35)

第2章　信託の設定と信託財産 …………………………………… 37
第1節　信託の設定 ……………………………………………… 37
　　(1) 信託の理論的成立時点 (38)
　　(2) 信託の成立に関する当事者間の合意の効力 (40)
第2節　信 託 財 産 …………………………………………………… 44
　　(1) 信託財産の概念 (44)
　　(2) 信託財産の合同運用 (46)
　　(3) 積極財産と消極財産 (49)
　　(4) 階層的な信託関係 (51)
　　(5) 信託財産の変動 (54)
　　(6) 信託に関する相殺 (57)
　　(7) 信託財産の独立性 (60)

第3章　信託の当事者 ……………………………………………… 66
第1節　受 託 者 ……………………………………………………… 66
　　(1) 受託者の適格 (66)
　　(2) 共同受託者 (69)
　　(3) 受託者の権限代行者 (73)
　　(4) 受託者の地位の承継 (76)
第2節　受 益 者 ……………………………………………………… 81
　　(1) 受益者の適格 (81)
　　(2) 共同受益者・連続受益者 (84)
　　(3) 受益者の候補者 (86)
　　(4) 帰属権利者 (88)
　　(5) 受益終了後の受益者 (90)
　　(6) 受益権の譲受人 (92)
第3節　委 託 者 ……………………………………………………… 95
　　(1) 委託者の適格 (95)
　　(2) 委託者の地位の承継 (97)

第4節　その他の関係者…………………………………………… 98
　　(1)　信託管理人（98）
　　(2)　取引の仲介者（100）

第4章　信託の管理と監督………………………………………… 102
　第1節　受託者の権限…………………………………………… 102
　　(1)　受託者の権限の理論的根拠（102）
　　(2)　受託者の権限の第三者への委託（104）
　　(3)　費用補償請求権（107）
　　(4)　受託者の権限行使の効果（112）
　　(5)　信託違反行為の効果（114）
　第2節　受託者の義務…………………………………………… 117
　　(1)　受託者の義務の基本的性格（117）
　　(2)　受託者の忠実義務（118）
　　(3)　受託者の善管注意義務（123）
　　(4)　受託者の情報開示義務（126）
　　(5)　受託者の分別管理義務（131）
　　(6)　共同受託者の義務（134）
　　(7)　受託者の義務違反の効果（137）
　第3節　受益者の権利…………………………………………… 140
　　(1)　受益者の権利の性格（140）
　　(2)　受益者の権利の成立（143）
　　(3)　受益者の監督権限（146）
　　(4)　受益者の権利の譲渡（151）
　　(5)　共同受益者の権利（154）
　　(6)　連続受益者の権利（155）
　　(7)　将来受益者と帰属権利者の権利（157）
　　(8)　受益権譲受人の権利（158）
　　(9)　配当終了後の受益者の権利（159）
　第4節　委託者の権限…………………………………………… 161
　　(1)　信託関係における委託者の権限（161）

(2)　信託法における委託者の地位 (162)

　第 5 節　監督官庁の権限………………………………………………… 165
　　　(1)　裁判所の監督権限 (165)
　　　(2)　行政官庁の監督権限 (171)

　第 6 節　信託関係の公示………………………………………………… 172
　　　(1)　信託関係の公示の理論的意義 (172)
　　　(2)　信託財産の分別管理と信託関係の公示 (175)

　第 7 節　信託に関する税制……………………………………………… 179
　　　(1)　信託の基本構造から見た信託税制 (179)
　　　(2)　現在および今後における信託税制のあり方 (183)

第 5 章　信託と第三者の関係……………………………………………… 188
　第 1 節　信託関係に対する第三者の地位……………………………… 188
　　　(1)　信託関係当事者と第三者との関係 (188)
　　　(2)　信託関係の明確化と第三者との関係 (190)

　第 2 節　信託違反と第三者の責任……………………………………… 192
　　　(1)　信託違反行為と第三者の関係 (192)
　　　(2)　信託の基本構造と受益者の追及権 (194)
　　　(3)　受益者の追及権に関する議論の理論史的背景 (198)
　　　(4)　信託法上の受益者の追及権 (200)

　第 3 節　第三者に対する受益者の責任………………………………… 204
　　　(1)　受益者に対する第三者の権利 (204)
　　　(2)　信託の基本構造と受益者の責任 (207)
　　　(3)　受託者の免責と受益者の責任 (211)

第 6 章　信託の変更と終了………………………………………………… 213
　第 1 節　信託の変更……………………………………………………… 213
　　　(1)　信託条項の変更 (213)
　　　(2)　信託の併合 (216)
　　　(3)　信託の分割 (222)

第 2 節　信託の終了と継続………………………………………………230
    (1)　信託の終了（230）
    (2)　信託の清算（232）
    (3)　信託の継続（236）

第 7 章　応用的信託の特徴………………………………………………238
  第 1 節　公 益 信 託………………………………………………………238
    (1)　公益目的の意義と監督官庁の権限（238）
    (2)　公益信託における受益権の性格（241）
    (3)　公益信託の現代的活用（242）
  第 2 節　商 事 信 託………………………………………………………244
    (1)　商事信託の定義と特徴（244）
    (2)　商事信託と現行信託法（246）
        (a)　受益権の証券化（247）　(b)　受託者の責任限定（250）
    (3)　商事信託法制のあり方（253）
  第 3 節　国 際 信 託………………………………………………………255
    (1)　国際信託の特徴（255）
    (2)　信託の準拠法選択（257）
  第 4 節　知 財 信 託………………………………………………………258
    (1)　知財信託の特徴（258）
    (2)　国際知財信託（260）

参 考 文 献
事 項 索 引
条 文 索 引

第1章　信託の定義と特徴

第1節　信託の定義

(1) 信託の定義の多様性

　「信託とは何か」という問題は，信託について議論する際の出発点であると同時に，信託に関する議論の究極の到達点でもある。法律学上の概念は，多少議論の余地がありえたとしても，大方の見解が一致する基本的な定義が大抵の場合存在しているが，信託に関しては，以下に述べるとおり，どのような側面からどのような目的のために議論を行うかによって，かなり質的な差異を生じさせるものとなっている。信託に関する議論の分かりにくさの1つの原因は，信託の定義自体が複数存在し，そのどれが最も優れた定義であるかが論理的に判断できない点にある，と言えるかもしれない。

　信託の定義に関する理論的観点は，大きく分けて3つある。第1に，信託の形成過程における当事者の行為を分析して，信託を形成しようとする当事者の意思に着目する考え方があり，旧信託法の採用していた定義がこれに当たる。第2に，既に形成されている関係当事者間の権利義務の構造に着目する考え方があり，米国の信託法リステイトメントにおける定義がこれに当たる。現行信託法の採用する定義も，ほぼこれに属すると考えてよい。第3に，やや方向性の異なる観点として，社会道徳や正義感から，特定の財産についてのあるべき法律関係に着目し，当事者が形成し，行動している権利義務の現況と異なる権利義務関係を裁判所が認める考え方がある。英国における伝統的な信託の概念は，この観点を基に形成されたものである。

　上記の3つの考え方は，互いに矛盾しているわけではないが，どの観点に

立つかによって，信託の具体的な定義や信託の理論的特徴について，解釈の方向性に大きな差異を生じさせるものとなる。

　すなわち，第1の観点に立った場合には，信託関係当事者，特に信託を形成させようとする委託者と受託者との間における信託関係設定の合意が理論的に最も重要であり，裁判所の行う信託関係の解釈も，当事者が形成した合意内容の探究を原則とすることとなる。したがって，この観点からすれば，信託は関係当事者の意思により形成されるものである以上，信託設定に関する当事者の意思が存在しない局面で信託法の規定を類推適用することは，原則として許されない。

　次に，第2の観点に立った場合には，信託が形成されているか否かは，関係当事者間に現に存在している権利義務関係の構造に依るから，その権利義務関係がどのようにして形成されたかは，信託の定義にとって必ずしも重要でない。もっとも，現存する権利義務関係が関係当事者の意思により形成された場合に，関係当事者の意思を解釈する必要が生ずることは当然であるが，信託が当初設定された時点における関係当事者の意思と，現在形成されている関係者の権利義務関係の状態とが一致していない場合（関係当事者自体が同一でないことも珍しくない）には，信託関係形成時の意思解釈でなく，現存する権利義務関係に即して解釈を行うべきこととなる。また，この観点の下では，現存する法律関係が関係当事者の意思に基づいて形成されたものでなかったとしても，信託法の規定を適用すべき場合がありうる。他方で，現存している関係当事者間の権利義務を無視して，裁判所が異なる法律関係を認定し強制することは，原則として許されない。

　以上に対して，第3の観点に立った場合には，ある法律関係が信託であるか否かは，当事者が形成した法律関係であるか否かに関わらず，あるいは，関係当事者間で現に存在している権利義務関係の構造に関わらず，裁判所が権利義務関係の対象となる特定の財産についてあるべき法律関係を社会道徳や正義感から認定し，関係当事者にそれを強制するか否かによって定まることとなる。言い換えれば，この観点の下では，信託関係当事者が信託を設定するというよりも，裁判所による信託の認定こそが信託関係成立の全てであり，関係当事者が信託を設定し，信託が現に存在していることは，それが社会道徳ないし正義感に合致する，と裁判所に認定されたからに外ならない。

要するに、この観点は、社会道徳や正義感からあるべき法律関係の設定を行うための手段として信託を捉えているわけであり、上記の第1の観点や第2の観点とはかなり質的に異なる方向性を持った考え方と言うことができる。

後に示すとおり、日本の信託法は、旧信託法の時代から、信託の定義について、明文の規定を置いている。したがって、条文の文言をもって信託の定義とすべきであるとの見解からすれば、明文の規定がある以上、信託の定義に関する議論は行う必要がないことになるであろう。しかしながら、信託の定義が問題となる現実の局面とは、要するに、ある法律関係が信託に該当するか否かが関係者間で争われ、当事者間で信頼関係に基づく新たな合意を成立させることが期待できない局面に外ならない。このような局面では、どのような観点に立って信託を定義するかによって、解釈の方向性に大きな差異が生ずるはずである。また、上記のとおり、第3の観点については、第1および第2の観点と考え方の方向性が異なっていることは確かであるが、この観点は、要するに、法律や法律学が社会正義の実現を目指すものとされている以上、社会道徳や正義感に基づくあるべき法律関係を設定するための手段として信託を利用すべきである、と考えるものであり、このような考え方を理論的に排斥すべき理由はないように思われる。例えば、日本ではまだ十分議論されていないが、家族内での財産管理について、家庭裁判所の裁量をある程度広く認めることを含めて信託法の類推適用を行うことは、現実問題の解決として、望ましい点が多いものと考えられる。

以上のとおり、信託の定義に関しては、複数の観点が併存しており、そのいずれに立つかによって、信託に関する解釈の方向性が異なる、という点を、信託の議論を行うに際して、常に念頭に置いておく必要がある。

(2) 信託法上の定義規定

平成18年改正前の旧信託法では、「財産権ノ移転其ノ他ノ処分ヲ為シ他人ヲシテ一定ノ目的ニ従ヒ財産ノ管理又ハ処分ヲ為サシムル」こと、と信託を定義していた[1]。この定義は、委託者が財産権の移転その他の処分を行って信託関係を設定し、「他人」である受託者をして、一定の信託目的に従って、財産の管理処分を行わせること、とするものであるから、委託者が信託

を設定し，受託者に対して財産の管理処分を委託する，という信託関係の形成行為に着目しているわけであり，前項で示した第1の観点に立つものと考えられる。なお，この定義は，大正11年に旧信託法が制定されて以来，平成18年に信託法が改正されるまで維持され続けたものであり，旧信託法立法準備当時の英米において強く主張されていた，債権説（この考え方を含めた各信託法理論の具体的内容については，第1章第4節で詳述する）の考え方を基盤とするものである。このように，旧信託法は，委託者が受託者との間で信託を設定する過程に注目して信託を定義したわけであるが，次のような問題点が指摘されていた。

第1に，受託者が「他人」と規定されていたことから，委託者が自己の財産の一部を信託財産として宣言し，自らが受託者として管理処分を行う「信託宣言（自己信託）」は，旧信託法上有効と言えるかが疑問視されていた。

第2に，委託者が「財産権ノ移転其ノ他ノ処分」を行う，と規定されていたことから，信託設定時に特定の信託財産が現に存在する必要があり，単に信託設定の合意が存在するのみでは信託は成立しないとの見解が有力に主張されていたため，多数の投資家から資金の払込を受けて成立する大規模な投資信託関係などでは，信託の成立時点が資金が現に払い込まれるまで遅れることとなり，資金を払い込んだ投資家の権利保護を図るための解釈が争われることとなった（第2章第1節(1)参照）。

第3に，委託者が「財産権」の移転その他の処分を行う，と規定されていたことから，信託財産を構成する財産は原則として積極財産に限られ，仮に消極財産が信託財産に含まれていた場合には，積極財産が消極財産を上回ることが必要であるとの見解が有力に主張されていたため，企業資産全体や相続財産全体等，積極財産と消極財産が混在し，改めて計算しなければ財産の状況が明らかにならない場合などでは，信託関係の設定を行うことが事実上困難であった（「積極財産」「消極財産」については第2章第2節(3)参照）。

以上に対して，平成18年に改正された現行信託法は，信託の定義として，「次条各号に掲げる方法のいずれかにより，特定の者が一定の目的〔略〕に

1　旧法第1条　本法ニ於テ信託ト称スルハ財産権ノ移転其ノ他ノ処分ヲ為シ他人ヲシテ一定ノ目的ニ従ヒ財産ノ管理又ハ処分ヲ為サシムルヲ謂フ

第 1 節 信託の定義

従い財産の管理又は処分及びその他の当該目的の達成のために必要な行為をすべきものとすることをいう」と規定している[2]。そして，信託の設定方法としては，信託契約の締結，信託設定の遺言，自己信託の設定に関する公正証書等の作成が挙げられている[3]。この定義を旧信託法の定義と比較すると，信託設定の方法を3条各号所定の方法と一応限定しているものの，信託の定義を直接規定した2条1項で専ら着目しているのは，受託者が信託財産を信託目的に従って管理処分している状態である。したがって，この定義は，前項で示した第2の観点に立つものと考えて差し支えない。

そうすると，前述した旧法上の問題に対しては，現行法では次のような解決が示されることとなる。

第1に，信託宣言については，自己信託が3条3号で設定方法の1つとして認められたことのほか，2条1項の定義の構造からして，委託者と受託者とが「他人」である必要はないから，信託の定義に含まれることとなる。

2　（定義）〔抄〕
　第2条①　この法律において「信託」とは，次条各号に掲げる方法のいずれかにより，特定の者が一定の目的（専らその者の利益を図る目的を除く。同条において同じ。）に従い財産の管理又は処分及びその他の当該目的の達成のために必要な行為をすべきものとすることをいう。
3　（信託の方法）
　第3条　信託は，次に掲げる方法のいずれかによってする。
　　一　特定の者との間で，当該特定の者に対し財産の譲渡，担保権の設定その他の財産の処分をする旨並びに当該特定の者が一定の目的に従い財産の管理又は処分及びその他の当該目的の達成のために必要な行為をすべき旨の契約（以下「信託契約」という。）を締結する方法
　　二　特定の者に対し財産の譲渡，担保権の設定その他の財産の処分をする旨並びに当該特定の者が一定の目的に従い財産の管理又は処分及びその他の当該目的の達成のために必要な行為をすべき旨の遺言をする方法
　　三　特定の者が一定の目的に従い自己の有する一定の財産の管理又は処分及びその他の当該目的の達成のために必要な行為を自らすべき旨の意思表示を公正証書その他の書面又は電磁的記録（電子的方式，磁気的方式その他人の知覚によっては認識することができない方式で作られる記録であって，電子計算機による情報処理の用に供されるものとして法務省令で定めるものをいう。以下同じ。）で当該目的，当該財産の特定に必要な事項その他の法務省令で定める事項を記載し又は記録したものによってする方法

第2に，信託の成立時点に関しては，2条1項の定義が信託が成立した状態に着目する以上，同条のみでは論理的には定まらない。したがって，現行信託法では，この点に関する明文の規定として，信託契約については締結時，信託設定の遺言については遺言の効力発生時，自己信託については公正証書の作成時等として，それぞれ明文の規定を置いている[4]。

　第3に，信託財産における積極財産と消極財産との構成についても，2条の定義は関知していない。したがって，3条所定の方法で信託が設定されば，積極財産と消極財産との構成がどのようなものであったとしても，信託は有効に成立するが，ただ，信託関係の存続や終了に関する問題として，信託法上の規制に従うこととなる。実際上，消極財産が過剰な信託については，破産法第10章の2（244条の2以下）の規定に従って破産手続が行われ，信託関係は破産手続開始の決定があった時に終了することになるであろう[5]。

　他方，現行法での信託の定義は，次のような特徴と問題点を有している。

　第1に，前述のとおり，現行法では，受託者が信託目的に従って信託財産を管理すること，としか信託を定義していないから，信託関係当事者間の権

4　（信託の効力の発生）
　第4条①　前条第1号に掲げる方法によってされる信託は，委託者となるべき者と受託者となるべき者との間の信託契約の締結によってその効力を生ずる。
　②　前条第2号に掲げる方法によってされる信託は，当該遺言の効力の発生によってその効力を生ずる。
　③　前条第3号に掲げる方法によってされる信託は，次の各号に掲げる場合の区分に応じ，当該各号に定めるものによってその効力を生ずる。
　　一　公正証書又は公証人の認証を受けた書面若しくは電磁的記録（以下この号及び次号において「公正証書等」と総称する。）によってされる場合　当該公正証書等の作成
　　二　公正証書等以外の書面又は電磁的記録によってされる場合　受益者となるべき者として指定された第三者（当該第三者が2人以上ある場合にあっては，その1人）に対する確定日付のある証書による当該信託がされた旨及びその内容の通知
　④　前3項の規定にかかわらず，信託は，信託行為に停止条件又は始期が付されているときは，当該停止条件の成就又は当該始期の到来によってその効力を生ずる。

5　（信託の終了事由）〔抄〕
　第163条　信託は，次条の規定によるほか，次に掲げる場合に終了する。
　　七　信託財産についての破産手続開始の決定があったとき。

第1節　信託の定義

利義務の構造がどのようなものであっても，信託の定義から外れることはない。これは，旧法が債権説を基盤としていたため，債権説以外の信託法理論と条文との間で理論的な問題が生ずる可能性があったことと比べて，最も大きな特徴である。このような現行法の特徴は，実務上存在するあらゆる形態の「信託関係」に対して幅広く信託法の適用を認めるものであるから，実務上生ずる問題の大半を信託法の規定に従って処理することを可能とし，ある意味での「法的な安定」につながるものである。しかしながら同時に，現行法の規定が上記のような特徴を持つ以上，信託に関する基本的な理論構成が条文からは論理的に導けないこととなり，信託と信託以外の法律関係とを区分する理論的観点が不明となるという，極めて重大な問題を含んでいることに注意しなければならない。

　第2に，信託の定義との関係で，3条各号に規定された信託設定の方法が，例外を認めない厳格な規制であるか否かが問題となる。本書としては，第1章第4節(3)で詳述するとおり，信託の定義の最重要部分は受託者が信託目的に従って信託財産を管理することであり，信託設定方法については副次的なものとする考え方を採るが，そうすると，「委託者」の意思によらずに成立した場合であっても，財産管理者が一定の目的に従い財産の管理処分を行う関係があれば，信託法の適用ないし類推適用を認めるべきこととなる。これに対し，3条各号による設定方法まで含めて信託の定義と考える立場からすれば，委託者の意思によらない関係への信託法の適用ないし類推適用は，原則として不可とされるであろう。

　いずれにせよ，前項で強調したとおり，旧法における信託の定義も，現行法における信託の定義も，それぞれ特徴と問題点とを有しているものであり，明文の規定があるからといって，議論の必要がなくなるわけではない。むしろ，現行法は，信託の定義をある意味で幅広くした分，多様な解釈上の問題点を呼び込みやすくなっていると考える方が適切であろう。

　以上のとおり，信託の定義については確定したものがあるわけでなく，現行法における信託の定義に関する規定も，理論的に完全な回答を示しているわけではない。また，冒頭に述べたとおり，信託の定義をいかなるものとすべきかは，本書の全体を通して考えていく必要がある。したがって，以下の記述においては，現行法2条に規定されている信託の定義を一応尊重しつつ，

後に第1章第4節(3)で詳述するとおり，信託財産の管理処分が信託目的によって拘束されている点が，理論的に最も重要な信託の特徴であると考える立場から，信託の各分野に関する議論を進めていくこととしたい。

第2節　信託の歴史と信託法制

　信託の歴史的起源に関しては諸説があるが，日本の信託法制の成立に直接的な影響を与えた主要なものは，英米で形成された信託に関する判例法理であると考えて差し支えない。本書の議論の主要な対象は，日本の信託法であるため，以下では，本書の議論のために必要最小限の範囲で，英米における信託法理の形成と発展について概観し，日本の旧信託法と現行信託法の法制としての概括的な特徴について検討する[6]。

(1)　英国における信託法理の形成

　英米における信託関係の基本的な定義は，ある特定の信託財産に関して，コモン・ロー上の権原を有する受託者が，当該財産から利益を受けるべきであるとされる受益者に対し，エクイティ上の義務と責任を負う関係，とされている[7]。なお，日本の現行法制度と異なり，英米では，伝統的な判例法理であるコモン・ローと，正義と衡平とを個別に解決するエクイティとが，歴史的淵源を異にして併存しており，上記の定義も，そのような複数の法の間で，それぞれの法を司る異なる裁判所における判断のずれによって成立したものということができる。

　すなわち，ある財産に関して，コモン・ロー上，受託者に権原が属するとコモン・ロー裁判所によって判断されたことに対し，エクイティ裁判所（大法官）が，当該権原を有する受託者に対して，正義と衡平の観点から，受益者の利益のために当該財産を保持する旨，個別に命令を発したことにより，財産に関するコモン・ロー上の権原が受託者に，エクイティ上の利益の帰属

---

[6] 以下の記述の詳細については，星野・信託法理論第1章および第2章参照。

[7] Restatement (3d) of Trusts, s.2.

が受益者にそれぞれ分離し，信託関係が形成された，ということである。

このような信託に関する判例法理は，英国において概ね15世紀頃には形成されていたとされるが，そのような伝統的判例法理に関する特徴として，次の点に注意しておかなければならない。

第1に，英国でエクイティに関する種々の裁判例が「判例集」として編纂され，体系化され始めるのは，16世紀半ば以降のことであり，エクイティ裁判所による事件解決は，理論的には個別案件の積上げと考えて差し支えない。したがって，判例集の形成された以降の時代についてはともかく，英国における当初の判例が，後に形成されることとなる判例法理の全容を予め認識しつつ個々の判決を下したと考えることは誤りである。

第2に，上記の定義から明らかなとおり，英国における伝統的な信託関係の形成については，エクイティ裁判所による命令が最も重要な役割を有している。これは，第1節(1)で示した第3の観点，すなわち，ある財産に関して正義と衡平の観点から望ましい権利義務関係を，当事者が形成し現存している権利義務関係と別に，裁判所が認定し強制する，という信託の定義の観点を，そのまま現すものである。したがって，英国の伝統的な判例においては，信託とは要するに裁判所が「信託であるべき」と判断した関係と考えて差し支えなく，当事者による信託関係の設定が理論的に重視されるのは，後の時代に到ってからのことである。

以上を要するに，英国における信託関係の歴史的淵源には，日本の現行法制と異なる法体系の把握や裁判所の役割の違いがあり，英国の伝統的法理がそのままの形で日本の法体系に組み入れられたわけではない。実際，以下に述べるとおり，英国においても米国においても，特に19世紀末以降，信託法理の理論的特徴は，大きく変化することとなったのである。

(2) 裁判所制度改革と債権説の役割

コモン・ロー，エクイティという複数の法が併存し，それぞれの法が異なる裁判所によって管轄されていた英国の「法体系」は，特に19世紀以降，社会の発展と共に種々の批判に晒されるようになった。エクイティ裁判所に対して加えられた具体的な批判としては，①案件の増加と裁判官の人員不足

による審理判断の著しい遅延，②裁判手続のための費用の高額化と裁判所職員による不正，③エクイティ法理それ自体の一貫性のなさと不明確さ，といったものがあり，それらの事情は互いに関連して弊害をさらに増悪させるものとなっていた。

19世紀全般をかけて行われた裁判所制度改革の結果，1873年裁判所法（Judicature Act of 1873）により，エクイティ裁判所はコモン・ロー裁判所に統合され，信託に関する裁判管轄も，コモン・ロー裁判所が併せて行うこととなった。この改革の理由についての従来の説明は，社会の発展，特に商業の発展に伴って必要とされた裁判所制度自体の効率性，というものである。しかしながら，上記で示したエクイティ裁判所の「弊害」が強く指摘され，結果としてエクイティ裁判所が消滅するに到ったことからすれば，エクイティ裁判所に対する批判の根源は，単なる裁判の非効率に留まらない，審理判断に関する正義と衡平への強い疑念が示されたものと考えるべきである。

そうすると，前項で述べた信託に関する判例法理の伝統的な特徴についても，理論的な再構成がなされなければならない。すなわち，伝統的な判例法理は，裁判所による正義と衡平の個別判断の積上げであったわけだが，裁判所の判断の正統性に疑念が示されている状況の中では，信託関係についての基本的な理論構成を，根本から考え直す必要が生じてくる。そして，この役割を担った信託法理論が，メイトランド（F.W.Maitland）によって提唱された「債権説」であり，日本の旧信託法の理論構成に対しても，大きな影響を与えることとなった。

債権説の基本的な考え方は，ごく簡単に要約すると，信託関係の形成にとって最も理論的に重要なのは，委託者が信託を設定しようとする意思と受託者による引受けとであり，裁判所による信託の認定は，委託者と受託者との間における合意の確認に過ぎない，とするものである。債権説は，この観点に基づいて，従来の判例に対してほぼ一貫した説明を行い，既に形成されてきた信託法理を，裁判所制度改革後もなお正統性があるものと結論づけた。ただし，裁判所制度改革後，再び裁判所の審理判断に関する社会からの信頼が回復していったため，現在において債権説の説明が信託法理の正統性の根拠として直接引用されることはほとんどなくなっている。したがって，現在の英国では，信託法理の正統性の根拠について，裁判所による正義衡平の体

系であるとの説明が，なお有力であると考えて差し支えない。

(3) 米国における信託法理の発展

米国における信託法理は，基本的には英国の信託法理を継受したものであり，1930年代以降に編集された「信託法リステイトメント（Restatement of Trusts）」によって，明確に体系化されている。現在では，1990年代から始まった第3次リステイトメントの編纂が，2007年の受託者の義務と受益者の権利関係についての議論をもって完結した。しかしながら，米国の信託法理は，最も基本的な部分において，英国の法理と相当異なる理論的特徴を有している。

米国における信託法理の基本的な特徴としては，第1に，大規模な事業としての利益追求目的の信託が発展するなど，実務上信託が利用される局面に大きな変化が生じたこと，第2に，利益追求目的の信託が発展していく中で，コモン・ローとエクイティとの関係にかかる法体系についての観点や，「財産権（property）」「利益（interest）」等の基本的な概念に変化が生じ，物としての財産それ自体ではなく，抽象的な経済的利益の増加を目的とする信託関係をも念頭において法理が構築されていったこと，第3に，歴史的な淵源を厳密に問わず，信託と機能が類似している財産管理法理全般としての「信認関係（Fiduciary Relationships）」の中に信託を位置づける考え方が確立したこと，をそれぞれ挙げることができる。

したがって，米国の信託法理は，英国のように，コモン・ローとエクイティとの厳密な役割分担を必ずしも維持しておらず，伝統的なエクイティに関する原則から外れた結論を導くことがしばしばある。また，信託財産の経済的価値が投資活動の中で変動することが考慮された結果，伝統的な英国の判例法理の結論を変更している部分も少なからずある。さらに，信託と契約との関係を典型とする，信託法理と他の法理との関係についても，歴史的淵源を特に重視せず，法体系の再構成を主張する見解まで登場している。

以上を要するに，米国における信託法理は，米国の社会と取引の実情に応じて柔軟に変化しており，米国における信託法理論は，かかる変化を合理的に説明するための理論的観点を提供する存在としての役割を持っているとい

うことができる。ただし、社会の実情に合わせて柔軟に変化するということは、逆に言えば、信託法理の一貫性や正統性については、判例法理としての具体的内容それ自体から説明することが困難であり、理論的根拠を別に求めなければならない。現在のところ、米国の信託法理論の多くは、取引における経済的合理性を中心に議論を構築している傾向が強いが、そのような議論の傾向自体も時代の推移によりさらに変化していく可能性があるわけであり、今後の議論の動向が注目される。

(4) 旧信託法の基本的特徴

日本における信託に関する最初の立法は、明治38年に制定された担保付社債信託法（明治38年法52号）であり、同法で限定的に導入された信託概念を理論的に整理統括するため、大正11年に到って旧信託法が制定されたと言われている。旧信託法の起草者である池田寅二郎は、旧信託法の立案に際して、当時の英米で新たに主張され始めていた債権説の考え方を基本的に支持し、委託者が受託者に対して信託財産の移転等の処分を行うことにより信託関係を設定すること、および、受託者には信託財産の完全権が帰属し、受益者の権利は受託者に対する債権であることを、理論構成の中心に据えた。このような旧信託法の基本理念は、英米と基本的に異なると考えられる日本の法体系の中に、信託概念を整合的に位置づけようとする立法の目的に、合致していたものということができる。

このような考え方を基にした旧信託法は、次のような特徴を持っていた。

第1に、受託者に信託財産の完全権を帰属させる反面、受託者の義務と責任を最大限強化すると共に、受託者が信託財産を利用して個人的利益を追求する恐れがあることに対して、極めて警戒的な規定を置いた。これらの規定の存在が、後に述べるとおり、信託関係の柔軟性を失わせるものとして信託銀行実務から強く批判され、現行法への改正の原因となったのである。

第2に、上記第1と関連して、受託者に信託財産の完全権を帰属させる反面、信託財産と受託者の固有財産とを極力区別し、信託財産の独立性を前提とする種々の規定を置いた。このため、旧信託法では、条文の文言上明確に債権説が採用されていたにもかかわらず、信託財産の独立性を理論構成の中

心に据える信託財産実質法主体性説が、強い影響力を持つこととなった。

第3に、旧信託法は、前述のとおり日本法の中での信託概念の理論的な整理統括をすることを目的としていたため、信託の目的や形態について特に区別することなく、上記のような信託関係の基本理念に関する規定を全ての信託について適用した。一方で、実務では、非営利目的の民事信託はそれほど盛んにならず、信託財産の管理処分を通じた経済的利益の追求を目的とした、信託銀行を受託者とする商事信託が中心となり、旧信託法の解釈に対しても、大きな影響を及ぼした。このため、民事信託をも念頭に置く旧信託法の各規定、特に、受託者の自由裁量を大きく制限する受託者の義務や責任に関する諸規定は、信託関係当事者、特に受益者の利益をかえって損なうとの批判が、受託者である信託銀行実務から強く主張されることとなった。

(5) 現行信託法の基本的特徴

旧信託法は、平成18年に改正されて現行信託法に代わるまで、ほとんど大きな改正をされることなく推移してきたが、前述したような信託銀行実務からの批判と法改正への要望が、平成期に入ってから一段と加速してきた。ただ、信託銀行実務が念頭に置いていた信託関係は、前述のとおり信託財産の運用から経済的利益を追求する商事信託が中心であったから、旧信託法の特別法として「商事信託法」を制定するという立法上の選択肢もあったはずであるが、現実に改正されて成立した現行信託法は、公益目的の信託関係にかかる技術的な特別規定についてのみ、旧信託法の規定を特別法の形式として残し、民事信託と商事信託とを併せて適用対象とするものとなっている。

現行信託法は、13章立て、総条文数271か条の、かなり大部な法律である。全13章のうち、1章から7章までの184か条が信託の一般論に関する部分、8章から11章までが改正で新設された特定の信託関係に関する特例を規定した部分、12章および13章が雑則および罰則となっている。これは、条文数だけを単純に比較しても、旧信託法の75か条（うち、改正の対象とされた私益信託の部分は65か条）に対して実質約4倍、現行法の1章から7章までの信託の一般論の部分についてのみ比べても、184か条と約3倍の分量である。現行法が旧法と比べて条文数が大幅に増加している原因は、要する

に，規定の内容が詳細になった部分が多く，新設された条文も多数ある，ということに尽きる。これは，条文数のみならず，個々の条文の内容についても同様であり，旧法が重要条文を含めて極めて簡潔な書かれ方であるのに対し，現行法の規定は対象となる状況をかなり詳細に定義しつつ，個々の局面に対して，法律としての解決を具体的に示すものとなっている。

　以上のことからすると，日本の法体系における現行信託法の位置づけと特徴とについては，概ね次のように考えることができる。

　第1に，現行信託法が民事信託と商事信託との双方を広く適用対象とし，公益信託については技術的規定のみを残して特別法としたことからすれば，現行信託法は，旧信託法と同様，信託に関する理論的観点についての，基本法としての性格を維持することが可能なはずである。しかし，現行信託法は，信託関係に関するあらゆる理論構成に対して，そのどれにも親近性のある定義を置かない「完全中立」の立場を貫いているため，信託の基本構造をはじめとする信託の理論的解釈に対しては，良くも悪くも「無色透明」の存在であり，実務界を先導することができるだけの理論的観点を有しているとは，やや考え難いところがある。

　第2に，後に詳しく見るとおり，現行信託法は，従来の信託銀行実務が旧信託法下で各自の判断で実施してきた，信託に関する契約内容や実務慣行を，具体的な形で条文の中に採り入れている。この点で，現行信託法は，旧信託法と明らかに異なり，信託に関する理論的な観点を示した基本法というよりも，むしろ信託銀行実務の具体的行動に密着した規制法としての意味を強く持っている。ただし，多くの金融関係の規制法と比べると，信託法については政省令等に具体的な規定が委ねられている部分がほとんどなく，全て信託法本体の条文の中で具体的な規定が置かれており，その特徴が今後どのように作用することとなるかについては，慎重な観察と検討が必要である。

　第3に，これも後に見るとおり，現行信託法は旧信託法と異なり，受託者と受益者との合意によって信託事務に関する裁量を広げることができる部分を，極めて広範に拡大している。言い換えれば，現行信託法は，旧信託法と逆に，受託者の人格と能力とを受益者が信頼することを前提とし，信託関係当事者間への法律による介入を控える姿勢を基本的にとっている。これは，旧信託法に対する信託銀行実務からの批判と改正要望にかかる考え方に，ほ

ぼ従ったものと考えることができるが，このような特徴は，理論的には，現行信託法が理論的観点を明確に示していないことと相まって，制定法としての現行信託法が，現実の信託関係に対して良くも悪くも存在感を示さないこととなる可能性がある。

　もっとも，以上のようなことが理論的に考えられるとしても，信託銀行実務にとっては，従来の実務で独自の判断と責任とにおいて行ってきた契約や実務慣行の多くが，明文の規定として現行信託法に採用されたわけであるから，契約解釈や実務慣行の正統性を現行信託法が事実上承認したという社会的意味を十分に活用し，現行法の規定の存在を積極的に提示していくはずである。したがって，社会情勢がさらに変化して現行法の規定が実務の状況と要求とに適切に対応しなくなる事態が生じない限り，現行信託法と信託銀行実務とのいわゆる密月状態は，当分の間続くものと予想される。

第3節　信託と信託類似法理

　信託の特徴について考えるための有益な方法の1つは，信託と構造や機能が類似しているとされる法理や制度との比較検討をしてみることである。また，近時の裁判例で財産管理関係が争われた中で，信託法の適用による解決を考えてみることや，信託関係で同種の問題点が生じた場合における解釈を検討してみることも，信託の特徴を把握することに有益である。

　以下では，まず，信託と信託類似法理とを比較検討し，次いで，財産管理関係が裁判で争われた事案に対する信託法の適用について検討する[8]。

(1)　信託と信託類似法理との比較検討

　信託類似法理については，どの観点から「類似する」と考えるかによって，次の3種に分類することが可能である。

　第1に，財産の権利者が，信頼関係に基づいて，財産の管理処分を他人である管理者に委ねることを特徴とする法理ないし制度として，代理，間接代

8　以下の記述については，星野・信託法理論第4章第3節参照。

理，寄託，委任等がある。

　第2に，特定の財産に関して，定められた目的を達成するために，財産の管理処分が行われることを特徴とする法理ないし制度として，会社，組合，パートナーシップ，権利能力のない社団等がある。

　第3に，ある財産に関して，外形的な権利者と実質上の権利者とが異なることを特徴とする法理ないし制度として，譲渡担保等がある。

　以下では，この分類に従って，信託類似法理について概観する。

(a) 代　　理

　「代理」とは，法律の規定または当事者間の権限授与によって発生する法的地位であり，代理人の行為の効果を本人に帰属させるものである。

　信託と代理とが異なる点として，従来の議論では，次の3点が挙げられている。第1に，信託が，特定の信託財産の管理または処分に関するものであるのに対し，代理権授与行為の範囲は，必ずしも特定の財産の管理または処分に限られない。第2に，代理人の行為の効果は本人に対して及ぶのに対し，受託者の行為の効果は当然には受益者に対して及ばないことが原則である。第3に，受託者は信託財産の名義人となることが原則であるのに対し，代理人は代理権授与行為に基づく管理処分を行うべき財産の名義人とならない。

　このように，信託と代理とは，同じく関係当事者間の信頼関係を基礎とするものであっても，信頼関係の内容や関係当事者の権利義務関係の構造において，むしろ差異の方が強調されやすい。しかしながら，代理関係の本質が，上記のとおり代理人の行為を本人へ効果帰属させるものと考えた場合には，信託と代理とが同一の法律関係で併存すると考えることも理論的には不可能でなく，受益者と第三者との権利義務関係に対して，新たな観点を導く可能性がある（第5章第3節(1)参照）。

(b) 間 接 代 理

　「間接代理」とは，他人の計算において自己の名をもって取引を行うことであり，「経済上の代理」ともいう。間接代理では，上記の代理（直接代理）と異なり，取引の対象となる財産に関する法律上の効果がいったん間接代理人に完全に帰属した後，取引の効果が経済上帰属すべき委託者に対して移転

する，という構造をとる。また，間接代理人が委託者に財産を移転することなく破産した場合には，間接代理の対象となる財産について委託者が取戻権を有するとされている（最判昭和 43 年 7 月 11 日民集 22 巻 7 号 1462 頁）。信託でも，受託者の信託関係上の行為の効果は，いったん受託者ないし信託財産に帰属し，受益者に直ちに帰属しない。また，受託者の破産に際しては，現行信託法上，信託財産は破産財団を構成しない[9]。

　これらのことから，従来の議論では，間接代理と信託との親近性を可能な限り強調して，受託者の破産時に受益者が信託財産を取り戻せるか，という旧信託法では明文の規定がなかった問題に対して，間接代理に関する上記最高裁判例を援用する等の解釈が積極的に展開され，それを前提とする信託業法改正が成立したことがある。ただし，この判例は，間接代理人の破産管財人が，問題となった財産が実質的に委託者のものであることを明確に認めていた事案であり，間接代理に関する議論がどこまで信託法の解釈として応用できるかについては，両法理の性格の相違，さらに関係する法令の規定の構造との関係で，慎重な検討が必要である（第 4 章第 6 節(2)参照）。

(c) 寄　　託

　「寄託」とは，寄託者と受寄者との契約によって，受寄者が寄託者のために物を保管することをいう。関係当事者間の契約によって成立し，保管の対象が特定の物である点で，寄託と信託とは類似している。他方，寄託においては，物に関する権利が受寄者ではなく外形的にも寄託者に帰属したままであることが，信託における権利帰属の外形とは異なっている。また，受寄者が寄託契約上果たすべき物の保管に関する義務や責任と，受託者が信託財産の管理処分に関して果たすべき義務や責任とは，財産管理に関する具体的な権限の有無において相当程度差異がある。

9　（信託財産と受託者の破産手続等との関係等）〔抄〕
　　第 25 条①　受託者が破産手続開始の決定を受けた場合であっても，信託財産に属する財産は，破産財団に属しない。

(d) 委　任

「委任」とは，当事者間の信頼関係に基づいて，法律行為または事務処理を行うことを委任者が受任者に対して委託する契約であり，代理権の授与を伴うことが少なくない。委任が信託と異なる点は，代理に関して述べたこととほぼ同様であり，第1に，委任の範囲が特定の財産の管理または処分に限られないこと，第2に，受任者が当該財産の名義人とはならないのが原則であることが挙げられるが，上述した代理関係の場合と同様の理論的可能性を指摘することができる。

(e) 会　社

「会社」とは，営利追求を目的とした法人のうち，会社法（平成17年法86号）の規定によって設立されたものをいう。会社は，営利追求を目的として会社の名義および計算において取引を行う団体であり，構成員が個人として有する財産とは別に，会社自身の財産を有することが，法律上も理論上も要請されている。したがって，会社は，特定の財産に関して営利追求を行う目的で取引を行う，という点において，利益追求目的の信託と極めて類似した性格を有しており，財産管理を信託として行うか会社として行うかは，実務上の選択肢としてよく登場する。

他方，信託と会社との違いとして，旧信託法の時代には，第1に，会社には独立の法人格があるのに対して信託財産には法人格が認められていないこと，第2に，会社における利益配分や経営の監督については，株主ないし債権者保護を目的とした相当具体的な規制が存在するのに対し，信託における利益の配分や信託事務に対する監督については，関係当事者間の意思によって自由に定められる部分が多いことが挙げられていた。この点について，現行信託法は，旧信託法と比べて相当具体的な規定を設けているが，基本的な観点として，関係当事者間の合意によって定められる部分が大きいことに変わりはないものと考えられる。ただ，将来における日本の法体系の全体的な設計として，信託と会社との差異が具体的に生じないような法制度を構築すべきか，あるいは，信託と会社との質的差異を明確にする法制度を採用すべきかについては，慎重な議論が必要である。

(f) 組　　合

　「組合」とは，数人が出資して共同の事業を行うことを目的とする契約である。組合には法人格がなく，組合財産は全組合員の共有に属するが，強制執行や破産における局面では，組合財産と組合員個人の財産とは実質的に異なる財産と解釈される。また，組合は契約関係であるため，業務執行等に関しては当事者間の合意によって自由に定められる部分が多い。なお，民法上の組合は，原則として組合員全員が組合の負った債務について無限責任を負うが，商法上の組合は，業務執行者等の特定の組合員のみが無限責任を負い，その他の組合員は有限責任となっており，「匿名組合」という。

　このように組合は，組合財産が実質的に組合員個人の財産と区別される点や，組合財産による事業執行が行われる点において，信託による財産管理と相当程度類似している。他方，組合と信託との最大の違いは，組合員が組合から脱退する場合には，出資した財産の金銭による払戻しが認められるのに対し（民法681条），信託関係から受益者が脱退しても，特別の合意がない限り信託財産の配分は認められず，受益者が投下資本の回収を図るためには，受益権を譲渡して対価を得るほか手段がない点である。

(g)　パートナーシップ

　「パートナーシップ」とは，数人が事業遂行を目的として出資し，出資された財産に関して，当事者から選任された管理者が，事業執行者としての権限を有し，事業執行に係る責任を負う関係を指す。日本の解釈では，パートナーシップは事業執行者が選任された組合の一種と考えられており，投資事業有限責任組合契約に関する法律（平成10年法90号）でも，パートナーシップに相当する関係を組合の一種として規定している。なお，パートナーシップには，構成員全員が無限責任を負う「ジェネラル・パートナーシップ」と，構成員の一部が無限責任を負い，その他の者は有限責任となる「リミティッド・パートナーシップ」とがあり，それぞれ，日本における民法上の組合，および商法上の匿名組合に対応すると考えて差し支えない。

　なお，英米の議論では，パートナーシップの管理者の負う義務や責任について，信託受託者の負う義務や責任を類推する解釈が一般的である。日本の法規制としても，信託に関する信託法の規制の方が，組合に関する民法の規

制よりも具体的な規定が置かれていることを考えると，パートナーシップに対する信託法の類推適用が，今後検討の対象となるものと考えられる。

(h) 権利能力のない社団

「権利能力のない社団」とは，一定の目的の下に結合した人の集団（社団）のうち，法人格の認められないものをいう。判例上，権利能力のない社団であるための要件としては，第1に，社団としての特定性を有していること，第2に，多数決原理に基づく社団内部の意思決定および事務処理が行われていること，そして第3に，個々の構成員の変動によって社団としての特定性が変動しないこと，がそれぞれ必要とされている。権利能力のない社団の財産は，個々の構成員の財産とは区別された実質的な独立性を有しているが，社団自体が法人格を有しないために，登記登録を必要とする財産については，構成員全員の共有名義とするか，あるいは信託的に代表者個人による登記登録をすべきであるとされている。

このように，権利能力のない社団における財産管理は，社団自体に法人格がないことや，社団自体が一定の目的を有していること，社団の財産と構成員個人の財産とが区別されること等において，信託による財産管理と極めて類似している。ただし，権利能力のない社団に関する解釈は，内部関係についても外部関係についても，多数の判例によって相当程度具体的に示されるに到っており，信託法の規定が適用ないし類推適用されているわけではない。このため，旧信託法下では，権利能力のない社団に対する信託法の類推適用については消極的な見解が支配的であり，権利能力のない社団と信託との理論的な親近性についても，それほど議論がなされてこなかった感があるが，現行信託法の具体的な規定を権利能力のない社団に対してどこまで応用できるかについては，判例相互間の整合性や，判例により示されていない部分についての解釈を検討する際に，有益な示唆を与えるように思われる。

(i) 譲渡担保

「譲渡担保」とは，担保権者と担保権設定者との合意に基づき，担保の目的物の所有権を担保権者に移転する形式をとる，物的担保制度である。日本の民法には譲渡担保に関する規定はないが，その有効性は判例によって古く

から認められており，現在の実務界でも広く活用されている。

　第2次大戦前の判例および学説では，譲渡担保は，担保権者に本来帰属すべき権利（担保権）を超過した権利（所有権）が合意によって担保権者に帰属している関係，と考えられていたため，信託において，受託者に本来帰属すべき権利（管理権）を超過した権利（所有権）が受託者に帰属していることと対比し，譲渡担保を「信託譲渡」と呼んで，担保権者の権利行使に制限を加えようとする議論が試みられた。要するに，法律外形的な権利の帰属と経済実質的な権利の帰属とが異なる点をもって，譲渡担保と信託との類似性が強調されたわけである。

　これに対して現在では，譲渡担保は担保権者の有する債権の担保を目的とする関係であり，信託は当事者間の信頼関係に基づく受益者の利益のための財産管理を目的とする関係である，という関係設定の目的による差異を強調する見解が支配的である。また，譲渡担保についても，多数の判例によってその権利関係が具体的に判示されるに到っていることから，譲渡担保に対して信託法の類推適用を主張する見解や，譲渡担保と信託との類似性を主張する見解は，現在では少数に留まっている。

(2) 財産管理に関する裁判例と信託法の適用

　財産管理関係が裁判で争われることや，信託類似の法律関係が問題となる事案は，必ずしも珍しいものではない。

　以下では，具体的な事例として，第1に，保険料専用口座の預金債権の帰属について，第2に，マンションの預託管理金に関する権利関係について，第3に，いわゆる「後継ぎ遺贈」の解釈について，第4に，遺言執行者の受遺者選定権限について，第5に，親子間の利益相反行為の解釈について，そして第6に，公共請負工事の前払金の預託に係る法律関係について，それぞれ検討を加えてみる。

(a) 保険料専用口座の預金債権の帰属

　保険会社と代理店委託契約を締結している保険代理店は，かつて保険募集の取締に関する法律（募取法，昭和23年法171号，平成8年に保険業法に統合）

によって，保険契約者から支払いを受けた保険料の保管につき，代理店の一般財産と明確に区別するよう定められていた。東京地判昭和63年3月29日判時1306号121頁，および東京地判昭和63年7月27日金法1220号34頁は，かかる規制に基づき，保険代理店が保険料およびその立替金を払い込むために，「保険会社代理店」ないし「損害保険代理店勘定」等の名義の下に開設されていた専用預金口座の預金債権が，代理店の倒産の際に破産財団に属するか否かが争われたものである（破産者である代理店は両事件で同一）。東京地裁は，いずれの事件についても，①専用口座の預金が代理店の一般財産から区別されていることは口座名義自体から明らかであること，②専用口座の預金を代理店が自己の資金繰り等に流用することはできず，また流用の事実もないこと，③代理店による立替金の部分は未払保険料に関する収支明細表の額と合致して明確となっていること，等を理由に，専用口座の預金債権は代理店の一般財産に帰属するものではないとして，保険会社の破産管財人に対する預金債権相当額の引渡請求を認容した。

　この東京地判の理解については，2つの考え方がある。第1に，口座の名義や管理の実態からして保険料専用口座の預金債権が保険料であることが明らかである以上，当該預金は代理店でなく保険会社に帰属すべきものである，という考え方がある。要するに，特定の財産が他の財産から分別管理されている事実と，その事実が第三者に対して何らかの形で公示されていることをもって，破産財団からの特定財産の取戻しを肯定するわけである。これに対して第2に，専用口座の開設や預金債権の管理に対して募取法の規制が及んでいることをもって，破産管財人による預金債権，すなわち保険料の保険会社に対する引渡しを肯定する，という考え方がある。この見解の下では，募取法の規制という公法的規制の存在とかかる規制に基づく破産管財人の義務の存在とによって保険料の取戻しが肯定されるわけであるから，類似した事案である千葉地判平成8年3月26日金法1456号44頁のように，代理店が破産しない状況で保険会社が専用口座にある預金債権の引渡しを求めた場合や，募取法のような規制が存在しない財産の管理処分については，東京地判の判断はそのままでは適用されないこととなる。

(b) マンションの預託管理金に関する権利関係

旧募取法のような規制が存在しない場合に、特定財産である旨を口座名に付すことによって、第三者との関係で権利関係が主張できるかが争われたのが、東京地判平成8年5月10日判時1596号70頁、および、東京高判平成11年8月31日判時1684号39頁である。事案はいずれも、マンション管理業者が、複数のマンション管理組合から管理費等の委託を受け、口座名義としては自己の名にマンション名を付して預け入れていたものにつき、マンション管理業者（ないしはその破産管財人）とマンション管理組合との間で預金債権の帰属が争われたものである。東京地裁が、本件預金がマンション管理業者の個人財産と区別して管理されていたということは困難であると判断し、本件預金は名義人であるマンション管理業者に帰属するとしたのに対し、東京高裁は、預金原資である管理費の性質および管理業者による管理の態様からして本件預金は管理組合に帰属すると判示した。

本件預金がマンション管理業者の他の預金と分別されていなかったことは、管理組合が本件預金に対する権利を行使しようとする際の事実上の障害となるものであるが、そのような管理形態であることをもって本件預金債権をマンション管理業者が自己の利益のために自由に使用できると言うことはできないから、東京地裁の立論には若干無理があると思われる。これに対して、預金名義にマンション名が付されていたことから、マンション管理業者による預金管理においては自己の財産と一応分別されていたとして、本件預金が管理組合に帰属するとした東京高裁の判断は、財産の客観的外形と分別管理の事実をもって特定財産性を認めたものである。もっとも、預金口座の名義の設定は預金者が自由に行えることや、預金の管理に関する実態は第三者に対して必ずしも明らかでないことを考えると、財産が分別管理されていた事実をもって実質預金者を認定するという考え方の妥当性については、改めて検討する余地があるように思われる。

(c) 後継ぎ遺贈の解釈

「後継ぎ遺贈」とは、「甲に財産を遺贈し、甲が死亡した後はさらに乙に遺贈する」というように、受遺者が遺贈を受けた後の財産の帰属をも指定する内容を含む遺贈をいう。このような遺贈が受遺者の財産処分の自由を制限す

ることは明らかであるから，現在の通説的見解では，かかる後継ぎ遺贈は一般的に無効であり，受遺者による財産の管理処分に対して遺言者が単なる個人的希望を表明したに過ぎないもの，と考えられている。しかし，最判昭和58年3月18日家月36巻3号143頁は，後継ぎ遺贈の解釈として，遺贈者による単なる希望の表明と解するほか，第1次受遺者に対する負担付遺贈，第2次受遺者に対する条件付遺贈，第1次受遺者に使用収益権のみを与えた第2次受遺者に対する不確定期限付遺贈等，より多様な解釈が可能であると判示して，事件を原審に差し戻した。

　ここで，遺贈の対象となる財産に関して信託を設定し，その受益権を与える形で「遺贈」を行うことを考えてみると，上記の通説的解釈とはかなり異なる結論が導かれる。すなわち，受益権の内容をどのように定めるかについて，信託法自体に制限はない。したがって，「甲に受益権を与え，その後甲が死亡した場合には乙に受益権を与え，その後乙が死亡した場合には丙に受益権を与える」というように，受益権を連続して設定することは，信託法上有効となる。しかも，受益者による財産の管理処分権限は，信託条項によって自由に制限することができるから，対象財産を直接遺贈する場合と比べて，信託を設定した場合には，財産の帰属に関する遺言者の意思が，遺言者の死後相当長期にわたって実現される結果となる。もっとも，この結論は，あくまで信託法上制限されないというだけであり，このような信託関係の形成を有効と考えるべきかは，多様な観点から判断される必要がある。

(d) 遺言執行者の受遺者選定権限

　遺言者が，遺言で遺言執行者に対し，受遺者の選定権限を与えられるか否かについては，大審院判例でこれを否定したものがあり（大判昭和14年10月13日民集18巻1137頁），学説も消極的に考えてきた傾向があったが，最判平成5年1月19日民集47巻1号1頁は，「〔遺産〕全部を公共に寄与する」との遺言を，公益目的を有する団体等に対する遺贈であり，遺言執行者に対して受遺者の選定権限を与えたものとして有効である，と判示した。

　遺言者が生前に受遺者の選定を適切に行えない場合がありうることからすれば，遺言執行者の受遺者選定権限を有効としたこと自体は妥当なものと考えられるが，遺言執行者の監督を誰が行うか，遺言執行者の利益相反行為を

第3節　信託と信託類似法理

どのように制限すべきか等について，この判決は何も述べていない。また，民法の遺言執行に関する規定の中には，遺言執行者の権限濫用に対する規制や権限行使の監督に関する規定がほとんど存在しない。したがって，このような遺言執行について信託法を類推応用した規制を及ぼすことは，一般論として有用であると思われるが，信託と遺言執行のための遺産管理との関係をどのように考えるかによって，問題の解決が若干異なるものとなる。

(e) 親子間の利益相反行為の解釈

親子等を典型とする家族間の財産管理は，英米では信託法理を適用すべき原則的な形態として認識されている。要するに，財産管理能力が十分でない年少者や高齢者等の財産を信託財産として管理処分に目的拘束をかけることにより，年少者や高齢者等による浪費を未然に防止する一方，かかる年少者や高齢者等が他人に財産を搾取されることを防止する，という社会政策的な機能を信託は果たしているわけである。これに対して，日本の民法では，親権者は子の財産を管理する権限を一般的に与えられており（民法824条），親権者と子との間で利益相反状態が生ずる場合には特別代理人を選任するとされているのみであるため（民法826条），親権者が子の財産を管理する際の制限や拘束は極めて弱いものと言ってよい。さらに，利益相反行為に該当する財産の管理処分は無権代理行為として無効であるとされるのが判例上確立した原則であるが，最判平成4年12月10日民集46巻9号2727頁は，親権者が子の財産のみを親戚である第三者の債務の物上保証に供したという事案に対して，かかる行為には外形的な利益相反がない以上，原則として親権の濫用にはならない，と判示している。

利益相反行為が一般的に親権の濫用であるとされる理由は，子の利益を害する恐れが客観的に高いためであるから，「親権の濫用」の有無を判断するための基準としては，外形的事実としての利益相反状態が存在しているか否かではなく，子の財産管理の態様としての利益と損失の可能性を客観的に評価する方が，より適切なことは明らかである。その際に，財産の管理処分に目的による拘束をかける信託法理は，親権者による財産管理の濫用防止のための規制として，十分検討価値があるように思われる。

(f) 公共請負工事の預託保証金の法律関係

　最判平成 14 年 1 月 17 日民集 56 巻 1 号 20 頁は、公共請負工事の請負者が保証事業会社の保証の下に地方公共団体から支払いを受けた前払金について、地方公共団体と請負者との間に、地方公共団体を委託者兼受益者、請負者を受託者とする信託契約が成立していると認め、当該前払金が請負者の破産財団に属さないと判示した事例である。地方公共団体の発注する土木建築に関する工事については、公共工事の前払金保証事業に関する法律（昭和 27 年法 184 号、以下単に「保証事業法」という）に基づく建設大臣（現国土交通大臣）の登録を受けた保証事業会社により前払金の保証がなされた場合には、その工事に要する経費を前払いすることができるとされており、訴外 A 県の発注に係る A 県工事契約請負約款によれば、前払金の額は請負代金の 10 分の 4 の範囲内とすること、保証事業法の規定する保証契約を締結し、その保証証書を発注者に寄託することのほか、請負者は前払金を当該工事の必要経費以外に支出してはならないこととされていた。また、本件請負人訴外 B と本件保証事業者 Y との間で保証事業法に基づき締結された本件保証約款の中には、①請負者が前払金を受領したときは、保証事業者が予め業務委託契約を締結している金融機関の中から請負者が選定した金融機関に別口普通預金として預け入れなければならないこと、②請負者は、前払金を保証申込書に記載した目的に従い適正に使用する責めを負い、預託金融機関に適正な使途に関する資料を提出して確認を受けなければ、別口普通預金の払出しを受けることはできないこと、③保証事業者は、前払金の使途を監査するために、請負契約に関する調査権限を有し、請負者および発注者に対して報告、説明または証明を求めることができること、④保証事業者は、前払金が適正に使用されていないと認められるときは、預託金融機関に対し別口普通預金の払出しの中止その他の処置を依頼することができること、がそれぞれ規定されていた。なお、本件保証約款は、建設省（現国土交通省）から各都道府県に対して通知されていた。

　第 1 審は、以上の事実関係の下で、A 県から B に対して支払われた本件前払金に関しては、少なくとも実質的にみて信託関係と解される法的関係が認められるとし、旧信託法 16 条[10]を類推適用して、B の破産管財人 X の行った本件前払金の支払請求等を棄却した。これに対して第 2 審は、本件前払金

に関しては，Yによる保証債務履行の履行確保のための指名債権質またはこれに類似する担保が設定されていたものとして，Yは本件前払金につき別除権を有すると判示し，結論としてXの控訴を棄却した。そして，最高裁は，前記のとおり，本件前払金に関しては，A県を委託者兼受益者，Bを受託者とする信託契約が成立したと認定し，本件前払金が別口普通預金口座に払い込まれただけでは請負代金の支払いがあったとはいえず，本件預金がBにより払い出されることによって，請負代金の支払いとしてBの固有財産に帰属するものであるから，本件前払金はBの破産財団に組み入れられることはなく，このことは旧信託法63条[11]により信託終了後の法定信託が成立した場合についても同様である，と判示して，Xの上告を棄却した。

　本件は，最高裁が，目的拘束性のある特定財産について信託関係の成立を明確に認めた注目すべき事案であるが，本件における最高裁判示の解釈については，検討すべき問題が多々存在する。すなわち，本件前払金に関する目的拘束性は，AB間において締結されているA県工事契約請負約款に一般的な規定が置かれているものの，本件前払金に関する具体的な取扱いに関しては，BY間における本件保証約款に規定がなされているため，果たしてAB間の「信託契約」の内容を，両約款の規定を併せたものと単純に考えてよいかが問題となる。また，本件は，公共事業の発注に係る地方自治法，保証事業法に基づいた約款の解釈が問題とされたわけであるが，かかる法律上の規制が存在しない状況の下で，目的拘束性と財産の特定性が認められれば，同様に信託契約の成立が認定されるかは，解釈が分かれると思われる。

　さらに，最高裁が必ずしも契約締結当時「信託契約」と表示されていなかった財産の管理関係を信託契約と解釈したことからすれば，ある財産に関する当事者間の法律関係の解釈は，当事者が「信託」と表示したか否かではなく，当該財産をめぐる目的拘束性の有無や具体的な管理の態様によって客観的に判断されるものと考える余地が生ずるが，この解釈の下では，「信託契

10　旧法第16条〔抄〕①　信託財産ニ付信託前ノ原因ニ因リテ生シタル権利又ハ信託事務ノ処理ニ付生シタル権利ニ基ク場合ヲ除クノ外信託財産ニ対シ強制執行，仮差押若ハ仮処分ヲ為シ又ハ之ヲ競売スルコトヲ得ス

11　旧法第63条〔抄〕　信託終了ノ場合ニ於テ信託財産カ其ノ帰属権利者ニ移転スル迄ハ仍信託ハ存続スルモノト看做ス

約」であると当事者が明確に表示していた場合でも，具体的な財産の管理状況や当該財産管理における目的の拘束性の状況によっては，信託関係の成立が裁判所によって否定される可能性があることを意味している。

第4節　信託の理論的特徴

(1)　信託の定義と信託の基本構造との関係

　信託関係は，委託者，受託者，受益者という概念上少なくとも3名以上の者が，信託財産に関してそれぞれ権利義務関係を形成しているため，関係当事者間の権利義務関係の理論構成について，学説の対立が生じやすい。

　信託の基本構造に関する代表的な信託法理論は，大別して4つ（実質的には5つ）ある。すなわち，信託財産二重領有説，債権説，物権説（後述するとおり，この名称で呼ばれる学説には実質的に2つの異なる説がある），そして信託財産実質法主体性説である。

　以下では，これらの各信託法理論の概要と特徴とについて，信託の特徴が最も明確に現れる2つの局面を念頭において検討を加える。第1に，信託の「内部関係」である，委託者，受託者および受益者の三者間における法律関係，特に受益者が信託関係において有する受益権の法的性質について検討する。第2に，信託の「外部関係」の局面として，受託者が信託の目的に違反した信託財産の管理処分（信託違反）を行い，信託財産を第三者に譲渡した場合における受益者と第三者との利害調整について検討する[12]。

(a)　信託財産二重領有説

　「信託財産二重領有説」とは，信託財産に関して受託者と受益者とが各々別次元の権利を有する，と考える学説である。この学説は，19世紀までの英国において，コモン・ロー裁判所とエクイティ裁判所とによって複数の判例法が別次元に適用されてきたことを背景とし，コモン・ロー裁判所によって適用されるコモン・ロー上の権原を保持する受託者が，エクイティを司る

12　以下の記述の詳細については，星野・信託法理論第4章第1節参照。

エクイティ裁判所によって，信託財産に対してエクイティ上の利益を有する受益者のために信託財産を管理処分することを強制された，という信託の歴史的な発展過程をそのまま理論構成として採用するものである。したがって，英国のようなコモン・ローとエクイティという法体系の把握の仕方をしない日本では，この学説の理論構成を直接支持する見解は見られない。ただし，コモン・ロー上の権原を外形的な法律上の権利，エクイティ上の権利を実質的な信義則上の権利，と置き換えると，受託者と受益者とが信託財産をいわば二重に領有している，という理論構成は，日本における信託関係の把握としても，十分理解可能なものである。

(b) 債権説

「債権説」とは，信託財産に関する権利が完全に受託者に帰属しており，受益者は信託財産に関する権利を有しているのではなく，受託者に対して信託財産の管理処分に基づく利益を享受する債権を有している，とする説である。この学説は，19世紀末頃から20世紀初頭にかけて英米両国でほぼ同時に主張された学説であり，日本の旧信託法の立法者によって旧信託法の基本的な理論構成として採用され，旧法下における通説的見解を構成していた。

債権説の下では，信託関係は委託者による信託設定の意思と受託者による信託関係の引受けとによって成立する。ただし，この委託者の意思と受託者の引受けとが委託者と受託者との間の「契約」を構成するかについては，論者によって見解が分かれる。信託関係の成立により，受託者は信託財産の完全権を取得すると同時に，受益者の利益のために信託財産を管理処分する債務を受益者に対して負担する。このような債権説の理論構成からすると，受託者による信託目的に違反した財産の管理処分は，受託者の受益者に対する不法行為ないし債務不履行を構成するものであるが，信託財産の管理処分それ自体の効果は，信託目的に違反しているか否かを問わず，財産の完全権者が行う管理処分である以上，原則として有効となる。したがって，債権説の下では，信託違反処分が行われた場合でも，受益者は受託者以外の第三者に対して受益権の効果を主張できないのが原則であり，信託法の規定に基づき信託違反処分を受益者が取り消すことができるのは，信託法が受益者の利益の保護のために特別に認めた効果である，と説明される。ただし，債権説の

下でも，信託違反に際して第三者が悪意であったような場合は，受託者の信託違反に共同し，実質的に受託者と同視できるものとして，受益者の第三者に対する追及が肯定されることとなる。

したがって，債権説の理論構成が，他の信託法理論と比べて受益者の保護に欠ける結果を常に生じさせるわけではないし，受益権を債権と考えること自体は，局面によっては受益者の利益を保護する場合もあるため，信託法理論としての債権説に対する評価については，慎重に検討する必要がある。

(c) 英国の物権説（受益者実質所有権説）

「物権説」とは，受益権を信託財産に関する物権ないし物権的権利であると考える説であるが，英国と米国とで大きく内容と特徴が異なっている。ここでは，まず，英国における「物権説」について概説する。

英国における「物権説」は，受益者が信託財産に関して有する受益権をもって，信託財産の実質的な所有権と考えるものであり，「受益者実質所有権説」と呼ぶことがむしろ適切である。この説の下では，受託者は信託財産の形式的ないし外形的な権利者であるに過ぎず，信託関係において与えられた権限の範囲で信託財産を管理処分する権能を有するのみである。したがって，受託者が与えられた権限に違反して信託財産を管理処分した場合には，かかる管理処分が受託者の権能に含まれていない以上，当該管理処分は無効であるから，受益者は信託財産の実質所有権者であることを理由に，信託財産を取得した第三者に対し，当該財産が信託財産であることの効果を主張することができる。ただし，受託者は，形式的外形的であれ，信託財産の「所有権者」であるから，第三者が受託者の信託違反につき善意無過失である等の場合には，第三者が信託財産に関して取得した権利が例外的に保護され，受益者はかかる第三者に対して受益権の効果を主張できない。

要するに，英国の物権説（受益者実質所有権説）の理論構成の下では，受託者の権限外行為としての無効な信託違反処分が行われた場合に，取引の相手方である第三者にどの程度の保護を与えるべきかが専ら検討され，信託財産の実質所有権としての受益権の保護は，第三者が受けるべき保護の反射的効果として位置づけられるわけである。なお，日本における「物権説」は，信託財産が法律外形的には受託者に帰属する一方，経済実質的に受益者に帰

属し，受益権は信託財産の実質所有権と考えるべきである，と主張するものであるから，英国の物権説の議論とほぼ同一であると考えられる。

　物権説（受益者実質所有権説）の特徴は，信託関係を法律外形的ではなく経済実質的に把握する法律構成を考えようとする点にある。このような解釈の基本的指針それ自体は，信託関係から生ずる利益を受益者に享受させることを財産管理の目的とする限り，それほど違和感を生じさせるものではない。しかしながら，物権説の議論の前提にある信託関係の「経済実質的把握」に適合する解釈を，信託関係当事者でない第三者に対して強制することが可能かは，慎重な検討が必要である。また，受益者の実質所有権を強調することは，代理等の信託類似法理と信託との差異を実質的に消滅させ，広く財産管理関係一般について「本人」としての受益者と第三者との利害調整を図るべきである，という主張に連動していくものであり，信託の独自性を強調する立場とは相容れない点にも注意することが必要である。

(d)　米国の物権説

　米国における「物権説」は，信託財産を構成する所有権等の権利は受託者に帰属し，受益権は信託財産の所有権とは異なる権利であるとしつつ，なお受益権は信託財産に関する物権的権利である，と考える。言い換えれば，この見解の下では，受益者が信託財産に関して有する受益権は，信託財産に関する権利という意味で物権的権利に分類されているものの，権利の具体的な内容としては，信託関係からの利益を享受することを目的とした信託財産に対する一種の債権的権利と考えられている。そして，この見解の下では，受託者の信託違反処分が行われた場合における受益者と第三者との利害調整に関する理論構成は，概ね次のようになる。

　まず，受託者が信託財産を構成する所有権等の権利を有している以上，第三者は受託者からかかる権利等の譲渡を有効に受けることができ，信託財産に関して一定の権利を取得する。一方，譲渡された信託財産には，受託者の有する権利とは別に，物権的権利としての受益権が存在し，受益者も信託財産に関して一定の権利を有している。したがって，かかる場合における受益者と第三者との利害調整は，受益者と第三者とが各々信託財産に関して有する権利を諸般の事情を考慮して比較衡量することによって行われ，伝統的な

判例法理である善意有償取得法理に従えば、第三者が受託者の信託違反に対して善意無過失であり、かつ有償で信託財産を取得した場合には第三者の権利が受益者の権利に対して優先し、その他の場合、すなわち第三者が信託違反につき悪意もしくは過失があるか、または信託財産を無償で取得した場合には、受益者の権利が第三者の権利に対して優先する。

この米国の物権説の理論的特徴については、次に述べる信託財産実質法主体性説と基本的に同様であるため、信託財産実質法主体性説の解説において併せて説明することとする。

(e) 信託財産実質法主体性説

「信託財産実質法主体性説」の理論構成は、やや複雑であるが概ね次のようなものである。信託とは、信託関係当事者のいずれからも独立した実質的な法主体性を有する信託財産に関して、名義および排他的管理権を有する受託者が、信託の利益を享受する受益者の利益のために信託目的に従った管理処分を行う、財産管理制度の一形態である。この関係において、受益者の有する受益権は、信託財産の所有権ではなく、原則としては実質的法主体性を有する信託財産に対する債権であるが、信託財産との物的相関関係を有する物的権利でもある、とされる。そして、信託財産実質法主体性説を提唱した四宮和夫は、信託違反処分が行われた場合における受益者と第三者との利害調整について、物権説（受益者実質所有権説）の議論と同じく、受託者の権限外行為が無効であることを前提とし、第三者の要保護性を主たる検討の対象としたうえで、その反射的効果として受益者の保護を位置づけている。これは、信託財産に実質的な法主体性を認めることから、受託者と信託財産との関係を、代理人と本人ないしは取締役と会社との関係と同等のものとして考えているためと推測できる。

このように、受益権の法的性質に関する信託財産実質法主体性説の理論構成は、前述した米国の物権説の理論構成、すなわち、信託関係における受益権は、信託財産の所有権とは異なり、信託財産に関する権利という点で物権的権利であるが、その内容は信託財産から利益を享受することを目的とした、いわば「信託財産に対する債権的権利」である、という説明と、実質的に同一であるということができる。そもそも、受益権を信託財産の所有権でない

と考える以上，信託違反処分によって信託財産に関して第三者が所有権を取得したとしても，同一の財産に対して両立不可能な「所有権」が二重に成立するわけではない。また，第三者が取得した権利と受益者の受益権とが常に理論上両立不可能な関係にあるとは限らないから，第三者が信託財産に関して権利を取得したことによって直ちに信託財産に関する債権としての受益権が反射的に消滅する，と考える必然性はない。むしろ，受益権が信託財産に対する一種の債権であるとの理論構成の下では，受益者と第三者との利害調整についても，米国の物権説と同様，譲渡された信託財産に関して受益者と第三者とが各々有している権利ないし利益を比較衡量する，と考える方が，信託財産実質法主体性説の主張する受益権の法的性質との関係では，より整合的であると思われる。

　以上に説明した，米国の物権説と信託財産実質法主体性説とに共通する最大の特徴は，信託関係当事者という「人」に着目するのではなく，「信託財産」を中心として議論を構成する点にある。例えば，信託の目的や機能に関する両説の議論は，受託者と受益者との法律関係よりも，信託財産に関する利益の配分を中心に展開されている。また，受益者と第三者との利害調整に関しても，受益者と第三者とが本来どのような権利を有し，本来の権利に満たない部分をどう調整するか，という観点よりも，むしろ，譲渡された信託財産に関してどのような権利ないし利益が存在し，これをどのように配分することが取引社会における正義と衡平に合致するか，という観点から議論が行われている。言い換えれば，この両説の下では，信託が受益者の利益享受を目的とした財産管理制度であることが，最も理論的に徹底されていると評価することが可能である。

(2)　信託の基本構造と信託の特徴との関係

　以上で見てきた5つの信託法理論のうち，日本の信託法の解釈にとって重要な役割を有すると思われるのは，債権説，物権説（受益者実質所有権説），および信託財産実質法主体性説の3つであるため，以下では，この3つの学説を比較検討しつつ，信託の理論的特徴について考えてみる。

　信託関係の基本構造のうち，どの部分を「信託の特徴」として強調するか

については，次に述べるとおり，いくつかの考え方がある。

　すなわち，信託の特徴を，信託関係当事者の合意に基づく財産管理関係の設定，という点に求めるのであれば，信託は当事者間の信頼関係を基盤とする財産管理関係に関する法理である，ということとなり，代理，委任等とほとんど理論的差異のない法制度として法体系の中に位置づけられる。この考え方の下では，信託関係の解釈は，基本的には当事者間の合意の解釈として考えられるわけであるが，その反面，当事者間における合意の効果は第三者に対して及ばないことが，解釈上の原則とならざるを得ない。したがって，信託関係当事者と第三者との間で生じた問題の解決に関しては，第三者からみた場合における法律関係の外形がどのようなものとなっていたかが，解釈に際して重要となる。なお，この考え方に最も整合的であるのは，債権説の理論構成である。

　これに対して，特定された信託財産に関する一定の目的に従った管理処分関係をもって信託の特徴と考えるのであれば，信託は信託財産を中心とした財産管理関係を司る法理である，ということとなり，会社や組合との類似性が強調される。この考え方の下では，信託関係の解釈は，信託財産の管理処分によって生ずる利益を関係当事者間でどのような基準に従って配分するか，という問題を中心として考えられるから，信託関係当事者間の合意よりも客観的判断基準を優先して適用すべきである，との主張が生じやすい。そして，そのような客観的判断基準が定立された場合には，かかる基準は当事者間の合意と異なり，原則として信託関係当事者以外の第三者をも拘束するものとなる。したがって，信託関係当事者と第三者との間で生じた問題解決に際しては，利害対立の対象となる財産が信託財産としての特定性を客観的に維持していたか否かが重要となる。なお，この考え方に最も整合的であるのは，信託財産実質法主体性説の理論構成である。

　他方，信託の特徴を財産権の帰属の形式と実質のずれ，と考えるのであれば，信託は受益者の実質所有権を保護する法理である，ということとなり，信託と譲渡担保との議論に大きな通有性が生ずる。この考え方の下では，外形上の権利でない受益者の実質所有権を可能な限り保護することが信託関係の解釈において重要となり，具体的な局面における解釈としても，信託関係当事者間の合意よりも，受益者の実質所有権を保護すべき客観的判断基準に

従うべきことになる。もっとも，そのような解釈が妥当であるためには，実質所有権に基づく判断や行為の結果を実質所有者である受益者に対して及ぼすべきであるとの一般論に対抗することができるに足りる，受益者の利益保護についての理論的根拠が必要である。この点について，譲渡担保では，動産担保に関する担保法制の不備に基づく担保権設定者の不利益の回避，という根拠がほぼ確立しているため問題は少ない。しかしながら，信託に関しては，受益者が乳幼児や知的障害者である等，財産管理能力が十全でないことにより社会全体から保護されるべき者として認知されていない限り，受益者の利益擁護の正統性を主張することについてやや困難が伴うことは，否定できないように思われる。なお，この考え方に最も整合的であるのは，物権説（受益者実質所有権説）の理論構成である。

(3) 信託の理論的特徴に関する本書の立場

　本書全体を通して詳しく見ていくとおり，信託法の解釈において実質的な影響を及ぼしている信託法理論の対立構造は，抽象的にまとめると，次の3つの観点において存在している。

　第1に，信託関係の成立に係る理論的基盤について，信託関係当事者間の合意に求めるか（債権説および物権説〔受益者実質所有権説〕），それとも独立性を持った信託財産の存在に求めるか（信託財産実質法主体性説），という観点がある。この観点に基づく差異が最も重大な意味を持つのは，信託の成立時点に関する判断や，信託関係当事者の法的地位に関してであるが，受託者の忠実義務ないし注意義務に関する解釈に対しても，この観点による影響が相当程度及ぶ可能性がある。

　第2に，信託財産を信託関係当事者から切り離された独立の財産として考えるか（信託財産実質法主体性説），それとも信託関係当事者の誰かに帰属する財産として考えるか（債権説および物権説〔受益者実質所有権説〕），という観点がある。この点が最も問題となるのは，信託財産の範囲とその変動に関する解釈についてであるが，信託財産に関する相殺の解釈についても，実質的な影響が及んでくる。

　第3に，受益者が信託財産の実質所有者としての地位にあると考えるか

（物権説〔受益者実質所有権説〕），それとも債権者ないし利益享受者としての地位にあると考えるか（債権説および信託財産実質法主体性説），という観点がある。この観点に基づく差異が問題となる最も典型的な局面は，信託に関する債務や責任の負担，特に受益者が第三者に対して負うべき責任の成否および範囲に関してであるが，実績配当型信託関係に関する解釈や，情報開示に基づく受益者の第三者に対する責任の成否に関する解釈についても，重要な差異がもたらされる。

このように，信託法の解釈に対して影響を及ぼしている信託法理論の対立構造は，必ずしも単一の次元において観察されるものではなく，かつ，具体的な解釈が必要な局面ごとに，信託法理論相互間の理論構成や結論の異同が複雑に絡みあっている。したがって，信託法の解釈に関しては，どの信託法理論を採用したとしても，他の信託法理論を採用したときと比べて，全ての局面の解釈に関して信託の特徴をより活かした解釈を行うことができるとは，論理的には言えないと考えるほかない。

そうであるとすれば，信託法理論相互の関係についてより適切である観点は，多種多様な信託の各類型を最も柔軟に捉えることのできる観点，すなわち，全ての信託法理論に共通する特徴を，信託の本質的特徴として位置づけ，各信託法理論をその本質的特徴との関係で等分の理論的価値を有するものとして把握し直すことであると考えられる。そして，現在のところ，全ての信託法理論に共通する観点としては，信託関係に係る信託関係当事者の権利義務や利益および負担の内容が，信託目的に基づいて設定され，かかる目的に基づいて規制ないし制限されていること，すなわち，「信託の目的拘束性」という点を挙げることができる。また，信託類似法理と対比した場合における信託関係の独自性ないし特徴も，正にこの点にあるものと考えられる。

以上の考え方からすると，信託財産に関する信託関係当事者の権利ないし利益は，日本の法体系が前提とする所有権の絶対性ないし完全性とは大きく異なる次元に立脚する信託目的によって拘束された権利ないし利益であることとなる。したがって，信託法は，このような既存の法体系において予め規定されている権利関係とは別次元の柔軟かつ多種多様な権利関係を，信託関係当事者が自由に創設すること（「信託の多様性」）を可能とする法理として，日本の法体系に位置づけられるべきである。

第 2 章　信託の設定と信託財産

　本章では，信託の設定と信託財産とに関する問題点を扱う。
　信託の設定に関する問題は，信託と信託以外の法律関係をどのような観点から区別するかという問題を含むものであり，第 1 章で検討してきた信託の定義や特徴に関する議論と密接な関係を持っている。また，信託財産は，信託以外の法律関係との外形的な比較を行う際の大きな特徴の 1 つであり，信託財産について信託法が規定する特別な取扱いを理論上どのように位置づけるかによって，信託の基本構造や理論的特徴に関する議論に，大きな影響が及ぶこととなる。

第 1 節　信託の設定

　信託の設定に関する解釈上の問題は，大きく分けて 2 点ある。第 1 に，ある特定の形態の法律関係を，そもそも「信託関係」として認めるか否かという問題がある。第 2 に，関係当事者の法律関係をどの時点から「信託関係」と認め，関係当事者の権利義務関係について，信託法の適用を行うか，という問題がある。そして，第 3 に，信託の設定に際して，信託関係当事者，特に委託者と受託者が，どの範囲で信託関係の内容，特に受益者の権利内容について，自由に定めることができるのかが問題となる。
　このうち，第 1 の問題点については，第 1 章で信託の定義について検討した際，信託の設定方法が定義の捉え方により変わりうること，現行法では信託の定義を受託者と受益者との関係に着目することにより，旧法下では有効性が疑問視されていた信託宣言も明文で有効とされるに到ったことを示した。したがって，以下では，第 2 の問題点である信託関係の成立時点と，第 3 の

問題点である信託関係当事者の合意の効力とについて検討を加える。

(1) 信託の理論的成立時点

　信託が理論的にいつ成立すると考えるかは，信託の理論的特徴をどのように捉えるかによって異なる。

　第1に，信託の特徴を特定された信託財産の存在に求める立場からすれば，信託財産が特定されて存在するに到った時点が，信託の成立時点となる。したがって，信託契約，遺言信託，信託宣言，いずれの場合でも，特定された財産が存在しない場合には，契約の締結や遺言者の死亡，委託者兼受託者の宣言の事実のみでは，信託関係は成立しない。旧法下ではこの考え方が支配的であったが，信託財産となるべき財産の受託者への引渡しと信託財産の運用に関する取引開始時点での時間的先後関係が紛れる事態が生ずる可能性があったことから，実務から根強い批判が存在していた。

　第2に，信託の特徴を関係当事者間の信託関係形成の意思に求める立場からすれば，信託関係の成立時は，要するに，信託関係の形成にかかる意思が関係者によって明確に示された時であり，信託契約であれば契約締結時，遺言であれば遺言の効力発生時，信託宣言であれば宣言がなされた時，ということになる。現行法は，意思が第三者により確認される必要があることを考慮に入れたうえで，ほぼこの考え方に近い解決を規定している[1]。

　第3に，信託の特徴を，裁判所による正義衡平の実現手段として捉える考え方の下では，信託の成立時点は，具体的な信託の設定形態に関わりなく，信託関係の存否が関係当事者間で争われた結果，裁判所が信託関係が存在すると判断した時，ということになる。ただし，この考え方の前提となる信託の定義や特徴の捉え方自体について，日本で支持する見解が少ないことは，第1章で前述したため，以下では，専ら上記第1の考え方と第2の考え方とについて検討する。

　上記の第1の考え方と第2の考え方との違いは，理論的には，信託の「成立」時に特定された信託財産が存在することを要求するか否かであるが，実務上はかなり大きな問題点を抱えている。

　例えば，信託財産を運用して一定期間経過後に損益を通算して利益配分を

第 1 節　信託の設定

行う信託関係については，厳密な意味での運用取引開始時点で特定された取引対象財産が存在している必要は事実上なく，当該運用取引の決済時点までに引き渡すべき財産が用意されていれば支障が生じない。このような場合，特定された信託財産の存在を信託の成立時点で要求することは，見方によっては不必要に運用取引の機動性を制限する結果を導きかねない。また，信託財産が多数の委託者等からの財産の払込みないし移転により行われるような信託関係については，最初の払込みが行われた時点で全体として信託関係が成立し，後の払込みは既に成立した信託関係への追加出資であると考えるのか，それとも，各委託者が財産の払込みないし移転を行うごとに，当該委託者との関係で個別の信託関係が成立し，それが各信託目的との関係で合同運用ないし併合されると考えるのかについて，解釈が分かれることとなる。

もっとも，信託関係形成にかかる合意のみが成立し，合意された内容の財産が未だ払込みないし移転していない場合でも，特定された「信託財産」の存在を理論上観念することは，必ずしも不可能ではない。すなわち，信託関係の形成が合意され，委託者等が財産の払込みないし移転の義務を合意に基づき負っているのであれば，受託者は，当該委託者等に対して当該財産の払込みないし移転を請求する権利を信託目的との関係で行使すべきこととなる

1　（信託の効力の発生）

第 4 条①　前条第 1 号に掲げる方法によってされる信託は，委託者となるべき者と受託者となるべき者との間の信託契約の締結によってその効力を生ずる。

②　前条第 2 号に掲げる方法によってされる信託は，当該遺言の効力の発生によってその効力を生ずる。

③　前条第 3 号に掲げる方法によってされる信託は，次の各号に掲げる場合の区分に応じ，当該各号に定めるものによってその効力を生ずる。

　一　公正証書又は公証人の認証を受けた書面若しくは電磁的記録（以下この号及び次号において「公正証書等」と総称する。）によってされる場合　当該公正証書等の作成

　二　公正証書等以外の書面又は電磁的記録によってされる場合　受益者となるべき者として指定された第三者（当該第三者が 2 人以上ある場合にあっては，その 1 人）に対する確定日付のある証書による当該信託がされた旨及びその内容の通知

④　前 3 項の規定にかかわらず，信託は，信託行為に停止条件又は始期が付されているときは，当該停止条件の成就又は当該始期の到来によってその効力を生ずる。

が，この状態は要するに，合意された財産の払込みないし移転に係る請求権を「信託財産」として受託者が保有していることにほかならない。したがって，合意された内容の財産の払込みに関する処理を，信託で主な目的とされた管理処分形態に完全に優先させるべき条項ないし事情がない限り，特定された信託財産の存在を信託の成立時に要求する上記第1の考え方は，実はそれほど実務の支障となっているわけではない。

ただし，信託の特徴を信託目的による拘束性と捉える本書の考え方の下では，信託目的による拘束が生ずる時点，すなわち，信託目的が関係者間で合意された時に信託が成立することになるため，特定された財産の存在は，少なくともその時点では要求されないと考えるべきである。

(2) 信託の成立に関する当事者間の合意の効力

信託関係は，形式的には，委託者，受託者，および受益者の3者以上で成り立つ法律関係であるが，信託関係の設定に際して自己の意思を実質的に反映させることができるのは，専ら委託者と受託者である。信託契約は，委託者と受託者との合意により成立するものであり，信託宣言は，そもそも委託者と受託者とが同一であるため，委託者兼受託者の意思がそのまま信託関係の内容に反映される。また，遺言信託は，法律上は委託者の意思のみに基づいて設定されるが，遺言が効力を生じた後，信託を現実に執行するためには，受託者による引受けが不可欠であり[2]，受託者の引受けを得られない信託関係は，事実上目的を達成することができずに終了するほかない[3]。したがって，信託関係の形成に際しては，委託者のほか受託者も，自己の意思を信託関係の内容に反映させることができるわけであり，信託関係は，この両者の実質的な合意によって成り立つと考えて差し支えない。

ここで問題となるのは，委託者がそのまま受益者となる「自益信託」の場合はともかく，委託者と受益者とが異なる者となる「他益信託」の場合，受益者には信託関係形成に際して自己の意思を反映させる余地がないため，委託者と受託者とが実質的に合意した信託関係の内容，特に受益者の権利の内容について，受益者がどこまで拘束されると考えるべきかである。

旧法下では，信託関係の形成に際して自己の意思を反映させた委託者は，

第 1 節　信託の設定

その後における信託の執行に対しても，受託者に対する相当広範な監督権限を信託法上有していたから，仮に受益者の権利内容が信託設定の合意等で制限されていたとしても，信託の目的達成や執行の適正については専ら委託者の権限に属する以上問題がない，と考える余地があった。しかしながら，現行法は，委託者には信託関係の設定者としての地位しか認めておらず，信託目的の達成や信託の執行の適正に対する監督権限については，専ら受益者の権限とされ，委託者の監督権限については，信託の設定に際して信託行為に

2　(遺言信託における信託の引受けの催告)
　第 5 条①　第 3 条第 2 号に掲げる方法によって信託がされた場合において，当該遺言に受託者となるべき者を指定する定めがあるときは，利害関係人は，受託者となるべき者として指定された者に対し，相当の期間を定めて，その期間内に信託の引受けをするかどうかを確答すべき旨を催告することができる。ただし，当該定めに停止条件又は始期が付されているときは，当該停止条件が成就し，又は当該始期が到来した後に限る。
　②　前項の規定による催告があった場合において，受託者となるべき者として指定された者が，同項の期間内に委託者の相続人に対し確答をしないときは，信託の引受けをしなかったものとみなす。
　③　委託者の相続人が現に存しない場合における前項の規定の適用については，同項中「委託者の相続人」とあるのは，「受益者（2 人以上の受益者が現に存する場合にあってはその 1 人，信託管理人が現に存する場合にあっては信託管理人）」とする。
　(遺言信託における裁判所による受託者の選任)
　第 6 条①　第 3 条第 2 号に掲げる方法によって信託がされた場合において，当該遺言に受託者の指定に関する定めがないとき，又は受託者となるべき者として指定された者が信託の引受けをせず，若しくはこれをすることができないときは，裁判所は，利害関係人の申立てにより，受託者を選任することができる。
　②　前項の申立てについての裁判には，理由を付さなければならない。
　③　第 1 項の規定による受託者の選任の裁判に対しては，受益者又は既に存する受託者は，即時抗告をすることができる。
　④　前項の即時抗告は，執行停止の効力を有する。
3　(信託の終了事由)〔抄〕
　第 163 条　信託は，次条の規定によるほか，次に掲げる場合に終了する。
　　一　信託の目的を達成したとき，又は信託の目的を達成することができなくなったとき。
　　三　受託者が欠けた場合であって，新受託者が就任しない状態が 1 年間継続したとき。

より排除することができる[4]。したがって，委託者と受託者とが実質的に合意して形成された信託関係の内容について，委託者が監督者としての地位に立つことが予定されていない状況で，受益者の権利内容が信託行為において制約されることを無制限に認めると，受託者による恣意的な信託の執行を抑制することが，事実上困難となりかねない。

もとより，信託の執行に対する監督権限については，信託財産からの利益取得にかかる権利内容と異なり，信託の執行の適正さを担保するため，信託の設定に際して制限をかけることができないと解釈することは不可能でなく，社会的にも妥当であることは言うまでもない。しかしながら，受益者による監督権限の中には，当該信託関係における他の受益者に対する関係で広範に影響を及ぼすものも含まれており，かかる権限行使が複数の受益者相互間での利害対立を引き起こすこともある場合を考えると[5]，信託の合理的な執行のためには，受益者の権限を合理的に制限することが，かえって信託目的の達成のため望ましい場合もあるかもしれない。また，そもそも受益者が，自己の利益取得に関する利害と全く関係なく，純粋に信託の執行の適正さを担保するために監督権限を適切に行使することをどこまで期待できるかは，自ら利益取得を行うことなく監督権限を行使する委託者の場合と比べて，何とも言えない部分がある。

以上のことからすると，旧法下と異なり，現行法の解釈としては，特に他益信託の場合，信託関係の設定に際して，委託者と受託者とが実質的に合意して受益者の権利内容を制限することに対しては，完全にこれを禁止することはできないとしても，その制限の方法や範囲において一定の限界があると考えることが，妥当であるように思われる。もっとも，現行法上，そのよう

---

4 （委託者の権利等）〔抄〕
　第145条①　信託行為においては，委託者がこの法律の規定によるその権利の全部又は一部を有しない旨を定めることができる。
5 （受託者の権限違反行為の取消し）〔抄〕
　第27条①　受託者が信託財産のためにした行為がその権限に属しない場合において，次のいずれにも該当するときは，受益者は，当該行為を取り消すことができる。
　　③　2人以上の受益者のうちの1人が前2項の規定による取消権を行使したときは，その取消しは，他の受益者のためにも，その効力を生ずる。

第1節　信託の設定

な合理的な制限をかけるべき根拠と基準とに関する規定がないことも明らかであり，このような制限に関する合理的基準については，さらに解釈で補うことが必要となる。しかしながら，受益者の権利内容の制限に関しては，信託関係当事者の利害が深く関わってくるものであり，かつ，委託者と受益者，受託者と受益者，あるいは複数の受益者相互間で，常に利益や見解の対立が生ずることを前提とせざるを得ない以上，全ての関係当事者が共に服するべき理論的根拠を見つけることは難しい。これまでの議論からすると，関係当事者の合意を根拠とするためには，委託者および受託者のみならず，受益者を含めた3者間の実質的合意により信託が設定されるものと考え直す必要があるが，これは現行法の規定する信託の設定方法と大きく前提が異なる。また，信託財産の独立性という特徴は，信託財産からの利益配分や権利関係の形成方法について理論上の制約をかけるものでないから，この問題の解決につながる観点を見出すことは期待できない。

　結局のところ，この点に関しては，本書の基本的立場である，信託関係の本質的特徴は信託目的による拘束性にある，という考え方から，解釈していくほかないように思われる。すなわち，信託関係は，信託目的に拘束される関係であり，その拘束の対象には，委託者，受託者はもとより，受益者も当然に含まれる。したがって，受益者の権利内容について制限が課されることが「合理的」であるのは，委託者と受託者による実質的な合意の効果ではなく，信託目的達成のために必要かつ有益であるか否かによって，判断されるべきである。逆に，委託者と受託者とが実質的に合意して信託を設定する際，受益者の権利内容について制限を加えることが「不合理」とされるか否かについても，その判断基準は，受益者による信託財産からの利益取得や信託の執行に対する監督権限の行使に関する制限が，信託目的との関係で，不必要ないし無関係であるか否かに求められるべきである。

　上記の解釈の問題として，信託目的の確定も，委託者と受託者が実質的に合意することにより行われるから，その部分のみを委託者と受託者との実質的な合意内容から切り離すことが妥当か，という点が挙げられる。しかしながら，上記の解釈は，委託者と受託者とが信託関係について自由に合意することを妨げるものでなく，ただ，信託目的との関係で理論的整合のある内容を合意していくことが求められる旨を主張するものである。このような解釈

は，委託者と受託者とが，信託目的に応じた多種多様な信託関係を自由に合意により形成することを可能とさせる一方，合意内容に矛盾や不当性が生じた場合，信託目的との理論的整合を図ることにより，具体的問題点の合理的な解決を行うことを可能とするものと思われる。

なお，以上の議論は，関係当事者の意思それ自体でなく，信託目的との関係から合理的な解決基準を導くものであるから，他益信託のみならず，自益信託についても同様にあてはまるものと考えられる。

第 2 節　信 託 財 産

(1)　信託財産の概念

「信託財産」とは，信託関係の対象となる特定された財産をいう[6]。本書の基本的な考え方から定義し直すと，「信託財産」とは，信託目的によって拘束された対象財産のことである。信託財産に関する理論上の定義はこのとおりであるため，信託財産を構成する具体的な財産は，その種類を問わず，また，経済的価値により算定可能であるか否かを問わず，およそ「財産」であれば足りることとなる。なお，かつての信託業法は，業として受託を行う場合における，信託財産として引受可能な財産の種類を限定列挙しており，例えば知的財産権等を信託の対象とするためには若干解釈上の工夫が必要であったが，現在では，信託財産とすることができる財産の範囲については，事実上制限がなくなっている。

第1章で見てきたとおり，信託の特徴の捉え方によっては，特定された信託財産の存在が，信託関係の最も中核となるとの考え方も成り立ち，実際，旧法下ではそのような考え方が有力であった。これに対して現行法は，信託の定義について，既に形成された信託関係における信託財産の管理処分について受託者が受益者に対して義務を負っていることのみを規定し[7]，また，

6　（定義）〔抄〕
　　第2条③　この法律において「信託財産」とは，受託者に属する財産であって，信託により管理又は処分をすべき一切の財産をいう。

第2節 信託財産

　信託の効力発生時について，信託関係形成に係る意思の効力発生時とする旨規定しているから[8]，信託財産が信託設定時に特定されて存在することは，現行法上は必要でない。したがって，旧法下で問題視されていた，信託契約締結後，委託者から財産の払込みまたは移転を受けるまでの間，「信託関係」が成立していると考えるか否かの問題については，信託関係形成の合意があった段階で信託関係が成立し，信託財産の払込みまたは移転は，信託の執行に支障が生じない時までに行われれば足りると考えられる。

　しかしながら同時に，現行法2条は，「信託財産の管理又は処分」に関する義務を受託者が負っていることをもって信託の定義としているから，信託財産が存在しない「信託関係」は，現行法では予定されていない。したがって，信託財産としての委託者からの財産の払込みまたは移転が結果として行われなかった場合や，信託財産が何らかの事情により消滅し，その補充がなされなかった場合には，信託は目的を達成することができなくなったものと

7　(定義)〔抄〕
　　第2条①　この法律において「信託」とは，次条各号に掲げる方法のいずれかにより，特定の者が一定の目的（専らその者の利益を図る目的を除く。同条において同じ。）に従い財産の管理又は処分及びその他の当該目的の達成のために必要な行為をすべきものとすることをいう。
8　(信託の効力の発生)
　　第4条①　前条第1号に掲げる方法によってされる信託は，委託者となるべき者と受託者となるべき者との間の信託契約の締結によってその効力を生ずる。
　　②　前条第2号に掲げる方法によってされる信託は，当該遺言の効力の発生によってその効力を生ずる。
　　③　前条第3号に掲げる方法によってされる信託は，次の各号に掲げる場合の区分に応じ，当該各号に定めるものによってその効力を生ずる。
　　　一　公正証書又は公証人の認証を受けた書面若しくは電磁的記録（以下この号及び次号において「公正証書等」と総称する。）によってされる場合　当該公正証書等の作成
　　　二　公正証書等以外の書面又は電磁的記録によってされる場合　受益者となるべき者として指定された第三者（当該第三者が2人以上ある場合にあっては，その1人）に対する確定日付のある証書による当該信託がされた旨及びその内容の通知
　　④　前3項の規定にかかわらず，信託は，信託行為に停止条件又は始期が付されているときは，当該停止条件の成就又は当該始期の到来によってその効力を生ずる。

して，終了すると考えるべきである[9]。

以上のとおり，信託財産の存在は，現行法の下でも，信託関係の成立にとって不可欠の要素であることに違いはなく，ただ，信託財産が特定されて現存しない限り信託関係が成立しない，という旧法下で支配的であった解釈が，現行法では緩和されたものと考えて差し支えない。

(2) 信託財産の合同運用

「信託財産」の概念は，単にある財産が信託関係の対象となり，信託目的により拘束されるか否かのみならず，信託関係当事者の権利義務関係のあり方についても，具体的な影響を及ぼすものである。例えば，受託者の信託関係上の義務や権限は，当該信託関係における信託財産について生ずるものであり，受益者の有する利益享受の権利や監督権限も，受益者が受益権を有する信託関係における信託財産についてのみ行使可能なものである。したがって，ある信託関係において，具体的にどの範囲の財産が「信託財産」であると考えるべきかについて，複数の解釈が成り立つ場合には，信託関係当事者の権利義務関係の具体的内容も，解釈上争いが生ずることとなる。

このような解釈上の問題点が生ずる典型的な局面としては，複数の信託財産が同一の受託者によって「合同運用」されている場合や，信託が併合ないし分割されることにより，信託財産の範囲や解釈に変動が生ずる場合等が挙げられる。このうち，信託の併合および分割については，後に第6章第1節で現行法の規定と共に議論するため，以下では，信託財産の合同運用における信託財産の範囲の解釈について検討を加える。

信託財産の合同運用は，受託者の負う信託財産の分別管理義務[10]の例外をなすものであるが，信託契約等に基づいてこれが可能であることに争いはない。問題となるのは，信託財産の合同運用に関する法律関係の解釈，すなわ

---

9 （信託の終了事由）〔抄〕
　第163条　信託は，次条の規定によるほか，次に掲げる場合に終了する。
　　一　信託の目的を達成したとき，又は信託の目的を達成することができなくなったとき。

第2節 信託財産

ち，合同運用が行われている信託財産の運用団と個々の委託者が設定した「信託財産」との関係をどのように考えるべきかである。この点に関する解釈の違いは，次の局面で重要な結論の差異を導く。第1に，合同運用に伴って生じた利益と損失とを，個々の信託財産に対してどのように配分するかは，合同運用団と個々の信託財産との関係にかかる解釈によって異なってくる。第2に，前記のとおり，受益者が受託者に対して有する信託関係上の監督権限は，委託者が設定し，受益者が受益権を有する「信託財産」の範囲に限られるから，合同運用団と個々の信託財産との法律関係の解釈により，監督権限の行使可能な範囲も異なってくる。

以上の点に注意しながら合同運用団と個々の信託財産との関係について考えてみると，以下の3つの解釈が成り立つ。

第1に，信託財産の「合同運用」とは，複数の「信託財産」が同一の運用方針に従って事実上同時並行でそれぞれ運用されているに過ぎない，とする解釈が成り立つ。この解釈の下では，「合同運用団」は複数の信託財産の事実上の集合体に過ぎず，合同運用の結果としての利益や損失は個々の信託財産ごとの運用に伴う利益や損失と全く同一の性格を持つ。したがって，合同運用している個々の信託財産について生じた利益や損失は，他の信託財産の

---

10 （分別管理義務）
第34条① 受託者は，信託財産に属する財産と固有財産及び他の信託の信託財産に属する財産とを，次の各号に掲げる財産の区分に応じ，当該各号に定める方法により，分別して管理しなければならない。ただし，分別して管理する方法について，信託行為に別段の定めがあるときは，その定めるところによる。
一 第14条の信託の登記又は登録をすることができる財産（第3号に掲げるものを除く。） 当該信託の登記又は登録
二 第14条の信託の登記又は登録をすることができない財産（次号に掲げるものを除く。） 次のイ又はロに掲げる財産の区分に応じ，当該イ又はロに定める方法
イ 動産（金銭を除く。） 信託財産に属する財産と固有財産及び他の信託の信託財産に属する財産とを外形上区別することができる状態で保管する方法
ロ 金銭その他のイに掲げる財産以外の財産 その計算を明らかにする方法
三 法務省令で定める財産 当該財産を適切に分別して管理する方法として法務省令で定めるもの
② 前項ただし書の規定にかかわらず，同項第1号に掲げる財産について第14条の信託の登記又は登録をする義務は，これを免除することができない。

利益や損失に対して何ら影響を及ぼさない。また，この解釈の下では，個々の信託財産以外に「合同運用団」という財産が理論上構成されているわけでないため，受益者が受託者に対して有する監督権限，例えば，信託財産の管理処分に関する情報開示請求は，受益者が直接受益権を有する「信託財産」に関する事項に限定され，合同運用している他の信託財産については及ばない。もっとも，他の信託財産と合同運用するか否か自体も，信託財産の管理処分上の判断であるから，合同運用の方針のみならず，どの信託財産と合同運用を行うかをも開示することが必要となる可能性はある。

　第2に，信託財産が合同運用されている場合には，合同運用団自体が1つの「信託財産」を構成し，個々の受益権は全てこの合同運用団の受益権となる，との解釈が成り立つ。この解釈の下では，合同運用団自体が1個の信託財産となる以上，個々の信託財産に関して生じた利益や損失は，全ての受益権に対して等しく影響を及ぼす。また，受益者が受託者に対して有する監督権限は，合同運用団全体に対して及ぶから，情報開示請求が行われる範囲も，合同運用団全体となる。

　第3に，個々の信託財産がそれぞれ運用の対象として「合同運用団」という別の信託財産に対する投資を行い，個々の信託財産が合同運用団に対する受益権を取得する，との解釈が成り立つ。この解釈の下では，いったん合同運用団について利益または損失が生じた後，かかる運用の結果が，合同運用団の受益権という形で，個々の信託財産に「配分」される。したがって，前記の第2の解釈と異なり，例えば合同運用団について生じた損失を引き受けるか否かは，個々の受益者の判断ではなく，合同運用団の受益者，すなわち，個々の受益者が受益権を有している信託財産の受託者の判断によって行われる。また，個々の受益者が受益権を有しているのは，個々の信託財産に関してであり，合同運用団に関してではない。したがって，個々の受益者が監督権限を行使できるのも，個々の信託財産の管理処分の当否，すなわち，合同運用を行っていることが投資判断として妥当か否かという点に限られ，合同運用団自体の管理処分について，情報開示請求等を行うことはできない。まして，合同運用団に共に投資している他の信託財産の管理処分について，個々の受益者が監督権限を行使できる余地はない。なお，この解釈は，要するに階層的な信託関係を形成して財産の管理処分を行うものであるが，階層

的な信託関係の一般的な問題点については、本節(4)で改めて検討する。

前述のとおり、信託財産の合同運用は、信託契約等によって自由になしうることが原則であり、合同運用の法的根拠は、要するに関係当事者間における、実質的なものを含めた「合意」である。したがって、上記のいずれの解釈が妥当であるかは、個々の信託関係にかかる合意の解釈によって決定されるべきであるが、なお問題の生ずる余地は大きい。

例えば、「信託財産の合同運用」に関する委託者と受託者との「合意」は、各委託者と受託者との間で個々別々に締結されていると考えるべきか、それとも、委託者が組合類似の集団を形成して一括して受託者との「合意」を締結したと考えるべきかが、解釈上まず問題となる。前者の解釈の下では、例えば契約の解除等については個々の委託者と受託者との合意によって自由に行うことができるが、反面、委託者ごとに異なる内容の合意が行われていた、という認定がされた場合、極めて複雑な関係が生じてしまう。他方、後者の解釈の下では、合同運用に関する解釈を事実上安定させることができる反面、個々の委託者が組合類似の関係を形成しているとの前提自体が擬制に過ぎる、との批判が可能である。

また、情報開示の範囲や利益と損失の帰属に関してどのような解釈が合理的であるかは、立場と状況によって大きく異なるはずであり、ある解釈が誰にとってどのような状況で最大利益をもたらすかも区々である。その意味で、様々な立場や状況を前提とせざるを得ない信託実務にとっては、具体的な状況ごとの効果を事前に予測し、状況ごとのあるべき法的対応が、第三者からどのように評価されるかまで考慮したうえで、契約上の対処を個別具体的に行っていくほかないであろう。

(3) 積極財産と消極財産

「積極財産」とは、権利ないし利益の増加をもたらす一切の財産をいい、要するに権利ないし利益の別称である。これに対して、「消極財産」とは、権利ないし利益の減少を生じさせる、いわゆる「負の財産」であり、債務や責任等が典型として挙げられる。

旧法下においては、独立性を持った信託財産の存在をもって信託の基本的

特徴と考える見解が有力であったことから，信託成立時に信託財産が積極財産のみで構成されていなければならないとする解釈が，強い影響力を持っていた。これは，信託財産が受益者の利益享受のために確保されなければならないことを前提とするものであり，信託財産に安定的な価値を付与することができるものであった。しかしながら，この見解に対しては，実務上の妥当性について種々疑問が提示されていたほか，最高裁判決でこれを否定するものが現れたため，次のような反対論が展開されるに到った。

　すなわち，積極財産と消極財産とが混在する財産は信託財産として一切受託できない，と厳密に考えるならば，例えば敷金ないし保証金の返還債務の付着した不動産を信託財産とすることも不可，ということになるはずであるが，実務においては，敷金ないし保証金の性質上，そのような解釈は現実的でないとする考え方が，事実上多数を占めていた。その後，賃借人の存在する建物について信託の設定が行われた後，賃貸人であった委託者が倒産した事案につき，賃借人から受託者に対して保証金返還請求が行われた事例で，最高裁は，建物の賃貸借契約上の保証金返還債務が付着した不動産の受託は有効であり，かかる保証金返還債務は受託者が負うと判示した（最判平成11年3月25日判時1674号61頁）。他方，信託関係の成立時に消極財産が含まれることを認めない上記の解釈の下でも，いったん信託関係が成立した後においては，信託財産が債務を負うことは差し支えないとされており，信託財産が安定的な価値を持つことができるという長所自体が，そもそも成り立たない可能性も生じていた。実際，上記解釈の主張する信託財産が債務を負うことが望ましくないとする理論上の根拠を考えてみても，明確に挙げられるものは債権者の保護と信託財産が債務超過であった場合の利害調整の混乱防止とであるが，これらの事情も上記解釈の妥当性を必ずしも補強するものではない。すなわち，委託者の債権者にとっては，積極財産のみが信託の対象となることにより，委託者の固有財産としては消極財産のみが残ることから，かえって利益を損なわれる結果となる。また，信託財産が債務超過であった場合の利害調整についても，例えば信託がいったん成立した後に目的不達成により終了したとして扱うとか，受託者に債務と責任とを引き受けさせることによって信託自体を有効とする等の方法があるから，必ずしも信託の成立を無効とすることが唯一の方法ではない。したがって，消極財産を含んだ財

産をもって信託財産とすることについて，常に無効と解釈する必要はない。

　以上に対して，現行法は，信託財産が責任を負うべき債務の範囲について明文の規定を設け，消極財産が含まれた財産を信託契約で引き受けることを可能とさせた[11]。すなわち，信託が受益者に信託財産から生じた利益を享受させるための法律関係であることを議論の前提とした場合，信託財産の中では積極財産が消極財産を上回っていることが事実上必要となるが，信託財産が結果として債務超過であることが判明したとしても，信託関係が無効とされるわけではなく，信託財産に対する破産手続が行われることにより，信託が終了すると考えることになる。なお，消極財産を含んだ信託の設定が，委託者の債権者を詐害する場合には，当該信託は詐害信託として取り消され[12]，信託の設定は取り消されるが，これは積極財産のみが信託の対象とされた場合についても同様であるため，理論上の整合に問題はない。

(4) 階層的な信託関係

　「階層的な信託関係」とは，ある信託財産が，別の信託財産に対して，帰属する財産を出捐し，出捐先の信託財産の受益権を取得することにより形成される，複数の信託関係が事実上連関した状態を指す。このような階層的な信託関係では，実務上，具体的な財産を出捐する側の信託財産と，出捐先の

11　（信託財産責任負担債務の範囲）〔抄〕
　　第21条①　次に掲げる権利に係る債務は，信託財産責任負担債務となる。
　　　三　信託前に生じた委託者に対する債権であって，当該債権に係る債務を信託財産責任負担債務とする旨の信託行為の定めがあるもの
12　（詐害信託の取消し等）〔抄〕
　　第11条①　委託者がその債権者を害することを知って信託をした場合には，受託者が債権者を害すべき事実を知っていたか否かにかかわらず，債権者は，受託者を被告として，民法（明治29年法律第89号）第424条第1項の規定による取消しを裁判所に請求することができる。ただし，受益者が現に存する場合において，その受益者の全部又は一部が，受益者としての指定（信託行為の定めにより又は第89条第1項に規定する受益者指定権等の行使により受益者又は変更後の受益者として指定されることをいう。以下同じ。）を受けたことを知った時又は受益権を譲り受けた時において債権者を害すべき事実を知らなかったときは，この限りでない。

信託財産とで、受託者が同一である場合が珍しくない。しかしながら、出捐元の信託関係と出捐先の信託関係とは形式上別の信託関係であるから、出捐元の信託財産の受益権による利益取得ないし損失負担の構造や、出捐元の信託財産の受益者による監督権限行使の方法や範囲について、やや複雑な解釈が必要となる。

　この関係は、旧法下では「二重信託」とも呼ばれ、受託者は、共同受益者である場合を除き、信託の利益を享受できない旨規定されていたことから[13]、階層的な信託関係の有効性が議論の対象となっていた。しかしながら、階層的な信託関係を形成することは、大規模な信託財産を形成させることによって、個々の信託財産を構成する財産のみでは限界がある投資活動の柔軟性や効率性を追求することを可能とさせる。また、投資活動に伴う偶発的な損失を、大規模な信託財産全体から生ずる利益によって塡補することを通じて、受益者である投資家に対して安定した受益権による利益取得をさせることを可能とする効果もある。このため、旧法9条の文言にかかわらず、個々の信託関係において投資形態として階層的な信託関係の形成が認められていれば問題がないとする見解が、旧法下では支配的であった。

　ただし、この解釈の前提となっている信託の基本構造に関する考え方は、受託者が信託財産を所有するのではなく、実質的な独立性のある信託財産を中心に法律関係が構成され、受託者は個々の信託財産における管理者としての地位を有するに過ぎない、というものであったから、階層的な信託関係において、出捐元の信託財産と出捐先の信託財産とで仮に受託者が同一であったとしても、信託財産が異なっている以上、その相互間で法律関係が成立することは理論上問題がない、との前提が存在していた。また、仮に階層的な信託関係が旧法9条に反して無効とされた場合には、階層的な信託関係が理論上存在しないこととなり、受益者は個々具体的な財産が帰属する出捐先の信託財産に対して直接利益取得や監督権限行使が可能となる。したがって、階層的な信託関係の形成について信託関係上の合意があれば有効との解釈を展開したとしても、受益者が特に不利益な立場に置かれることはない、との

13　旧法第9条　受託者ハ共同受益者ノ1人タル場合ヲ除クノ外何人ノ名義ヲ以テスルヲ問ハス信託ノ利益ヲ享受スルコトヲ得ス

第2節 信託財産

前提も，上記の解釈を事実上支えていたものと思われる。

以上に対して，現行法は，受託者が受益者である場合には信託の利益を享受できるものとし[14]，旧法での「共同受益者」との例外要件を，「受益者」一般に拡大したため，階層的な信託関係は，旧法下と異なり，原則として信託法に反しないものとなった。なお，現行法は，受託者が全受益権を固有財産として取得した状態が1年間続いた場合は，信託は終了すると規定しているが[15]，階層的な信託関係では，受託者が「固有財産」により受益権を有しているわけでなく，信託財産の管理者として管理処分権限を有しているものであるから，受益者と受託者とが同一となっている階層的な信託関係であっても，そのような関係形成についての合意が出捐元および出捐先の各信託関係においてなされている限り，前記の信託の終了要件には該当しない。

もっとも，階層的な信託関係が自由に形成されることは，信託財産の管理処分における柔軟性や効率性を高める可能性があると同時に，出捐元の信託財産の受益者にとっては，出捐先の信託財産が別の信託財産であると考えざるを得ない以上，受益権による利益取得や監督権限行使が間接的なものでしかなくなり，受託者を全面的に信頼するほかない状態に置かれることを意味している。この状態をどのように評価すべきかは，信託関係を社会の中でどのように活用すべきであると考えるかによって大きく議論の分かれるところであり，また，受益者により，さらには，同一の受益者であっても具体的な状況により，見解が分かれることとなるであろう。

この問題に関して典型的に見られるとおり，現行法は，受益者が自己の経済的利益を追求するために受益権を有していることを前提とし，受益者と受託者とは，各自の利益を最大化させるため「合意」することにより，各自の責任に基づいて自由な判断をして差し支えなく，当該合意により生じた損失や責任については，合意の当事者が応分の負担をすべきである，との考え方

---

14 （受託者の利益享受の禁止）
　第8条　受託者は，受益者として信託の利益を享受する場合を除き，何人の名義をもってするかを問わず，信託の利益を享受することができない。
15 〔信託の終了事由〕〔抄〕
　第163条　信託は，次条の規定によるほか，次に掲げる場合に終了する。
　　二　受託者が受益権の全部を固有財産で有する状態が1年間継続したとき。

に立っている。しかしながら，現実の個々具体的な信託契約等において，全ての可能性や危険性が十分理解されたうえで「合意」がなされていると考えてよいかについては，特に受益者の属性や能力をも考慮して，慎重に検討する必要があるであろう。また，現行法が委託者による監督権限行使を信託行為により排除することが可能となっている状況の下で，受益者と受託者とが果たして対等な状態で「合意」を形成することができるかも問題となる以上，信託関係上の「合意」に関する合理的な解釈基準を理論的に確立する必要は，極めて大きいように思われる。

(5) 信託財産の変動

　信託が設定された後，信託財産を構成する具体的な財産は，信託目的が当該財産の保持を目的としている場合を除き，取引等によって常に変動する。特に，経済的利益の追求を目的とする信託関係にあっては，最も経済的価値の高い財産構成を目指して取引を行うことが受託者に求められるから，信託財産が常に変動することが，むしろ信託目的に合致している。

　信託財産の変動に関する法律構成については，信託の基本構造に関する考え方相互間で，それほど大きな差異が生じない。すなわち，信託財産の変動とは，信託財産を構成していた財産の全部または一部が信託財産でなくなることと，信託財産でなかった財産が新たに信託財産を構成する財産となることとの2つの段階を経るものであり，信託財産から外れる財産とそれに代わって信託財産に入る財産との間に，対価関係その他の関連性が認められれば，当該信託関係における受託者ないし受益者の権利義務関係がどのように構成されていたとしても，変動する具体的な財産の相互関係のみに着目して信託財産への帰属を解釈できるからである。現行信託法では，信託財産の変動に関する法律原因を具体的に列挙しているが[16]，前述のとおり，信託財産の変動は，圧倒的多数の信託関係において，当該信託目的に合致する形で当然に生ずる以上，条文に列挙されていない法律原因に基づくものであっても，信託財産から外れる財産との間で対価関係その他の関連性が認められる財産については，信託財産への帰属を認めるべきである。

　むしろ，信託財産の変動が生じた場合に，実務上問題となるのは，個々の

第 2 節　信 託 財 産

具体的な変動が，信託目的に合致しているか否かである。特に，経済的利益の追求を目的とする信託関係では，信託財産の変動が信託目的達成のために常に行われる分，その解釈が問題となる。以下では，典型的な状況として，複数の信託財産を併合して一体的に管理処分し，全体の利益を高めることを目的とした信託財産の変動や，信託財産の中で，特に効率的に利益を追求できる部分のみを分割し，独立の信託財産とすることによって，利益追求を効率的に行うことを目的とした信託財産の変動について考えてみる。

信託財産の併合ないし分割については，旧法では具体的な規定が置かれていなかったため，どのような法律構成を採用するかによって，個々の受益者に帰属する権利や利益ないし損失の範囲が大きく異なっていた。すなわち，最も単純に考えれば，信託財産の併合ないし分割は，既存の信託関係の全部または一部の終了と，新たな信託関係の設定との組合せと解釈することが可能であるが，信託財産に対する債権者との法律関係や，信託関係をいったん清算する際の財産評価の問題が避けられないことから，①信託財産を法律上併合も分割もさせないまま，事実上一体的ないし分割して管理運用を試みたり，②一方の信託財産と他方の信託財産との取引により具体的な財産を一方の信託財産に集中させ，他方の信託財産には一方の信託財産の受益権を取得させたり，③新たに信託関係を設定して，既存の信託関係との間で階層的な信託関係を設定する形で，具体的な財産を新たな信託財産に集中させ，既存の信託財産には新たな信託財産の受益権を取得させたりすることにより，信託財産の「変動」が行われてきたわけである。これに対して，現行法では，

16　（信託財産の範囲）
　　第 16 条　信託行為において信託財産に属すべきものと定められた財産のほか，次に掲げる財産は，信託財産に属する。
　　一　信託財産に属する財産の管理，処分，滅失，損傷その他の事由により受託者が得た財産
　　二　次条，第 18 条，第 19 条（第 84 条の規定により読み替えて適用する場合を含む。以下この号において同じ。），第 226 条第 3 項，第 228 条第 3 項及び第 254 条第 2 項の規定により信託財産に属することとなった財産（第 18 条第 1 項（同条第 3 項において準用する場合を含む。）の規定により信託財産に属するものとみなされた共有持分及び第 19 条の規定による分割によって信託財産に属することとされた財産を含む。）

信託財産の合併ないし分割について，相当細かな規定を設けている（詳細については，第6章第1節(2)(3)参照）。しかしながら，現行法は，信託財産の併合ないし分割を「信託の変更」の一種と位置づけていることから明らかなとおり，上述した旧法下の解釈のうち，信託をいったん終了させて新たな信託関係を設定するとの解釈を細かく条文化させたものであるから，前述した他の法律構成が実務によって試みられる可能性は減少していないわけであり，根本的な問題解決には程遠いものと言わざるを得ない。

　このような信託財産の変動を，個々の信託財産単位で細かく観察すると，当該信託財産を構成していた具体的な財産が，全て他の信託財産に移転し，代わって他の信託財産に対する受益権が信託財産として取得されることが事実上多くなるが，このような信託財産の変動において，従前の具体的な財産と新たに取得される受益権との経済的価値がどのような関係にあるかは，特に信託財産の債権者との関係で問題視される。実務上，受益権の「価値」が問題とされる典型的な局面は，信託財産が破産した場合であるが，この場合には，対象となる信託財産を構成していた具体的な財産の合計価値を受益権の価値が上回ることは事実上ないであろうから，信託財産を構成していた具体的な財産が受益権に転換されたことが，信託財産の価値を減少させたと評価される可能性は極めて高い。しかしながら，信託関係が終了していない間においては，受益権の具体的な管理について費用がかからない側面が評価される分，信託財産を構成する具体的な財産の合計価値と一致しないばかりか，むしろ高い価値が受益権について認められる可能性もある。

　以上のとおり，信託財産の変動に伴う信託財産の価値の比較は，実はそれほど単純には行うことができない。この問題は，法律関係の解釈において「経済的価値」をどのように評価すべきかという，現段階の法律学ではおよそ未解決と言わざるを得ない問題の典型的局面と考えることができるが，前述のとおり信託目的によっては問題となりうるものであり，理論的観点からの詳細かつ根本的な検討が，強く求められるところである。

(6) 信託に関する相殺

「信託に関する相殺」とは，信託財産に属する債権または債務を，自働債権または受働債権として行われる相殺を言う。相殺は，互いに対立する債権相互間の簡易な決済手段であり，かつ，実質的な担保機能をも有することから，実務では広く活用されているが，信託に関する相殺については，相殺の対象となる債権の帰属主体について解釈が必要となるほか，信託の目的との関係で，相殺による債権の消滅自体を認めてよいかが問題となる。

信託に関する相殺については，旧法では一定の類型について明確な禁止規定が設けられており[17]，かつ，有力な学説も，同条が具体的に禁止する行為類型のほか，相殺の禁止をやや広範囲に認める解釈を展開してきた。この議論の特徴は2つあり，第1に，旧法17条が禁止する相殺は法定相殺であるとして，約定相殺については同条に関する解釈がそのままでは適用されないこと，第2に，法定相殺であると約定相殺であるとを問わず，受託者が相殺の過程で一時的にせよ個人的な利益を得る可能性があることが，受託者の忠実義務に違反するとして，同条が具体的に禁止していない類型についても，相殺が無効とされる場合があることであった。

すなわち，旧法下における有力学説は，旧法17条による相殺禁止に関して議論する際，信託財産に関する相殺が行われ，関係者間で債権債務関係が整理されていく過程において，受託者が無資力となる危険性を専ら強調し，また，受託者が一時的にせよ相殺による実質的な固有財産に属する債権の回収を図ることが可能であることを強調する傾向があった。また，この学説は，信託財産ないし受益者が第三者に対して債務を負い，受託者個人が当該第三者に対して債権を有している局面については，旧法17条が禁止を明定していないこと，および，債務は原則として履行されるべきことを理由に，同条の趣旨に基づく相殺禁止の解釈を適用しない考え方を採用してきた。以上のとおり，旧法および旧法下の有力学説は，受託者の人格や資力を基本的に信用しておらず，相殺によって受託者が個人的利益を受ける恐れがあることを，

---

17 旧法第17条 信託財産ニ属スル債権ト信託財産ニ属セサル債務トハ相殺ヲ為スコトヲ得ス

何よりも防止しようとしたものと考えられる。

　しかしながら，旧法下の実務においては，この解釈には具体的な状況において弊害があるとの批判が強く主張されており，実際，以下に述べるとおり，この解釈は信託財産ないし受益者の「利益」を適切に「保護」しているとは言えない結論が導かれる場合があった。

　すなわち，相殺による債権債務関係の決済が相殺権者にとって実質的な利益となるのは，相殺の相手方である受働債権の債権者が無資力である場合にほかならない。そして，誰がいつ無資力となる恐れがあるかを取引開始の時点に明確に予測することは，かなり困難となっているのが現状である。このような状況の下で，信託財産ないし受益者が，債務者の無資力の危険を実質的に回避するためには，誰が自己の債務者として経済的に安定しているかを状況ごとに選択しつつ，受託者との間の債権債務関係をも含めて相殺処理を柔軟に行い，自己の債権が無価値となるのを回避することが必要であり，そのような相殺を原則として禁止する解釈を採用する旧法 17 条と有力学説とは，信託財産ないし受益者の「利益」を結果として「保護」しているということはできない。また，固有財産からの第三者に対する債権と信託財産に対する第三者の債権との相殺についても，当該第三者が無資力であった場合には，相殺によって実質的な利益を得るのは，実は当該第三者に対して債権を有する受託者個人であり，この結論が「相殺に関して受託者が個人的利益を得る」こととならないかについては，明確な説明が行われていない。

　もっとも，旧法下の実務の主流を構成していたのは，業として受託者の立場にある信託銀行実務であった以上，信託財産ないし受益者を欺いて個人的利益を得るとの意図が受託者にないと前提したうえで，経済的破綻の危険性がむしろ取引の相手方である第三者の側に生ずる恐れが高いとの前提に基づいて，旧法および有力学説に対する批判が展開されてきたことが明らかである。したがって，旧法および旧法下の学説とこれに対する実務からの批判とでは，前提とする受託者像や経済的危険に関する理論的観点が完全に異なっているわけであるが，旧法が立案された大正期において一般的に想定されていた受託者像と，現代における受託者像とを単純に比較することの妥当性を措くとしても，相殺によって得られる実質的利益を相手方の経済的破綻による債権回収不能の危険性回避という点に求めるならば，理論上，経済的破綻

第2節　信託財産

の可能性は誰にでも生じうるものである以上，実務からの上記の批判は，支持されるべきであると考えられる。

　現行法は，旧法17条による相殺禁止の原則を形式的に維持しつつ，相手方が善意無過失であった場合や，受託者が相殺を承認した場合については，例外的に相殺が有効となる旨を規定した[18]。この規定は，現代の信託銀行実務における取引関係が，信託財産と固有財産とで複雑に交錯する場合が少なくないこと，および，信託財産ないし受益者にとって相殺による実質的利益を得られるか否かの具体的な判断は，信託財産の管理権限を有する受託者により行われることからして，信託財産に関する相殺を柔軟に行うべきであるとする前述の批判との関係で，一定の合理性と整合性を保つものである。た

18　（信託財産に属する債権等についての相殺の制限）
　　第22条①　受託者が固有財産又は他の信託の信託財産（第1号において「固有財産等」という。）に属する財産のみをもって履行する責任を負う債務（第1号及び第2号において「固有財産等責任負担債務」という。）に係る債権を有する者は，当該債権をもって信託財産に属する債権に係る債務と相殺をすることができない。ただし，次に掲げる場合は，この限りでない。
　　　一　当該固有財産等責任負担債務に係る債権を有する者が，当該債権を取得した時又は当該信託財産に属する債権に係る債務を負担した時のいずれか遅い時において，当該信託財産に属する債権が固有財産等に属するものでないことを知らず，かつ，知らなかったことにつき過失がなかった場合
　　　二　当該固有財産等責任負担債務に係る債権を有する者が，当該債権を取得した時又は当該信託財産に属する債権に係る債務を負担した時のいずれか遅い時において，当該固有財産等責任負担債務が信託財産責任負担債務でないことを知らず，かつ，知らなかったことにつき過失がなかった場合
　　②　前項本文の規定は，第31条第2項各号に掲げる場合において，受託者が前項の相殺を承認したときは，適用しない。
　　③　信託財産責任負担債務（信託財産に属する財産のみをもってその履行の責任を負うものに限る。）に係る債権を有する者は，当該債権をもって固有財産に属する債権に係る債務と相殺をすることができない。ただし，当該信託財産責任負担債務に係る債権を有する者が，当該債権を取得した時又は当該固有財産に属する債権に係る債務を負担した時のいずれか遅い時において，当該固有財産に属する債権が信託財産に属するものでないことを知らず，かつ，知らなかったことにつき過失がなかった場合は，この限りでない。
　　④　前項本文の規定は，受託者が同項の相殺を承認したときは，適用しない。

だし，同条により相殺禁止の原則を緩和するためには，相手方の善意無過失という主観的容態を証明するか，あるいは，受託者による承認という事後的な行為によりなされなければならないから，個々の具体的な状況における相手方の地位が事実上不安定になることは避けられない。また，受託者の承認に関する判断についても，経済状況が刻々と変動し，その過程で経済的破綻が当初の予測と異なって不規則に生じた場合等，判断の適切さを証明することが実質的に困難な場合があることにも，十分注意しなければならない。

(7) 信託財産の独立性

「信託財産の独立性」とは，信託財産が，信託関係当事者が各々有する固有の財産との関係で，実質的に帰属主体の異なる財産として扱われることを指す。旧法下では，信託の基本構造として債権説が条文上採用されていた関係で，信託財産の独立性として主に考えられていたのは，受託者の固有財産との関係における信託財産の独立性であった[19]。また，現行法においても，信託財産の独立性が具体的に問題となる局面として，明文の規定が設けられているのは，信託財産と固有財産とで付合が生じた場合[20]や混同が生じた場合[21]，相殺が行われる場合[22]，強制執行が行われた場合[23]，破産手続等が開始された場合[24]，相続が開始された場合[25]等，いずれも受託者の固有財産との関係についてである。しかしながら，現行法は旧法と異なり，特定の信託法理論を前提としているわけでないため，信託財産と信託関係当事者の固有

---

19 旧法第15条　信託財産ハ受託者ノ相続財産ニ属セス
　旧法第16条〔抄〕①　信託財産ニ付信託前ノ原因ニ因リテ生シタル権利又ハ信託事務ノ処理ニ付生シタル権利ニ基ク場合ヲ除クノ外信託財産ニ対シ強制執行，仮差押若ハ仮処分ヲ為シ又ハ之ヲ競売スルコトヲ得ス
　旧法第17条　信託財産ニ属スル債権ト信託財産ニ属セサル債務トハ相殺ヲ為スコトヲ得ス
　旧法第18条　信託財産カ所有権以外ノ権利ナル場合ニ於テハ受託者カ其ノ目的タル財産ヲ取得スルモ其ノ権利ハ混同ニ因リテ消滅スルコトナシ
　旧法第30条　信託財産ニ付附合，混和又ハ加工アリタル場合ニ於テハ各信託財産及固有財産ハ各別ノ所有者ニ属スルモノト看做シ民法第242条乃至第248条ノ規定ヲ適用ス

第 2 節　信 託 財 産

財産との関係で争いが生ずる可能性は，受託者に関するものとは限らない。例えば，委託者が自己を全受益者とする自益信託を設定した場合には，信託財産を委託者の財産の一部と解釈すべきかについて争いが生ずる可能性があるし，受益者が信託財産の実質所有権者であるとの考え方の下では，受益者の財産と信託財産との関係について，解釈が必要となってくる。

信託財産の独立性に関する理論的観点として，最も明快な議論を展開するのは，言うまでもなく信託財産実質法主体性説である。この考え方の下では，信託財産は信託関係当事者の誰にも帰属しない，実質的に独立した財産であるから，現行法が受託者との関係で信託財産の独立性に関する明文の規定を設けていることは当然である。また，委託者や受益者との関係でも，受託者に対する関係と同様，信託財産の実質的独立性を認めるべきこととなる。

これに対して，債権説，あるいは物権説（受益者実質所有権説）に基づい

20　（信託財産に属する財産の付合等）
　　第17条　信託財産に属する財産と固有財産若しくは他の信託の信託財産に属する財産との付合若しくは混和又はこれらの財産を材料とする加工があった場合には，各信託の信託財産及び固有財産に属する財産は各別の所有者に属するものとみなして，民法第242条から第248条までの規定を適用する。
21　（信託財産に属する財産についての混同の特例）
　　第20条①　同一物について所有権及び他の物権が信託財産と固有財産又は他の信託の信託財産とにそれぞれ帰属した場合には，民法第179条第1項本文の規定にかかわらず，当該他の物権は，消滅しない。
　　②　所有権以外の物権及びこれを目的とする他の権利が信託財産と固有財産又は他の信託の信託財産とにそれぞれ帰属した場合には，民法第179条第2項前段の規定にかかわらず，当該他の権利は，消滅しない。
　　③　次に掲げる場合には，民法第520条本文の規定にかかわらず，当該債権は，消滅しない。
　　　一　信託財産に属する債権に係る債務が受託者に帰属した場合（信託財産責任負担債務となった場合を除く。）
　　　二　信託財産責任負担債務に係る債権が受託者に帰属した場合（当該債権が信託財産に属することとなった場合を除く。）
　　　三　固有財産又は他の信託の信託財産に属する債権に係る債務が受託者に帰属した場合（信託財産責任負担債務となった場合に限る。）
　　　四　受託者の債務（信託財産責任負担債務を除く。）に係る債権が受託者に帰属した場合（当該債権が信託財産に属することとなった場合に限る。）

て信託財産の独立性を考える場合には，信託財産が受託者あるいは受益者に帰属していることが理論上の前提となるため，現行法の規定の存在意義や解釈が異なってくる。すなわち，債権説の下では，信託財産は受託者に一応属しているが，受託者が信託目的に基づく管理処分に関する義務を負っている関係で，受託者の固有財産と異なる取扱いをすべきこととなり，前記の各規定はそのことを明示したものと解される。この反面，受益者や委託者との関係では，信託財産がこれらの者に帰属していない以上，「独立性」を考える余地がない。他方，物権説（受益者実質所有権説）の下では，信託財産は実質的に受益者の財産であるが，形式的に受託者が信託財産の名義人となっている関係上，受託者の固有財産との関係を明確に規律する必要があり，現行

---

22 （信託財産に属する債権等についての相殺の制限）

第22条① 受託者が固有財産又は他の信託の信託財産（第1号において「固有財産等」という。）に属する財産のみをもって履行する責任を負う債務（第1号及び第2号において「固有財産等責任負担債務」という。）に係る債権を有する者は，当該債権をもって信託財産に属する債権に係る債務と相殺をすることができない。ただし，次に掲げる場合は，この限りでない。

一 当該固有財産等責任負担債務に係る債権を有する者が，当該債権を取得した時又は当該信託財産に属する債権に係る債務を負担した時のいずれか遅い時において，当該信託財産に属する債権が固有財産等に属するものでないことを知らず，かつ，知らなかったことにつき過失がなかった場合

二 当該固有財産等責任負担債務に係る債権を有する者が，当該債権を取得した時又は当該信託財産に属する債権に係る債務を負担した時のいずれか遅い時において，当該固有財産等責任負担債務が信託財産責任負担債務でないことを知らず，かつ，知らなかったことにつき過失がなかった場合

② 前項本文の規定は，第31条第2項各号に掲げる場合において，受託者が前項の相殺を承認したときは，適用しない。

③ 信託財産責任負担債務（信託財産に属する財産のみをもってその履行の責任を負うものに限る。）に係る債権を有する者は，当該債権をもって固有財産に属する債権に係る債務と相殺をすることができない。ただし，当該信託財産責任負担債務に係る債権を有する者が，当該債権を取得した時又は当該固有財産に属する債権に係る債務を負担した時のいずれか遅い時において，当該固有財産に属する債権が信託財産に属するものでないことを知らず，かつ，知らなかったことにつき過失がなかった場合は，この限りでない。

④ 前項本文の規定は，受託者が同項の相殺を承認したときは，適用しない。

第2節 信託財産

法の規定はそのためにあると理解される。また，受益者との関係では，信託財産が実質的に受益者に帰属していることを前提とする以上，「信託財産の独立性」に関する規定は存在しないことが，理論的に整合している。

このように，信託の基本構造に関してどのような理論的観点に立つかによって，「信託財産の独立性」を誰との関係でどのように考えるべきかについては，根本的な解釈の対立が生じうる。また，現行法における信託財産の独立性に関する規定の意義についても，どの信託法理論に従うかによって，かなり解釈が異なってくる。これらの点からすると，現行法の「信託財産の独立性」に関する諸規定は，明確に債権説を採用していた旧法の規定をやや無

23　（信託財産に属する財産に対する強制執行等の制限等）

第23条① 　信託財産責任負担債務に係る債権（信託財産に属する財産について生じた権利を含む。次項において同じ。）に基づく場合を除き，信託財産に属する財産に対しては，強制執行，仮差押え，仮処分若しくは担保権の実行若しくは競売（担保権の実行としてのものを除く。以下同じ。）又は国税滞納処分（その例による処分を含む。以下同じ。）をすることができない。

② 　第3条第3号に掲げる方法によって信託がされた場合において，委託者がその債権者を害することを知って当該信託をしたときは，前項の規定にかかわらず，信託財産責任負担債務に係る債権を有する債権者のほか，当該委託者（受益者であるものに限る。）に対する債権で信託前に生じたものを有する者は，信託財産に属する財産に対し，強制執行，仮差押え，仮処分若しくは担保権の実行若しくは競売又は国税滞納処分をすることができる。ただし，受益者が現に存する場合において，その受益者の全部又は一部が，受益者としての指定を受けたことを知った時又は受益権を譲り受けた時において債権者を害すべき事実を知らなかったときは，この限りでない。

③ 　第11条第7項及び第8項の規定は，前項の規定の適用について準用する。

④ 　前2項の規定は，第2項の信託がされた時から2年間を経過したときは，適用しない。

⑤ 　第1項又は第2項の規定に違反してされた強制執行，仮差押え，仮処分又は担保権の実行若しくは競売に対しては，受託者又は受益者は，異議を主張することができる。この場合においては，民事執行法（昭和54年法律第4号）第38条及び民事保全法（平成元年法律第91号）第45条の規定を準用する。

⑥ 　第1項又は第2項の規定に違反してされた国税滞納処分に対しては，受託者又は受益者は，異議を主張することができる。この場合においては，当該異議の主張は，当該国税滞納処分について不服の申立てをする方法による。

造作に承継したものと評価せざるを得ず，具体的局面における実務上の解釈指針となりうるかについて，疑問の余地が生じないではない。

　いずれにせよ，現行法が債権説のみに依拠して制定されていないことからすれば，現行法における「信託財産の独立性」の意味については，旧法下よりも広く解釈すべきであり，現行法の規定する受託者の固有財産との関係のみならず，明文の規定が存在しない委託者および受益者との関係においても，各人の固有財産と信託財産とが実質的に異なる財産であると考える方が，理論的観点としても実務上の解釈指針としても，妥当であるように思われる。

24　（信託財産と受託者の破産手続等との関係等）
　　第25条①　受託者が破産手続開始の決定を受けた場合であっても，信託財産に属する財産は，破産財団に属しない。
　　②　前項の場合には，受益債権は，破産債権とならない。信託債権であって受託者が信託財産に属する財産のみをもってその履行の責任を負うものも，同様とする。
　　③　第1項の場合には，破産法第252条第1項の免責許可の決定による信託債権（前項に規定する信託債権を除く。）に係る債務の免責は，信託財産との関係においては，その効力を主張することができない。
　　④　受託者が再生手続開始の決定を受けた場合であっても，信託財産に属する財産は，再生債務者財産に属しない。
　　⑤　前項の場合には，受益債権は，再生債権とならない。信託債権であって受託者が信託財産に属する財産のみをもってその履行の責任を負うものも，同様とする。
　　⑥　第4項の場合には，再生計画，再生計画認可の決定又は民事再生法第235条第1項の免責の決定による信託債権（前項に規定する信託債権を除く。）に係る債務の免責又は変更は，信託財産との関係においては，その効力を主張することができない。
　　⑦　前3項の規定は，受託者が更生手続開始の決定を受けた場合について準用する。この場合において，第4項中「再生債務者財産」とあるのは「更生会社財産（会社更生法第2条第14項に規定する更生会社財産又は金融機関等の更生手続の特例等に関する法律第169条第14項に規定する更生会社財産をいう。）又は更生協同組織金融機関財産（同法第4条第14項に規定する更生協同組織金融機関財産をいう。）」と，第5項中「再生債権」とあるのは「更生債権又は更生担保権」と，前項中「再生計画，再生計画認可の決定又は民事再生法第235条第1項の免責の決定」とあるのは「更生計画又は更生計画認可の決定」と読み替えるものとする。

25 (受託者の任務の終了事由)〔抄〕
　第56条① 受託者の任務は，信託の清算が結了した場合のほか，次に掲げる事由によって終了する。ただし，第3号に掲げる事由による場合にあっては，信託行為に別段の定めがあるときは，その定めるところによる。
　　一　受託者である個人の死亡
　　二　受託者である個人が後見開始又は保佐開始の審判を受けたこと。
　（前受託者の相続人等の通知及び保管の義務等）
　第60条① 第56条第1項第1号又は第2号に掲げる事由により受託者の任務が終了した場合において，前受託者の相続人（法定代理人が現に存する場合にあっては，その法定代理人）又は成年後見人若しくは保佐人（以下この節において「前受託者の相続人等」と総称する。）がその事実を知っているときは，前受託者の相続人等は，知れている受益者に対し，これを通知しなければならない。ただし，信託行為に別段の定めがあるときは，その定めるところによる。
　　② 第56条第1項第1号又は第2号に掲げる事由により受託者の任務が終了した場合には，前受託者の相続人等は，新受託者等又は信託財産法人管理人が信託事務の処理をすることができるに至るまで，信託財産に属する財産の保管をし，かつ，信託事務の引継ぎに必要な行為をしなければならない。
　　③ 前項の場合において，前受託者の相続人等が信託財産に属する財産の処分をしようとするときは，受益者は，これらの者に対し，当該財産の処分をやめることを請求することができる。ただし，新受託者等又は信託財産法人管理人が信託事務の処理をすることができるに至った後は，この限りでない。
　　④ 第56条第1項第3号に掲げる事由により受託者の任務が終了した場合には，破産管財人は，新受託者等が信託事務を処理することができるに至るまで，信託財産に属する財産の保管をし，かつ，信託事務の引継ぎに必要な行為をしなければならない。
　　⑤ 前項の場合において，破産管財人が信託財産に属する財産の処分をしようとするときは，受益者は，破産管財人に対し，当該財産の処分をやめることを請求することができる。ただし，新受託者等が信託事務の処理をすることができるに至った後は，この限りでない。
　　⑥ 前受託者の相続人等又は破産管財人は，新受託者等又は信託財産法人管理人に対し，第1項，第2項又は第4項の規定による行為をするために支出した費用及び支出の日以後におけるその利息の償還を請求することができる。
　　⑦ 第49条第6項及び第7項の規定は，前項の規定により前受託者の相続人等又は破産管財人が有する権利について準用する。

第3章　信託の当事者

　信託は，他の法令等によって禁止されていない限り，あらゆる目的の下に設定することが可能である。しかしながら，信託を有効に設定し，かつ，定められた信託目的を達成するためには，信託関係当事者に一定の適格と能力とが必要となる。本章では，信託関係当事者の適格と能力とについて概観し，信託の基本構造に関する議論に対して，別の側面から検討を加える。

第1節　受　託　者

(1)　受託者の適格

　受託者は，どの信託法理論を採用した場合でも，信託財産の管理処分権限を有し，信託目的達成のため，信託事務を執行する権限と義務を負っている。また，一般的な信託関係では，受託者は，信託財産についてその名義を保持し，当該財産の財産権者としての外形を有している。

　これらのことからすれば，受託者となるために必要な要件としては，まず，信託財産の管理処分権限を有するに足りる法形式的な能力を有するほか，信託目的達成のために信託財産を管理処分することができるだけの現実的な財産管理能力を備えていなければならない。したがって，死者，破産者，法人格の消滅した法人のほか，成年被後見人，被保佐人，未成年者については，受託者となることができず，信託設定後に受託者がこれらの事由に該当した場合は，受託者の任務は終了する[1]。他の法令等によるこれらの者に対する財産管理権限の規制や制限は，原則として自己の財産管理についてのものであるが，信託関係にあっては，自己の財産を管理処分する場合に求められる

第 1 節　受 託 者

合理性以上に，定められた信託目的を達成するための高度な合理的管理処分を行うことが求められるから，受託者としての現実的な財産管理能力について，一般的に欠けるものとされているわけである。また，信託財産の名義人ないし外形的な財産権者となるためには，財産の主体となるべき能力，すなわち権利能力が必要であるため，死者や法人格の消滅した法人は，この点か

1　(受託者の任務の終了事由)
　第56条①　受託者の任務は，信託の清算が結了した場合のほか，次に掲げる事由によって終了する。ただし，第3号に掲げる事由による場合にあっては，信託行為に別段の定めがあるときは，その定めるところによる。
　　一　受託者である個人の死亡
　　二　受託者である個人が後見開始又は保佐開始の審判を受けたこと。
　　三　受託者(破産手続開始の決定により解散するものを除く。)が破産手続開始の決定を受けたこと。
　　四　受託者である法人が合併以外の理由により解散したこと。
　　五　次条の規定による受託者の辞任
　　六　第58条の規定による受託者の解任
　　七　信託行為において定めた事由
　②　受託者である法人が合併をした場合における合併後存続する法人又は合併により設立する法人は，受託者の任務を引き継ぐものとする。受託者である法人が分割をした場合における分割により受託者としての権利義務を承継する法人も，同様とする。
　③　前項の規定にかかわらず，信託行為に別段の定めがあるときは，その定めるところによる。
　④　第1項第3号に掲げる事由が生じた場合において，同項ただし書の定めにより受託者の任務が終了しないときは，受託者の職務は，破産者が行う。
　⑤　受託者の任務は，受託者が再生手続開始の決定を受けたことによっては，終了しない。ただし，信託行為に別段の定めがあるときは，その定めるところによる。
　⑥　前項本文に規定する場合において，管財人があるときは，受託者の職務の遂行並びに信託財産に属する財産の管理及び処分をする権利は，管財人に専属する。保全管理人があるときも，同様とする。
　⑦　前2項の規定は，受託者が更生手続開始の決定を受けた場合について準用する。この場合において，前項中「管財人があるとき」とあるのは，「管財人があるとき(会社更生法第74条第2項(金融機関等の更生手続の特例等に関する法律第47条及び第213条において準用する場合を含む。)の期間を除く。)」と読み替えるものとする。

らも受託者となることができない。

　受託者の適格に関する理論的な議論は，概ね上記に述べた点に尽きるものであるが，現実には，財産管理権限や法主体性に関する様々な規制の存在や，現実的な財産管理能力の判断が明確でない場合があるために，実務上，受託者の適格性が争われる事案が，少なからず生ずることとなる。

　例えば，特定の種類の財産に関して，財産の帰属主体や管理処分の形態につき，法律上の規制や制限が課されている場合，信託財産がこのような財産を含んでいるか否かによって，受託者の適格性は，微妙に変わってくる。また，上記のような財産の主体や管理処分に関する規制が，当該財産からの利益取得を目的とする受益権に対して及ぶか否かは，さらに解釈が分かれうる。そうすると，例えば，財産の帰属主体や管理処分の形態に制限ないし規制が課されている財産を信託財産とする信託関係Aの受益権を，信託財産として含む信託関係Bにおける受託者の適格について，果たして当該財産に関する制限や規制を直接受けることとなるか，というやや複雑な問題も生じてくる。このような規制や制限は，不動産や特定企業等の株式，さらには一定の医薬品等に関して多くの国で実例があり，かつ，かかる規制は国によって規制の方法や範囲が異なることが通常であるため，国際的な信託関係を設定する場合には，特に注意しなければならない問題点の1つである。

　また，特に団体が受託者となる場合に関しては，形式的な法人格の有無や団体の目的との関係での財産に関する管理処分権限の範囲と，当該団体の有する現実的な財産管理に関する能力との間にずれが生ずることがあるため，信託設定ないし信託事務の執行に際して，法律上の制限と実質的な信託財産の管理処分との関係が問題となる。典型的な例として，権利能力のない社団については，形式的な法人格がなく，当該団体に属する財産は，その代表者である個人に信託的に帰属する，と理解されているが，実質的な財産管理関係が，当該団体が法人格を有している場合とほぼ同様に行われている場合も，珍しくないものと思われる。したがって，現行法上，権利能力のない社団が信託の受託者になることは，当該社団が法人格を持たない以上，原則としてないはずであるが，当該社団に属する財産が代表者個人にさらに信託的に帰属するとの考え方を応用すれば，具体的な財産の名義人としては代表者個人の名義を使用しつつ，実質的に財産管理能力を有する権利能力のない社団を

「受託者」として，財産管理を行うことも，現行法上不可能とは言えないかもしれない。このように，団体に属する個人については，財産の帰属や管理能力について制限を課すことが現行法上困難であるため，形式的な受託者と実質的な受託者とを分割することにより，規制や制限を実質的に回避することが可能となる点が，大きな問題となるわけである。

(2) 共同受託者

「共同受託者」とは，同一の信託関係について，受託者が複数存在する場合をいう。旧法では，共同受託者について，いわゆる合手的行動義務が課され，受託者が事実上一体となって行動することが求められていたが[2]，受託者が複数存在することの実質的な長所は，受託者間の協議により信託目的に最も適合する信託事務を執行することが期待される点にある。したがって，複数の受託者が完全に同一の見解に基づいて行動していることを前提とするのであればともかく，判断が分かれやすい状況の下では，合理的な基準に基づいて共同受託者としての行動指針が決定されることが望ましい。

このようなことから，現行法では，共同受託者による信託財産の保持については，合有であるとの規定を維持しつつ[3]，共同受託者としての意思決定の原則について多数決原理を導入したほか，信託行為による柔軟な管理処分権限の配分を行うことを可能として，共同受託にかかる信託事務の合理的な執行を期待している[4]。他方，共同受託者の責任については，意思決定手続が柔軟であった場合でも，決定された行動指針は全ての共同受託者を等しく規律するから，受益者や第三者に対する関係では，共同受託者の責任は，原則として連帯責任となる[5]。

しかしながら，現在の信託実務においては，以上に述べた信託法上の共同

---

[2] 旧法第24条① 受託者数人アルトキハ信託財産ハ其ノ合有トス
② 前項ノ場合ニ於テ信託行為ニ別段ノ定アル場合ヲ除クノ外信託事務ノ処理ハ受託者共同シテ之ヲ為スコトヲ要ス但シ其ノ1人ニ対シテ為シタル意思表示ハ他ノ受託者ニ対シテモ其ノ効力ヲ生ス
[3] （信託財産の合有）
第79条 受託者が2人以上ある信託においては，信託財産は，その合有とする。

受託者に理論上含まれないものが，実質的な「共同受託者」として存在するため，各局面における解釈が問題となる。

　第1に，受託者Aが単独で信託財産全てを受託し，後に財産管理者であるBおよびCを選任して，自己の代理人として信託財産の一部を管理処分させる場合がある。この場合は，受益者との関係で「受託者」であるのはAのみであって，BやCは受託者の代理人に過ぎないから，信託法が予定している「共同受託者」とかなり異なる解釈が導かれる。

　第2に，受託者Aがいったん全ての信託財産を単独で受託した後，BおよびCにそれぞれ財産の一部を再信託し，各自の判断に従って財産の管理を行わせる場合がある。この場合，当初の信託財産の受益者は，BまたはCの管

4　(信託事務の処理の方法)
　第80条①　受託者が2人以上ある信託においては，信託事務の処理については，受託者の過半数をもって決する。
　②　前項の規定にかかわらず，保存行為については，各受託者が単独で決することができる。
　③　前2項の規定により信託事務の処理について決定がされた場合には，各受託者は，当該決定に基づいて信託事務を執行することができる。
　④　前3項の規定にかかわらず，信託行為に受託者の職務の分掌に関する定めがある場合には，各受託者は，その定めに従い，信託事務の処理について決し，これを執行する。
　⑤　前2項の規定による信託事務の処理についての決定に基づく信託財産のためにする行為については，各受託者は，他の受託者を代理する権限を有する。
　⑥　前各項の規定にかかわらず，信託行為に別段の定めがあるときは，その定めるところによる。
　⑦　受託者が2人以上ある信託においては，第三者の意思表示は，その1人に対してすれば足りる。ただし，受益者の意思表示については，信託行為に別段の定めがあるときは，その定めるところによる。
　(職務分掌者の当事者適格)
　第81条　前条第4項に規定する場合には，信託財産に関する訴えについて，各受託者は，自己の分掌する職務に関し，他の受託者のために原告又は被告となる。
　(信託事務の処理についての決定の他の受託者への委託)
　第82条　受託者が2人以上ある信託においては，各受託者は，信託行為に別段の定めがある場合又はやむを得ない事由がある場合を除き，他の受託者に対し，信託事務(常務に属するものを除く。)の処理についての決定を委託することができない。

第1節　受託者

理する再信託関係について受益権を有しているわけでないから，BおよびCの財産管理に直接監督権限を及ぼすことが困難となり，信託法上A，BおよびCが「共同受託者」である場合とは，根本的に解釈が異なってくる。

　もっとも，これらの場合であっても，受託者Aと財産管理者BおよびCとの法律関係を合理的に解釈することによって，当初の信託財産の受益者との関係で，A，BおよびCが信託財産を信託法上共同受託した場合と，実質的に変わらない結論を導くことは不可能ではない。

　例えば，信託財産を事実上管理している財産管理者BおよびCが，受託者Aの代理人と解釈された場合には，代理に関する理論的観点から，代理人と受益者との間の直接の法律関係を観念することにより，受益者の監督権限をBおよびCに対して直接行使することが可能となる。また，信託財産のうちどの部分について代理人に管理を委ねられるかの基準を，予め信託条項で定めておくことは可能であるうえ，代理人に具体的な財産管理を委ねるか否かの判断は，信託財産の管理処分に関する受託者の具体的な判断の一種である。したがって，仮に代理人BおよびCの管理処分の失当が原因となって信託財産に損失等が生じた場合には，受益者はBおよびCに対して直接責任を追及することができると同時に，受託者Aに対しても，信託財産全体の管理処分に関する責任を追及することができる。そして，この場合，A，BおよびCの責任は同一の損害に関する連帯責任となるから，A，BおよびCが信託財

5　旧法第25条　受託者数人アルトキハ信託行為ニ因リ受益者ニ対シテ負担スル債務ハ之ヲ連帯トス信託事務ノ処理ニ付負担スル債務亦同シ

　（信託事務の処理に係る債務の負担関係）

　第83条①　受託者が2人以上ある信託において，信託事務を処理するに当たって各受託者が第三者に対し債務を負担した場合には，各受託者は，連帯債務者とする。

　②　前項の規定にかかわらず，信託行為に受託者の職務の分掌に関する定めがある場合において，ある受託者がその定めに従い信託事務を処理するに当たって第三者に対し債務を負担したときは，他の受託者は，信託財産に属する財産のみをもってこれを履行する責任を負う。ただし，当該第三者が，その債務の負担の原因である行為の当時，当該行為が信託事務の処理としてされたこと及び受託者が2人以上ある信託であることを知っていた場合であって，信託行為に受託者の職務の分掌に関する定めがあることを知らず，かつ，知らなかったことにつき過失がなかったときは，当該他の受託者は，これをもって当該第三者に対抗することができない。

産を共同受託した場合と実質的に変わらない結論が導かれる。

　他方，受託者AがBおよびCに対して信託財産の一部を再信託した場合には，階層的な信託関係が有効に存在している限り，受益者はBおよびCと直接の法律関係に立っていない。かつ，BおよびCがそれぞれ管理する財産については，その再信託受益権を通じて受益者に損益が間接的に帰属するに過ぎないから，受益者がBおよびCに対して直接責任を追及するためには，原信託関係と再信託関係とが実質的に同一の法律関係の一部分であることを論ずるほかない。例えば，BおよびCが財産を管理するに際して，実質的にAの支配下にあって指揮命令を受けている状況があるのであれば，当該再信託関係は，実質的には代理関係であり，BおよびCは実質的に受託者Aの代理人であるとして，前述した解釈を導くこととなる。また，信託の基本構造に関して，受益者が信託財産の実質所有権者であるとの理論構成を採用するのであれば，信託関係が階層的になっていたとしても，当該信託関係が他の信託関係との「合同運用」により管理処分されているのでない限り，再信託関係における信託財産は，原信託関係における信託財産と実質的に一体であるとして，原信託受益者の実質所有権が及ぶとの解釈を展開することは，可能であると考えられる。

　このように，受益者との関係で，実質的な意味を含む「共同受託者」についてどのような法律構成を採用した場合でも，実質的に結論が変わらないような理論的観点を提示することは，現行法の解釈として必ずしも不可能でない。問題は，そのような解釈指針が，あらゆる状況の下において常に受益者の「利益」となるか否かが判然としない点にある。すなわち，受益者の監督権限が直接及ぶ関係にあるということは，逆から見れば，信託関係当事者でない第三者との関係で，受益者が直接責任を負うべきことの根拠とされる可能性を併せ有するものである（第5章第3節参照）。したがって，受益者に信託財産の具体的な管理処分権限がないことまで考慮すると，受益者による監督権限が及ぶことは，受益者の判断で信託財産の損害を回復できるということ以上の危険を，受益者に負わせる結果となりかねないわけである。

　また，そもそも，信託法の規定と異なる管理処分形態を実現しようとする信託関係当事者にとっては，信託法上の共同受託と実質的に変わらない結論が導かれるのでは信託条項に具体的な規定を設ける意味がないわけであり，

むしろ，形式的な法律構成から論理的に導かれる具体的解釈の積み重ねによる個別の結論こそが，信託関係当事者が信託設定によって目的とする結論であるとの考え方も，十分説得力がある。したがって，自己の意思に反して法律関係が生ずることを余儀なくされる不法行為の被害者のような場合は別として，自己の意思をもって法律関係に入る受益者や第三者については，信託関係当事者間で具体的に調整され，合意された信託条項を中心に解釈していくことが，信託関係が信託目的達成のために自由に設定できることとの関係では，理論的に整合する解釈であると考えられる。

　以上のことからすると，実質的なものを含む「共同受託者」の解釈に当たって最も重視されるべきものは，当該信託関係を規律する信託行為に代表される信託関係当事者間の「合意」の解釈ということになる。これは，信託関係が関係当事者間で自由に設定できるとの前提と理論的に整合するものであるが，同時に，信託関係において法的な問題が生じうる局面が多種多様である以上，信託条項を調整，合意する際に，個々の条項，および複数の条項の組み合わせによる論理的解釈が，個々の局面に対してどのような結論を導くこととなるかを詳細に検討する必要が生ずるため，相応の手数と費用，および危険が生ずることが避けられない。また，かかる信託関係が，複数の者の間で複雑に設定されるような場合には，個別の合意に分解した場合の具体的解釈と，関係者全体で共通の目的とされた観点から導かれる解釈が異なってくる可能性も生ずるわけであり，具体的局面における解釈指針は，必ずしも単純明快なものとならないことに注意しなければならない。

(3) 受託者の権限代行者

　信託事務の執行について，原則的な権限と責任とが帰属するのは言うまでもなく受託者であるが，受託者が自ら行うべき具体的事務の範囲については，考え方が分かれうる。すなわち，信託関係が，委託者の受託者に対する信頼を基盤として成立することを強調する場合には，信託関係における受託者は，信託事務を処理すべき具体的な者としてその地位に就いていることになるから，第三者に信託事務処理に関する権限を委ねることは，例外的な事情がない限り認められない。これに対して，信託関係が信託目的を達成するために

存在していることを強調する場合には，受託者がその地位に就いているのは，信託目的達成のための財産管理の適任者と委託者等に目されたためにほかならないから，信託目的達成のためにより適任である第三者が存在する場合には，むしろ積極的に受託者の権限代行者として選任し，受託者自身は権限代行者の事務処理の適切性を背後から監督する任に当たることが，信託目的達成のために望ましいことになる。

　旧法においては，信託関係の基本構造として債権説が採用されていたことも相まって，受託者の権限は原則として受託者自身により執行されるべきものとされていたが[6]，現行法は，権限代行者を選任する際の具体的な基準自体こそ変更を加えていないものの，受託者が一定の場合には権限代行者を選任できることを前提に条文を構成し直し[7]，権限代行者に対する受託者の監督についても，信託行為で自由に定められることを原則としている[8]。

　他方，受託者の権限代行者が受益者に対して負うべき責任に関しては，旧法では受益者に対する直接責任が明定されていたが[9]，現行法にはこの点に関する明文の規定がない。しかしながら，受託者と受託者の権限代行者との法律関係は，法律の規定により権限代行者の選任が強制される場合でない限り，民法上の委任関係と考えて差し支えないから，民法107条2項の規定する復代理人の本人に対する直接責任の類推適用により，授与された権限の範囲内で，受益者ないし信託財産との関係で直接責任を負うと考えるべきで

---

[6] 旧法第26条〔抄〕① 　受託者ハ信託行為ニ別段ノ定アル場合ヲ除クノ外已ムコトヲ得サル事由アル場合ニ限リ他人ヲシテ自己ニ代リテ信託事務ヲ処理セシムルコトヲ得

[7] （信託事務の処理の第三者への委託）
　第28条　受託者は，次に掲げる場合には，信託事務の処理を第三者に委託することができる。
　　一　信託行為に信託事務の処理を第三者に委託する旨又は委託することができる旨の定めがあるとき。
　　二　信託行為に信託事務の処理の第三者への委託に関する定めがない場合において，信託事務の処理を第三者に委託することが信託の目的に照らして相当であると認められるとき。
　　三　信託行為に信託事務の処理を第三者に委託してはならない旨の定めがある場合において，信託事務の処理を第三者に委託することにつき信託の目的に照らしてやむを得ない事由があると認められるとき。

第1節　受　託　者

ある。実際，信託行為により権限代行者の選任が認められている信託関係においては，信託目的達成のために適切な財産管理を行うことができる権限代行者を適切に選任することは，受託者の主要な職務の1つであり，選任された権限代行者は，信託目的達成のために具体的な信託事務を処理することを職務とするわけであるから，具体的な信託事務処理に関する責任はむしろ権限代行者が受益者や信託財産に対して直接負い，受託者は権限代行者の選任および監督に関する責任を負うとする方が，信託事務処理に対する監督という面からも，より効率的であると考えられる。

受託者の権限代行者に関する一般論については以上のとおりであるが，実務上むしろ問題となるのは，信託財産の管理処分に具体的に携わる者と受託者との法律関係が，果たして「受託者の権限代行者」と解釈できるか否かである。例えば，信託財産の一部が受託者によって第三者に再信託され，再信託の受託者が具体的な財産の管理処分を行う場合について考えてみると，再信託の受託者と原信託の受益者との間には直接の法律関係は存在せず，再信託の受託者が直接義務と責任とを負う相手方は，再信託の受益者，すなわち，

8　（信託事務の処理の委託における第三者の選任及び監督に関する義務）
　第35条①　第28条の規定により信託事務の処理を第三者に委託するときは，受託者は，信託の目的に照らして適切な者に委託しなければならない。
　②　第28条の規定により信託事務の処理を第三者に委託したときは，受託者は，当該第三者に対し，信託の目的の達成のために必要かつ適切な監督を行わなければならない。
　③　受託者が信託事務の処理を次に掲げる第三者に委託したときは，前2項の規定は，適用しない。ただし，受託者は，当該第三者が不適任若しくは不誠実であること又は当該第三者による事務の処理が不適切であることを知ったときは，その旨の受益者に対する通知，当該第三者への委託の解除その他の必要な措置をとらなければならない。
　　一　信託行為において指名された第三者
　　二　信託行為において受託者が委託者又は受益者の指名に従い信託事務の処理を第三者に委託する旨の定めがある場合において，当該定めに従い指名された第三者
　④　前項ただし書の規定にかかわらず，信託行為に別段の定めがあるときは，その定めるところによる。
9　旧法第26条〔抄〕③　受託者ニ代リテ信託事務ヲ処理スル者ハ受託者ト同一ノ責任ヲ負フ

原信託の受託者に管理される原信託財産のみ、ということになる。

　もっとも、この場合には、原信託の信託財産には、再信託された具体的な財産に代わって、再信託関係における受益権が含まれており、原信託の受託者はこの再信託の受益権を原信託の信託財産の一部として管理していることとなるから、再信託の受託者と原信託の受益者との間に直接の法律関係がないことは、論理的にはむしろ当然とも考えられる。また、この場合には、再信託された具体的な財産に関して生ずる法律上の効果は、再信託関係における受益権に基づく利益享受に反映される範囲でのみ原信託関係に対して効果を及ぼすに過ぎないから、原信託の受益者としては、原信託関係における監督権の行使に際し、再信託された具体的な財産の管理処分に対して直接影響力を及ぼすべき必要はなく、あくまで原信託関係の信託財産の一部である再信託関係の受益権に関する利益の保全が図られれば足りる、との考え方も成り立つため、解釈がさらに複雑になる。

　他方で、外形的に再信託関係が成立していたとしても、具体的な財産管理に関する合意内容や管理の実態次第では、実質的には受託者の権限代行者であるとして、原信託の受益者との間で直接義務と責任を認める解釈をすべき場合もないではない。実際、信託の基本構造に関して、受益者が信託財産の実質所有権者であるとの立場に基づけば、外形的な法律関係が権限代行であると再信託であるとを問わず、具体的な財産管理を行う者と財産の実質所有権者である受益者との間で、直接的な法律関係を認める解釈を行うことが合理的であろう。もっとも、以上のような解釈は、原信託の受益者が再信託の受託者に対して原信託関係に基づく監督権限を行使する場合にのみ主張されるわけではなく、例えば、第三者に対する関係で生じた再信託関係における義務と責任とを、実質的な利益享受主体である原信託の受益者に対して追及する場合にも同様に主張されうるものであり、常に受益者の「利益」となるとは限らない点に、注意することが必要である。

(4) 受託者の地位の承継

　受託者は、信託関係当事者からの信頼によりその地位に立っているほか、信託事務を処理するに足りる財産管理能力を有することが、その地位の前提

となるから，関係者からの信頼を失ったり，あるいは必要な財産管理能力を喪失したとされる場合には，その地位を退くべきである。しかしながら，信託関係それ自体は，信託目的の達成のために特定の者が受託者に就任することが必須とされる場合でない限り，受託者の任務が終了し，あるいは受託者がその地位から退いた場合でも直ちに終了することはなく，新たな受託者が選任され，同一の目的を持って存続していくこととなる。

受託者の地位の承継は，旧法が前提としていた債権説の下では，信託財産の帰属主体が変動することを意味しているし，その他の説の下においても，信託財産の管理権限の引継ぎと義務や責任の配分が，理論上も実務上も重要な問題となる。このため，受託者の地位の承継に関しては，債権説を前提とする旧法においても明文の規定が置かれていたが[10]，現行法でも極めて詳細な規定が設けられている[11]。もっとも，他の局面と同様，現行法は，問題の処理に際して，信託行為による関係当事者間の合意の効果を幅広く認めているから，実務上，受託者の地位の承継に関する具体的な規律は，信託関係当事者がどのような合意をしたかによって定まるわけであり，信託関係当事者間の信頼関係が喪失した場合に裁判所が受託者を解任する際においても，実質上は，委託者または受益者が解任の意思を示したことに基づいて受託者が解任されると考えて差し支えない[12]。

受託者の地位が承継される場合において，実務上の問題点が生じやすいのは，権限の配分よりもむしろ義務や責任の配分についてである。すなわち，受託者の権限については，問題が生ずるとすれば，任務が終了した受託者が第三者との関係で受託者である外見を利用して信託財産の処分等を行い，第三者が表見法理を援用して信託財産との関係での法律効果を求めてくる場合等であるが，このような場合には，無権代理行為が行われた場合における表見代理の成否に関する議論がほぼそのまま適用できるから，信託関係であるという理由で問題が複雑になることはない。これに対して，受託者の義務や

---

[10] 旧法第50条〔抄〕① 受託者ノ更迭アリタルトキハ信託財産ハ前受託者ノ任務終了ノ時ニ於テ新受託者ニ譲渡サレタモノト看做ス

旧法第52条〔抄〕① 受託者ノ更迭アリタルトキハ新受託者ハ前受託者カ信託行為ニ因リ受益者ニ対シテ負担シタル債務ヲ承継ス

11 (信託に関する権利義務の承継等)

第75条① 第56条第1項各号に掲げる事由により受託者の任務が終了した場合において，新受託者が就任したときは，新受託者は，前受託者の任務が終了した時に，その時に存する信託に関する権利義務を前受託者から承継したものとみなす。

② 前項の規定にかかわらず，第56条第1項第5号に掲げる事由（第57条第1項の規定によるものに限る。）により受託者の任務が終了した場合（第59条第4項ただし書の場合を除く。）には，新受託者は，新受託者等が就任した時に，その時に存する信託に関する権利義務を前受託者から承継したものとみなす。

③ 前2項の規定は，新受託者が就任するに至るまでの間に前受託者，信託財産管理者又は信託財産法人管理人がその権限内でした行為の効力を妨げない。

④ 第27条の規定は，新受託者等が就任するに至るまでの間に前受託者がその権限に属しない行為をした場合について準用する。

⑤ 前受託者（その相続人を含む。以下この条において同じ。）が第40条の規定による責任を負う場合又は法人である前受託者の理事，取締役若しくは執行役若しくはこれらに準ずる者（以下この項において「理事等」と総称する。）が第41条の規定による責任を負う場合には，新受託者等又は信託財産法人管理人は，前受託者又は理事等に対し，第40条又は第41条の規定による請求をすることができる。

⑥ 前受託者が信託財産から費用等の償還若しくは損害の賠償を受けることができ，又は信託報酬を受けることができる場合には，前受託者は，新受託者等又は信託財産法人管理人に対し，費用等の償還若しくは損害の賠償又は信託報酬の支払を請求することができる。ただし，新受託者等又は信託財産法人管理人は，信託財産に属する財産のみをもってこれを履行する責任を負う。

⑦ 第48条第4項並びに第49条第6項及び第7項の規定は，前項の規定により前受託者が有する権利について準用する。

⑧ 新受託者が就任するに至るまでの間に信託財産に属する財産に対し既にされている強制執行，仮差押え若しくは仮処分の執行又は担保権の実行若しくは競売の手続は，新受託者に対し続行することができる。

⑨ 前受託者は，第6項の規定による請求に係る債権の弁済を受けるまで，信託財産に属する財産を留置することができる。

(承継された債務に関する前受託者及び新受託者の責任)

第76条① 前条第1項又は第2項の規定により信託債権に係る債務が新受託者に承継された場合にも，前受託者は，自己の固有財産をもって，その承継された債務を履行する責任を負う。ただし，信託財産に属する財産のみをもって当該債務を履行する責任を負うときは，この限りでない。

② 新受託者は，前項本文に規定する債務を承継した場合には，信託財産に属する財産のみをもってこれを履行する責任を負う。

第 1 節　受　託　者　　　　　　　　　79

責任の配分については，問題となる行為が行われた時点が受託者の地位が承継される前であり，信託財産ないし受益者に対して損害が生じた時点が承継後である場合が多々あるほか，前受託者の行為と現受託者の行為とが複合し

（前受託者による新受託者等への信託事務の引継ぎ等）
第 77 条① 　新受託者等が就任した場合には，前受託者は，遅滞なく，信託事務に関する計算を行い，受益者（2 人以上の受益者が現に存する場合にあってはそのすべての受益者，信託管理人が現に存する場合にあっては信託管理人）に対しその承認を求めるとともに，新受託者等が信託事務の処理を行うのに必要な信託事務の引継ぎをしなければならない。
②　受益者（信託管理人が現に存する場合にあっては，信託管理人。次項において同じ。）が前項の計算を承認した場合には，同項の規定による当該受益者に対する信託事務の引継ぎに関する責任は，免除されたものとみなす。ただし，前受託者の職務の執行に不正の行為があったときは，この限りでない。
③　受益者が前受託者から第 1 項の計算の承認を求められた時から 1 箇月以内に異議を述べなかった場合には，当該受益者は，同項の計算を承認したものとみなす。
（前受託者の相続人等又は破産管財人による新受託者等への信託事務の引継ぎ等）
第 78 条 　前条の規定は，第 56 条第 1 項第 1 号又は第 2 号に掲げる事由により受託者の任務が終了した場合における前受託者の相続人等及び同項第 3 号に掲げる事由により受託者の任務が終了した場合における破産管財人について準用する。

12　（受託者の解任）
第 58 条① 　委託者及び受益者は，いつでも，その合意により，受託者を解任することができる。
②　委託者及び受益者が受託者に不利な時期に受託者を解任したときは，委託者及び受益者は，受託者の損害を賠償しなければならない。ただし，やむを得ない事由があったときは，この限りでない。
③　前 2 項の規定にかかわらず，信託行為に別段の定めがあるときは，その定めるところによる。
④　受託者がその任務に違反して信託財産に著しい損害を与えたことその他重要な事由があるときは，裁判所は，委託者又は受益者の申立てにより，受託者を解任することができる。
⑤　裁判所は，前項の規定により受託者を解任する場合には，受託者の陳述を聴かなければならない。
⑥　第 4 項の申立てについての裁判には，理由を付さなければならない。
⑦　第 4 項の規定による解任の裁判に対しては，委託者，受託者又は受益者は，即時抗告をすることができる。
⑧　委託者が現に存しない場合には，第 1 項及び第 2 項の規定は，適用しない。

て結果が生ずる場合もある以上，前受託者と現受託者との間での責任配分が問題となるわけである。

　この問題に対する最も明快な解釈は，次のようなものである。すなわち，受託者の責任は，受託者としての地位にある者の責任というよりも，各受託者が個人的に負うべき責任であるから，前受託者の行為と因果関係のある損害については，任務終了後であっても前受託者が負うべきであり，現受託者は承継前の原因行為について責任を負わない。この考え方は，受託者が信託関係上個人的に信頼されていること，および，受託者の責任が個人的判断に基づく責任であることを，理論的な前提とした議論である。しかしながら，この考え方の下では，受益者は，受託者の地位が承継される際には，従前の受託者の行為によって将来信託財産ないし受益者に対して損害が生ずることがありうるかを，自己の判断で予測しなければならないほか，前受託者に対する責任追及が死亡や破産等により事実上不可能ないし困難となる危険を常に負うべきこととなる。また，受益者の中には，受託者の地位が承継された時点では未だ受益者としての地位にない場合もある。したがって，受託者が受益者の請求によって解任される場合における当該受益者についてはともかく，受益者が常に受託者の地位の承継を監督できる立場にあると前提して差し支えないかは，慎重な検討が必要である。もっとも，この考え方の下では，前受託者の行為と現受託者の行為とが複合して結果を生じさせた場合には，前受託者と現受託者とが連帯して責任を負うこととなる。そして，原因行為と結果発生との時間差が生ずる問題においては，地位承継後の現受託者が何らかの形で事務処理に関与している可能性が高いから，受益者による責任追及が不可能ないし困難となる危険は，現受託者が連帯責任を負う余地がある限り，事実上小さくなることが一応期待できるかもしれない。

　以上に対して，受託者の責任を受託者の個人的責任と考えず，その地位にある者が権限や義務と共に負うべき責任と考えると，受益者は結果発生時における受託者に対して責任追及を行うべきこととなり，法律関係は別の意味で単純明快なものとなる。しかしながら，この考え方は，責任を追及される受託者の側から見た場合，他人である前受託者，場合によってはさらに以前の元受託者の行為に基づく責任を受益者から追及される危険があるわけであるから，地位の引受けに際して極めて慎重な検討を行う必要がある。また，

そもそもこの考え方の下では，受託者の地位に関する理論的基盤を，例えば抽象的な賠償資力の有無等，信託関係当事者間の信頼以外のものに求める必要もあるから，信託の基本構造に関する理論構成との不整合が問題となる可能性が避けられないように思われる。

第2節　受　益　者

(1)　受益者の適格

　受益者は，信託財産の管理処分により生ずる利益を受ける地位に立つ者であり，かつ，受託者の地位を同時に有するのでない限り，信託財産の管理処分に関する権限を有していない。したがって，受益者は，信託財産の管理処分上の不備や瑕疵に起因する義務と責任とを，負わないことが原則となる。また，受益者に享受されるべき利益については，受益者が当該利益について所有権その他の権利を有する理論上の必要性はなく，当該受益者によりその利益が適法に保持ないし消費されれば足りるわけであるから，受益者に権利能力があること自体，場合によっては必要でなくなる。以上のことから，受益者の適格については，受託者の適格と異なり，財産の管理処分能力や，財産管理に伴う責任能力を理論上要求されることがなく，ただ財産の利益を享受できる能力ないし状況があれば足りることとなる。

　さらに，受益者に対してどの時点で信託財産から生じた利益を享受させるべきかは，信託財産の管理処分上の判断の一環である。したがって，信託財産の管理処分から生じた利益の配分が直ちに行われなくても，受託者が適正に職務を執行してさえいれば特に支障はないわけであり，受益者が後日確定し，利益享受が可能となった段階で，改めて信託財産の管理処分の一環として，利益を享受させれば足りる。なお，以上の議論は，信託行為その他の合意により，具体的な定めがあった場合でも，変わらないものと考えられる。

　このようなことから，信託関係の成立時において，受益者が確定し，かつ，当該受益者が信託の利益を享受できる状況にあることは必要でない。実際，旧法においても，現行法においても，信託行為で受益者とされた者は当然に信託の利益を享受できる旨の規定が置かれているのみであり[13]，受益者の適

格について規制があるわけではないし，信託の成立時に受益者が現存かつ確定していることも要求されていない。したがって，現行法の解釈としても，信託関係の成立時に受益者が現存かつ確定している必要はなく，また，受益者となるべき者の範囲については，自然人，法人のほか，信託財産を含めた権利能力のない団体ないし財産についても，当該利益享受が信託目的に適合する限り，受益者としての適格を有すると考えるべきである。

以上の論理は，受益者に信託財産の管理処分権限がないことによるものであるから，信託の基本構造に関してどのような考え方を採用したとしても，等しく導かれる。ただし，受益者が信託財産の実質所有者であると考えた場合には，信託関係の事実上の中心となるべき受益者の不存在ないし不確定は，直感的には信託関係の成立を危ぶませるものとなるが，前述のとおり，財産の名義人兼管理権者である受託者が存在し，後に受益者が確定してから改めて信託の利益が享受されるべき体制が調えられている限り，受益者の不存在ないし不確定という事実は，信託関係の成立には影響を及ぼさない。

しかしながら，信託関係が成立しているにもかかわらず，受益者が確定していないことは，誰にも帰属することのない利益が，受益者が確定するまで継続して存在することを意味している。また，受益者の確定に際して関係人間で利害の対立が生じたような場合や，受益者の利益享受のみを基礎として課税が行われるような法体系の下では，受益者を早期に確定すべき動機が事実上小さくなり，相当長期間にわたって受益者が確定されない事態が生じうることが問題となる。

13　旧法第7条　信託行為ニ依リ受益者トシテ指定セラレタル者ハ当然信託ノ利益ヲ享受ス但シ信託行為ニ別段ノ定アルトキハ其ノ定ニ従フ
　　（受益権の取得）
　　第88条①　信託行為の定めにより受益者となるべき者として指定された者（次条第1項に規定する受益者指定権等の行使により受益者又は変更後の受益者として指定された者を含む。）は，当然に受益権を取得する。ただし，信託行為に別段の定めがあるときは，その定めるところによる。
　　②　受託者は，前項に規定する受益者となるべき者として指定された者が同項の規定により受益権を取得したことを知らないときは，その者に対し，遅滞なく，その旨を通知しなければならない。ただし，信託行為に別段の定めがあるときは，その定めるところによる。

第2節 受益者

　もっとも，関係人間の利害対立については，受益者の確定を急ぐことによって事態が解決するわけではなく，むしろ重要なのは，その間に信託財産が特定の者に不当に費消されず保存されることであり，そのためには信託を成立させ，受託者により適正に管理させておくことが，むしろ望ましいと言えなくもない。また，税制上の問題については，信託行為その他の合意による受益者への利益享受の具体的形態の決定を信託関係当事者の自由に委ねている以上，課税の軽減を意図した調整が関係当事者により行われることを完全に規制することは困難であり，受益者が不存在ないし不確定の信託関係については，信託財産自体，あるいは管理権限を有する受託者に課税する制度を設けるほかに実効的な方法はないと思われる[14]。

　したがって，受益者の確定に一定の時間と手数がかかる場合については，受益者の確定まで信託の成立を遅延させる必要はなく，また，受益者の不存在ないし不確定という状況が長期にわたって生じたとしても，それ自体から当該信託関係の成立を無効とすることは，少なくとも理論上は困難である。むしろ，受益者が長期にわたって不存在ないし不確定である状況が継続するような信託関係については，目的達成の可能性が低いことを理由として信託の終了を考える方が，解釈として妥当であると思われる。

　なお，以上の考え方は，冒頭に述べたとおり，受益者には信託財産の管理処分権限がないことを理論上の根拠とするものであるが，受益者の第三者に対する責任を認めるべきか否かの議論については，受益者に信託財産の管理処分権限があるか否かに関わらず，受益者が信託財産から利益を享受していること自体が理論上の根拠として主張されうる。この議論の詳細については，

14　（受益者等が存しない信託等の特例）〔抄〕
　　相続税法第9条の4①　受益者等が存しない信託の効力が生ずる場合において，当該信託の受益者等となる者が当該信託の委託者の親族として政令で定める者（以下この条及び次条において「親族」という。）であるとき（当該信託の受益者等となる者が明らかでない場合にあつては，当該信託が終了した場合に当該委託者の親族が当該信託の残余財産の給付を受けることとなるとき）は，当該信託の効力が生ずる時において，当該信託の受託者は，当該委託者から当該信託に関する権利を贈与（当該委託者の死亡に基因して当該信託の効力が生ずる場合にあつては，遺贈）により取得したものとみなす。

第5章第3節で改めて述べることとする。

(2) 共同受益者・連続受益者

　同一の信託関係に複数の受益者が存在している場合，これらの受益者を「共同受益者」という。また，同一の信託関係における共同受益者のうち，ある受益者による利益享受が終了したことにより，別の受益者による利益享受が開始する関係が成立している場合，これらの受益者を「連続受益者」という。この定義からすれば，「共同受益者」は「連続受益者」の上位概念となるはずであるが，実務上，「共同受益者」と呼ばれる場合は，複数の受益者が同時に信託財産から利益享受を行っている関係を専ら想定し，連続受益者と区別されることが少なくないため，以下の記述においても，この実務上の用語法に一応従うものとする。

　共同受益者の場合でも，連続受益者の場合でも，信託関係において問題が生ずるのは，複数の受益者相互間で，具体的な信託財産の管理処分に関し，利害の対立が生ずる場合である。現行信託法は，受益者が複数存在する場合に，受託者はこれらの受益者に関して「公平」に職務を行わなければならない旨規定しているが[15]，この「公平」の定義がされていないため，この規定自体から具体的な紛争解決基準を導くことは困難である。

　一般論として，信託財産から生ずる利益が無限ということはあり得ないから，受益者が複数いる限り，受益者相互間での利害対立は論理必然的に生ずることとなるが，特に，同時に信託財産から利益享受が行われる共同受益者間については，具体的な利益の配分をめぐって，受益者の利害が直接相反する結果となりやすい。もっとも，連続受益者の場合でも，受益者相互間で利益享受の時期が異なるために，受益者相互間の対立が表面化しないだけであり，一定の期間内での比較検討を行えば，受益者相互間の利害対立構造は，極めて明確な形で生ずることが通常である。

15　（公平義務）
　　第33条　受益者が2人以上ある信託においては，受託者は，受益者のために公平にその職務を行わなければならない。

いずれにせよ，受益者による信託財産からの利益享受の形態は，信託関係当事者間の合意に基づくものである以上，受益者相互間の利害対立についての解釈指針も，信託目的を理論的な中核とした信託関係当事者間の合意の解釈にほかならない。したがって，共同受益者の場合にせよ，連続受益者の場合にせよ，受益者相互間の利害対立への対処としては，第1に，信託行為に明文の規定があるか，関係当事者間に明確な合意がある限りそれらに従うべきであり，第2に，信託行為等に明文の規定がない場合には，信託目的との関係で理論的に整合する解釈を行うべきであり，第3に，上記いずれの指針によっても解釈が定まらない場合には，各受益者が等しい割合で権利ないし利益を有すると解釈すべきである。

　共同受益者ないし連続受益者に関する以上の議論は，「同一の信託関係」の中で複数の受益者が同時または順次に存在する場合に関するものであるが，現実の局面で問題となりうるのは，法形式上複数の信託関係が事実上一体となって管理運用されている場合に，個々の信託関係の受益者相互間に「共同受益者」と実質的に同一の法律関係が存在するとの解釈が可能か否かである。なお，このような問題は，事実上一体となって管理運用されている個々の信託関係における受益の時期を異ならせることにより，個々の受益者相互間に「連続受益者」と実質的に同一の効果をもたらす場合にも生じうる。

　合同運用されている複数の信託財産相互間の関係をどのように解釈すべきかについては，確定した考え方はない。具体的には，複数の信託関係であるとの法形式から具体的な結論を演繹する解釈，合同運用財産を実質的に1個の信託関係と捉え，合同運用財産全体について一体的な結論を導こうとする解釈，個々の信託財産相互間，あるいは個々の信託財産と合同運用財産との間に，階層的な信託関係が成立していると考え，個々の信託財産と合同運用財産とを形式上分離すると共に，各信託財産において生じた法律関係の効果を受益権による受益を通じて実質的に連動させようとする解釈等，様々な解釈の可能性があるが，結局，合同運用が行われる必要性や個々の信託関係における信託目的が多種多様でありうる以上，個々の信託関係における合意の個別的な解釈に委ねられざるを得ない。

　実際，形式上異なる複数の信託関係について，事実上一体として管理運用することにより，実質的な共同受益者ないし連続受益者の関係を形成させる

ことについても、その実務上の必要性と個々の信託関係における信託目的とは多種多様でありうる。したがって、法形式上別個の信託関係であることを強調する解釈を行うことも、複数の信託財産が事実上一体となって管理運用されていることを重視する解釈を行うことも、どちらも一定の合理性と妥当性を備えているわけであり、共同受益者ないし連続受益者であるか否かを画一的に判断する基準は、事実上存在しないものと言わざるを得ない。ただし、このような考え方に基づく限り、現実の局面において、個々の信託関係における信託目的や信託条項が完全に一致していないような場合については、全体としての信託関係相互間の解釈が極めて複雑となり、当事者による問題解決の予測が困難となることはありうる。しかしながら、そもそも信託目的や信託条項は、信託関係当事者間の意思および引受けによって成立するものである以上、法律上の問題が生じた際に解釈が複雑となることによる事実上の不利益が、信託関係当事者ないしその承継人に対して及ぶこと自体は、やむを得ないものと考えられる。

(3) 受益者の候補者

　受益者の適格について述べたとおり、信託関係が設定される時に、全ての受益者が確定および現存している必要はない。また、信託関係がある程度以上の期間存続している状況の下では、現在は受益者となっていないが、将来において受益者としての適格を充たす可能性がある者が生ずることもある。このような、確定していない受益者の候補者を、受益者に準じて考えるべきかは、やや複雑な問題である。なお、ここでいう受益者の候補者は、将来において受益者としての適格を充たして受益者となるか否かが確定しておらず、将来にわたって受益者とならない可能性もある。したがって、現在は受益をしていないが、将来において受益を行うことが予定されている「将来受益者」や、現在受益している受益者が受益を終了した後、受益を開始することが予定されている「連続受益者」ないし「後続受益者」については、当該信託関係における「受益者」としての適格を既に充たしており、受益権に基づく具体的な受益が行われるのが将来ないし他の受益者の受益終了後となるものであるから、受益者となるか否かが確定していない受益者の候補者とは、

第2節 受益者

理論的な性格が大きく異なる。

信託関係に限らず，法律効果に関する原則論として，関係当事者間の権利義務関係が生ずるのは，当該関係が有効に成立し，各関係当事者が各々の地位を得た後と考えざるを得ない。したがって，確定していない受益者の候補者が，かなり高い確率で近い将来に受益者となることが予測されていたとしても，当該候補者に「受益者」としての権利義務が生ずるのは，受益者としての地位を得た後というべきである。したがって，それより前の状況において「受益者の候補者」として認められるべき法律上の利益は，受益者としての適格に関する判断に際して，違法または不当な取扱いを受けない，という範囲に留まらざるを得ず，当該信託関係における具体的な管理処分に対して，「受益者」としての権利や監督権限は行使できないと考えられる。

ここで問題となるのは，確定していない受益者の候補者に，自己の受益者としての適格を判断される時まで当該信託関係が存続していることを求める法律上の利益があるか否かである。実際，確定していない受益者の候補者は，当該信託関係に関して現に受益している受益者との関係では，実質的に利害が対立する側面があり，受益者が信託関係の終了と財産の清算について同意してしまい，確定していない受益者の候補者がおそらく有しているところの，将来における受益者としての受益に関する期待を大きく害する恐れがあるためである。例えば，退職従業員に対する年金支給を目的とする信託関係のように，確定していない受益者の候補者である退職前の従業員が出捐する掛金が，現在の信託財産の管理運営の一部を支える構造となっているような場合には，退職従業員である受益者のみの同意によって信託関係がある時点で終了し，財産の清算が行われると，退職前の従業員の実質的な損失において退職従業員に対する年金の支払いが事実上確保されるという，直感的に不公平な事態が生ずることが予測される。

このような直感的な不公平が生じてしまう原因は，法律関係としては，確定していない受益者の候補者が払い込む掛金と，当該候補者が将来受益者の地位を得た場合における信託財産からの受益との間に，理論上の連動が存在していないのに対し，社会的な観点からすれば，確定していない受益者の候補者が，受益者となる前に払い込んだ掛金は，自己が将来において受益者となった後に取得する信託財産からの受益の原資となっているとの考え方が，

強く支持されているためである。実際，この考え方は，個人の法的行動においては，専ら自己の利益が追求されるはずである，との前提に従ったものであり，年金支給を目的とする信託関係に加入しようとする受益者の候補者の実質的意図とも合致するものと考えられる。

しかしながら，逆に考えれば，このような事態が生ずる危険性は，確定しない受益者の候補者が，受益者になるよりも前に掛金を払い込む構造となっている契約関係が成立している以上，理論上は常にありうるものである。そうであるとすれば，年金制度への加入が事実上強制されたような場合や，契約上の権利義務に関する説明が不十分であった等の事情がない限り，ある時点で受益者の同意により信託関係が終了し，近い将来において受益者としての地位を取得することを期待していた受益者の候補者の利益が実質的に害される結果となったとしても，そのことのみをもって，確定していない受益者の候補者に受益者と同等の地位や権利を認めることは，少なくとも現行法上の解釈としては困難であると言わざるを得ない。

したがって，確定していない受益者の候補者が有していると思われる，将来において受益者となった後における信託財産からの受益に対する期待については，制度上これを実質的に保護するための機構を備えることで，このような目的を持つ信託関係自体に対する関係者からの信頼を確保するほかないであろう。具体的な対処としては，確定していない受益者の候補者の利益を代表する地位にある者を信託管理人として選任し，受益者の候補者との委任関係を明確にすることが，信託法の原則論から見ても，信託財産の管理運営にかかる実務上の効率性から見ても，妥当であると考えられる。

(4) 帰属権利者

「帰属権利者」とは，信託が終了し，信託財産の清算が完了した後に残余財産が帰属する者である。帰属権利者は，信託関係が終了した後においてではあるが，信託財産から生ずる利益を受ける地位にあり，その意味では，事実上の「最終」受益者と考えることが可能である。この考え方からすると，信託関係をどの時点で終了させ，信託終了後にどのような方針に従って信託財産の清算を行うべきかについては，帰属権利者も事実上の「受益者」とし

第2節 受益者

て利害関係を持つことになる。これに対し、信託関係の「受益者」の権利や権限は信託関係が存続している間についてのみ成立するものであり、帰属権利者については、信託関係終了後の信託財産が帰属先のない状態となることを防止するために、関係者に残余財産を帰属させるものと考えた場合には、帰属権利者が将来信託財産の一部を取得する権利は、いわゆる期待権の一種に過ぎず、仮に信託財産の清算過程で帰属権利者に不利益となる行為がされたとしても、帰属権利者が異議を述べる方法はないこととなる。なお、現行法では、帰属権利者については信託財産清算中は受益者とみなす旨の規定がされており[16]、上記の2つを事実上折衷させた考え方が採用されている。

誰が帰属権利者となるかについては、信託行為等に具体的な指定があればそれに従い、特に指定されていない場合には、委託者またはその相続人が帰属権利者となり、それでも帰属が定まらない場合には、清算を行った受託者に残余財産が帰属する[17]。信託行為で特に指定がない場合、委託者またはその相続人が帰属権利者となる理由は、信託関係が、もともと委託者の信託設定の意思により開始されたことから、信託が終了した後については、特に他人に残余財産を帰属させる意思が示されているのでない限り、信託設定前の状態に最も近い状態となる自己または相続人に帰属させるはずである、ということが、旧法下での通説的解釈であった。ただし、この解釈は、委託者の意思により信託関係が設定され、信託終了時においても委託者の意思が実質的に及ぶという考え方を前提とするものである。すなわち、委託者の意思と受託者の引受けにより信託が設定されることを中心とする考え方に立つ場合はともかく、受託者と受益者との現時点での信頼関係を中心とする考え方に立つ場合には、委託者は信託関係の設定以外に信託関係に関与すべきでないこととなり、上記の理由は必ずしも説得力がなくなってしまう。なお、現行法では、信託行為で残余財産を受益する者につき特に指定がない場合に帰属権利者として委託者およびその相続人がなることについて、信託行為に指定があったものとみなす旨の規定を置き[18]、委託者およびその相続人が帰属権利者となる理論的根拠を信託行為における指定と同種のものに求めようとし

---

16 （帰属権利者）〔抄〕
　第183条⑥　帰属権利者は、信託の清算中は、受益者とみなす。

ているが，委託者がそのような意思を有していると前提できるかについては，現行法における委託者の取扱いとの関係で，明確な説明が困難である。

(5) 受益終了後の受益者

実務上，複数の受益者が存在している信託関係において，受益者相互間の取扱いが問題となる代表的な局面の1つは，信託行為で定められた受益，特に経済的利益の享受が終了した受益者を，信託関係上どのように取り扱うべきかである。もっとも，この問題に対する理論的な考え方は比較的明快であり，要するに，受益者の有する受益権の本質が，当該信託関係の中でどのように考えられているかによって，解釈の方向性が明らかとなる。

すなわち，受益権の本質を，信託財産からの具体的な経済的利益の享受，特に信託財産を原資とする資産運用の収益の配分を受けること，と考えた場合には，「受益」終了後の受益者は，受益者として得られるべき利益を全て

17　(残余財産の帰属)
　　第182条①　残余財産は，次に掲げる者に帰属する。
　　　一　信託行為において残余財産の給付を内容とする受益債権に係る受益者（次項において「残余財産受益者」という。）となるべき者として指定された者
　　　二　信託行為において残余財産の帰属すべき者（以下この節において「帰属権利者」という。）となるべき者として指定された者
　　②　信託行為に残余財産受益者若しくは帰属権利者（以下この項において「残余財産受益者等」と総称する。）の指定に関する定めがない場合又は信託行為の定めにより残余財産受益者等として指定を受けた者のすべてがその権利を放棄した場合には，信託行為に委託者又はその相続人その他の一般承継人を帰属権利者として指定する旨の定めがあったものとみなす。
　　③　前2項の規定により残余財産の帰属が定まらないときは，残余財産は，清算受託者に帰属する。
18　(残余財産の帰属)〔抄〕
　　第182条②　信託行為に残余財産受益者若しくは帰属権利者（以下この項において「残余財産受益者等」と総称する。）の指定に関する定めがない場合又は信託行為の定めにより残余財産受益者等として指定を受けた者のすべてがその権利を放棄した場合には，信託行為に委託者又はその相続人その他の一般承継人を帰属権利者として指定する旨の定めがあったものとみなす。

享受し終えたことになるから，受益者としての地位に留まる必然性がなくなり，信託関係から離脱する，と考えることが，最も合理的な解釈となる。この場合，当該元受益者は，信託関係から離脱することによって，以後，信託関係との法律関係は一切なくなるから，離脱後における信託財産に損失や不足等が生じた場合でも，過去に享受した利益が違法なものでない限り，かかる利益が調整の対象となることはない。その反面，当該元受益者は，信託関係から離脱した後については，信託関係に対して一切の権利や権限を有しなくなるから，後の受益者に対する取扱いについて，自己の受けた取扱いとの公平を問題とする余地はない。このような局面の典型例としては，受益が終了して信託関係から受益者が離脱した後，残った他の受益者と受託者とが合意して信託条項の一部を変更した場合や，信託財産の運用方針が変更された場合等が挙げられる。

　これに対して，受益権の本質を，信託財産の実質所有権と考えた場合や，受益者としての監督権限を信託財産の管理処分に対して行使しうることと考えた場合には，信託財産の運用による収益を信託行為に従って全て受領した後であっても，かかる事実は受益権の本質に影響を与えないものであるから，受益者としての地位を失わせる理由がなく，特に合意したのでない限り，当該受益者が信託関係から離脱することはない。この場合，受益終了後の受益者であっても，受益者の一員である以上，現に信託財産から利益を享受している他の受益者との取扱いの公平が常に問題となることは当然であり，受益終了後の受益者から，信託財産の管理処分に対する監督権限が行使されることもありうる。他方，この考え方の下では，受益終了後の受益者であっても，信託関係当事者としての地位を保持している限り，信託関係当事者としての責任等が問題とされた場合には，受益者としての責任等を負うことも，当然ありうることとなる。具体的には，当該受益者が過去に享受した利益が第三者の権利を害するとされたり，他の受益者との取扱いの公平が問題とされたりするなどして，過去に享受した利益の返還を求められ，あるいはさらに損害を賠償する必要が生ずること等が考えられる。

　このように，受益終了後の受益者の地位については，受益権の本質についての考え方の違いにそもそもの対立の原因が存在するほか，具体的な解釈の結果についても，いずれか一方の解釈が当該受益者にとって常に有利な結果

をもたらすものとは言えないため，当該信託関係の目的や当該受益権の性質に関する信託行為の解釈を，個々的に行うほかない。しかしながら，このような個別的な解釈を重視する考え方に立つとしても，既に受益を終了した受益者と現に受益を行っている受益者との取扱いの関係が問題となるような信託関係においては，必ず複数の受益者が存在するわけであり，各受益者の有する受益権の「本質」に関する解釈が，常に一致するとは限らない。実際，各受益者ごとに受益権の本質が異なるという状況下において，受益権相互間の取扱いの公平が問題とされた場合などでは，両者の「公平」について何を基準として判断すべきかという，極めて困難な問題が直ちに生ずることとなる。上記の考え方からすれば，このような問題についても，個々の信託関係における信託目的から解釈の基本指針を導き出すほかないと考えざるを得ないが，このような考え方の下では，結局のところ，ある信託関係について紛争が生じた場合における解決指針を事前に予測することが困難となるため，信託行為等において明文の規定をもって解釈指針を確定させておくことが，実務上必要となるであろう。

(6) 受益権の譲受人

受益権は，信託財産の管理処分に基づく種々の利益を享受することを内容とした財産権の一種であるから，信託行為や法令等で禁止されていない限り，他の財産権と同様，譲渡の対象となる。このとき問題となるのは，受益権の譲受人が有する権利ないし権限の内容についてである。

原則論からすれば，受益権の譲渡に際して，その内容が変化する旨の規定が信託行為において定められていない限り，受益権の譲受人が取得する権利ないし権限の内容は，譲渡人が有していた権利ないし権限の内容と同一である。これは，自己の有していない権利ないし権限を譲受人に取得させることができないとの大原則から，当然に導かれることである。

そうすると，実務上さらに問題となるのは，譲渡される受益権の内容について，信託行為等によって種々の制限が設けられていた場合，受益権の譲受人はかかる制限を受けるのか，という点である。特に，委託者が，第三者を受益者とする信託関係を設定しようとする際，まず自益信託の形式で，信託

第2節 受益者

行為において種々の制限を課した受益権を設定し、その受益権を第三者に譲渡したような場合について、当該第三者を受益者とする他益信託を直接設定した場合と同様に、当該信託関係が有効であると判断して差し支えないか、ということが、解釈上問題とされることがある。

この問題の背景には、自益信託の場合と他益信託の場合とで、信託行為において課すことができる受益権の内容に対する制限の範囲が実質的に異なる、という考え方が存在している。要するに、自益信託の場合は、受益権による利益を享受するのは委託者自身であるため、受益権の内容をどのように設定し、あるいは信託行為においてどのような制限を課したとしても、それによる不利益を被るのは委託者自身である以上、かかる制限等は原則として全て有効であると考えられるのに対し、他益信託の場合には、信託財産からの利益享受を行う者は委託者以外の第三者であって、かつ、信託行為等において受益権の内容について制限を課すことは、その分、信託財産に関する財産権の内容の一部を、誰からも権利行使や権限行使を受けることのない一種の「聖域」としてしまう可能性を含むものであるから、受益権に課されるべき制限の種類と内容については、少なくとも自益信託の場合と比べて、慎重に有効性を解釈する必要がある、という考え方である（第2章第1節参照）。

以上のような考え方は、他益信託における受益権による権利行使の内容が、信託を設定していない場合における所有権その他による財産権の行使の内容と、原則として同一であるべき、という議論を大前提としている。しかしながら、信託関係が設定される局面の中には、信託以外の法律構成、すなわち受益権以外の財産権による権利行使と同一の内容を実現させるためのみならず、信託以外の法律構成、すなわち受益権以外の財産権では実現できない効果を達成するために、信託行為において権利内容について種々の制限が課されることも、珍しくなく存在する。最も典型的な例として、対象財産の散逸を防止するため、受益権の譲渡それ自体を制限ないし禁止することは、公序良俗に反すると解釈される目的を実現させるような場合でない限り、少なくとも信託法上は有効である。したがって、受益権が所有権等と比べて信託財産に対する関係で権利行使ないし権限行使を制限されること自体は、一定の信託目的に従った信託財産の管理処分に関係者全員が拘束されることを中核とする信託関係の下ではむしろ当然であり、受益権の内容を、その制限まで

含めて信託行為で自由に設定できることも、信託関係の基本的な特徴と考えるべきである。また、上記の考え方が、他益信託について一種の「聖域」を創設することが社会的に問題であるとする趣旨であるならば、かかる問題の存在は、自益信託についても同様のことが言えるはずであり、自益信託と他益信託とで受益権の制限に関する有効性の解釈に差異を設ける必要はない。したがって、自益信託が設定されて受益権が第三者に譲渡された場合と、第三者を受益者とする他益信託が当初から設定された場合とで、解釈上の差異を問題とする余地はないというべきである。

そもそも、受益権の譲渡が行われる場合、受益権の譲受人は、受益権の内容について、信託行為において課された全ての制限等について了知したうえで受益権を取得するはずであるから、仮に、他の財産権による場合と比べて譲受人にとって不利益となるような制限等が存在していたとしても、かかる不利益の存在は、譲渡に際して譲受人から譲渡人に交付される対価の中に合理的な形で反映されるべきものである。なお、この議論は、第三者が契約等の合意により受益権を取得した場合を専ら想定したものであるが、強制執行等によって受益権を取得した場合についても、要するに受益者の有していた権利ないし権限の内容が、信託行為等によって制限を課せられた範囲のものでしかない以上、かかる受益権の成立、すなわち信託関係の設定それ自体が執行妨害を実質的な目的としていたような場合でない限り、強制執行等により受益権を取得した買受人が、それ以上の内容の権利ないし権限を取得すべき理由はない。また、相続により受益権を取得した者についても、相続すべき財産の内容について、推定相続人が具体的な権利ないし権限を行使できないと解釈されている以上、被相続人が信託関係を設定し、信託行為において受益権に種々の制限を課した場合でも、推定相続人がこれを阻止することはできず、相続人が相続によって取得する受益権の内容は、かかる制限を受けた内容のものと考えるほかない。

以上述べてきたとおり、当初設定される信託関係が、自益信託であると他益信託であるとを問わず、信託行為において受益権の内容について制限を課すことは、かかる信託設定それ自体が公序良俗に反して無効である等の事情がない限り、原則として有効であり、かつ、受益権が譲渡の対象となる以上、かかる受益権の制限は、具体的な受益者の個性や属性によってその内容が変

第3節　委託者

(1)　委託者の適格

　委託者は，信託関係を成立させるため，信託目的を設定し，自己の財産権を，信託財産として受託者に移転し，または自己信託において信託財産とする役割を担う者である。この観点からするならば，委託者の適格としては，最小限，信託財産となるべき財産権が帰属していること，信託目的を設定する能力があること，および，信託財産として自己の財産権を受託者に移転し，または転換させる処分権限を有していることが必要である。また，委託者が信託目的を設定したことを強調し，信託関係における基本的な管理処分方針を決定ないし監督する役割をも担うべき存在であると考えた場合には，委託者の適格としては，上記に加えて，受託者の管理処分に関する監督権限を適切に行使するに足りる能力を有していることが必要となる。さらに，信託行為に定めがない場合に委託者またはその相続人が帰属権利者となる場合があることをも視野に入れるのであれば，委託者の適格には，受益者としての適格をも含むものと考える余地があるであろう。

　旧法の下では，委託者は，信託関係の設定者であると同時に，受益者と並ぶ監督権限を有しており，かつ，信託終了時の帰属権利者としての地位を併せ備えるものとされていた[19]。これに対して，現行法では，委託者の地位を信託関係の設定者に過ぎないものとして位置づけ，信託行為により委託者の権利ないし権限を限定ないし失わせることができることを明文をもって強調しており[20]，委託者の監督権限ないし帰属権利者としての地位を極めて強く抑制している。このように，委託者が信託の設定についてのみ信託関係に関与すべきもの，との考え方を前提とするならば，前記のような委託者としての適格や能力は，信託設定時において充たされていれば足り，信託関係が成立した後に，委託者がこれらの適格や能力を喪失したとしても，信託関係の有効性に影響を与えることはないと考えるべきである。

　信託関係における委託者の地位の位置づけについては，各信託関係当事者

の意思と信託目的の達成とがどのように関連しているかを議論する必要がある。すなわち，委託者が信託関係を設定したことを超えて，信託財産の管理処分に対して強力な監督権限を行使することは，信託財産が委託者の財産であることと事実上差異がなくなるため，場合によっては信託関係が設定された意義が失われる恐れがある。しかしながら，現に信託財産から利益享受を行う受益者の意思は，信託目的の達成と常に一致するとは限らないから，信託財産の管理処分について個人的な利害関係を有しない委託者に，受託者に対する監督権限を与えておくことは，信託目的を達成させるための手段として，必ずしも不合理とは言い難い。現行法としても，信託行為により委託者の権利ないし権限を限定ないし失わせることができる旨を規定しているのみであり，委託者の権利や権限の存在を一切認めない立場を採用しているわけではない。そもそも，委託者の権利や権限を限定ないし失わせる旨の信託行為の設定には，委託者が一方当事者として関与するわけである。以上のことからすると，現行法の解釈としては，信託目的の達成のためにどのような監督体制を採用すべきかを，個別に信託関係当事者が選択できる側面がむしろ強調されるべきであり，理論上，委託者の地位や適格に関して，現行法が1つの立場に依っているわけではないと考えるべきであろう。

19 　旧法第16条〔抄〕② 　前項ノ規定ニ反シテ為シタル強制執行，仮差押，仮処分又ハ競売ニ対シテハ委託者，其ノ相続人，受益者及受託者ハ異議ヲ主張スルコトヲ得

　　旧法第23条〔抄〕① 　信託行為ノ当時予見スルコトヲ得サリシ特別ノ事情ニ因リ信託財産ノ管理方法カ受益者ノ利益ニ適セサルニ至リタルトキハ委託者，其ノ相続人，受益者又ハ受託者ハ其ノ変更ヲ裁判所ニ請求スルコトヲ得

　　旧法第27条 　受託者カ管理ノ失当ニ因リテ信託財産ニ損失ヲ生セシメタルトキ又ハ信託ノ本旨ニ反シテ信託財産ヲ処分シタルトキハ委託者，其ノ相続人，受益者及他ノ受託者ハ其ノ受託者ニ対シ損失ノ塡補又ハ信託財産ノ復旧ヲ請求スルコトヲ得

　　旧法第40条〔抄〕② 　委託者，其ノ相続人及受益者ハ信託事務ノ処理ニ関スル書類ノ閲覧ヲ請求シ且信託事務ノ処理ニ付説明ヲ求ムルコトヲ得

　　旧法第62条 　信託終了ノ場合ニ於テ信託行為ニ定メタル信託財産ノ帰属権利者ナキトキハ其ノ信託財産ハ委託者又ハ其ノ相続人ニ帰属ス

20 　（委託者の権利等）〔抄〕

　　第145条① 　信託行為においては，委託者がこの法律の規定によるその権利の全部又は一部を有しない旨を定めることができる。

(2) 委託者の地位の承継

　委託者の地位の承継のうち，信託関係の設定者としての地位を承継することについては，信託関係の設定に瑕疵があったり，あるいは信託関係の設定に関する委託者の責任が生じたような場合に，実務上問題となることがある。これに対して，信託関係が有効に設定された後においては，委託者の地位の承継は基本的に問題を生じさせることはなく，委託者の相続人は，帰属権利者として信託関係の終了時に利害関係を再度持つことがありうることを除けば，基本的に信託関係とは無関係の立場にあると考えられる。

　以上に対して，委託者が信託財産の管理処分に関する監督権限を有しているとの考え方に立ち，また，実際に信託行為において委託者による信託財産の管理処分に関する監督権限を認めた場合については，委託者の地位の承継が，実務上はもちろんのこと，理論上も問題となる可能性が生じてくる。すなわち，委託者の地位と適格に関して前述したとおり，委託者が信託財産の管理処分に関する監督権限を保持していることを妥当とする理由としては，信託財産の管理処分の基本方針に関して，委託者の意思を尊重すべきであるとの前提が存在している。この前提からすると，委託者の相続人については，相続によって委託者の意思それ自体を承継するわけでない以上，信託財産の管理処分に関する監督権限を委託者と同様に行使させてよいかが，理論上問題となるわけである。実際，委託者の相続人は，委託者が信託関係を設定しなければ，信託財産を構成している財産の原資が，相続により自己に帰属していたはずの地位にある。また，信託行為により信託終了時の残余財産の帰属権利者が指定されていない場合には，委託者の相続人は帰属権利者として，信託関係が終了した後に残余財産を取得する可能性がある。そうすると，委託者の相続人としては，信託財産が信託目的に従って管理処分されるよりも，信託関係が終了して残余財産の帰属権利者としての権利を行使する方が望ましいと考える動機が生ずることとなり，かかる利害関係を有する者が，信託財産の管理処分に関する監督権限を行使する者として果たして適切であるかについて，疑問の余地があるわけである。

　このように，信託目的の達成という観点から考えるならば，委託者の有す

る信託財産の管理処分に対する監督権限を単純に委託者の相続人に承継させることについては，慎重であってしかるべきである。

第 4 節　その他の関係者

(1)　信託管理人

「信託管理人」とは，受益者が存在しない信託関係や，受益者が多数存在するなど，受益者全体の意思が一致しない可能性のある信託関係において，現在および将来における受益者全体の利益を擁護するため，信託財産の管理処分に関する監督権限を有する者である。信託管理人は，受益者に対する監督権限を受益者に代わって行使する点において，受益者の代理人ないし代表者としての地位に立つものであるが，別の側面から見れば，信託管理人は，受益者自身のように信託財産から利益を享受するわけでなく，受益者全体の利益のために自己の有する権限を行使する以上，受託者に類似した地位に立っている。したがって，信託管理人の適格については，受益者の適格に準じて考えることは適切でなく，むしろ信託財産の管理処分に関する監督権限を適切に行使できる能力を備えていることの方が重要である。

もっとも，現行法は，受益者が多数存在する信託関係について，「受益者集会」として，受益者相互間における協議と多数決による全体の意思決定が行われるべきことを規定する一方[21]，信託管理人の規定においては，受益者が現に存在しない場合のみを挙げ，受益者が多数ある場合における信託管理人の設置について規定していない[22]。しかしながら，受益者集会による受益者の意思決定の基盤となるものは，個々の受益者の意思の集積によるものであり，個々の受益者の意思には，信託関係全体の利益のほか，各受益者個人の利益追求が含まれることが避けられない。この点において，受益者集会による多数の受益者による意思決定は，第三者としての立場にある信託管理人が現在および将来における受益者全体の利益を考慮して監督権限を行使することとは，理論的に大きく異なっている。また，受益者集会によって意思決定に参加できる者は，現に受益を行っている受益者に限られるため，将来における受益者の候補者の利益を図る方法としては，結局，第三者を代表者な

第4節　その他の関係者

21　第105条①　受益者が2人以上ある信託における受益者の意思決定（第92条各号に掲げる権利の行使に係るものを除く。）は，すべての受益者の一致によってこれを決する。ただし，信託行為に別段の定めがあるときは，その定めるところによる。
　②　前項ただし書の場合において，信託行為に受益者集会における多数決による旨の定めがあるときは，次款の定めるところによる。ただし，信託行為に別段の定めがあるときは，その定めるところによる。
　③　第1項ただし書又は前項の規定にかかわらず，第42条の規定による責任の免除に係る意思決定の方法についての信託行為の定めは，次款の定めるところによる受益者集会における多数決による旨の定めに限り，その効力を有する。
　④　第1項ただし書及び前2項の規定は，次に掲げる責任の免除については，適用しない。
　　一　第42条の規定による責任の全部の免除
　　二　第42条第1号の規定による責任（受託者がその任務を行うにつき悪意又は重大な過失があった場合に生じたものに限る。）の一部の免除
　　三　第42条第2号の規定による責任の一部の免除

22　（信託管理人の選任）
　第123条①　信託行為においては，受益者が現に存しない場合に信託管理人となるべき者を指定する定めを設けることができる。
　②　信託行為に信託管理人となるべき者を指定する定めがあるときは，利害関係人は，信託管理人となるべき者として指定された者に対し，相当の期間を定めて，その期間内に就任の承諾をするかどうかを確答すべき旨を催告することができる。ただし，当該定めに停止条件又は始期が付されているときは，当該停止条件が成就し，又は当該始期が到来した後に限る。
　③　前項の規定による催告があった場合において，信託管理人となるべき者として指定された者は，同項の期間内に委託者（委託者が現に存しない場合にあっては，受託者）に対し確答をしないときは，就任の承諾をしなかったものとみなす。
　④　受益者が現に存しない場合において，信託行為に信託管理人に関する定めがないとき，又は信託行為の定めにより信託管理人となるべき者として指定された者が就任の承諾をせず，若しくはこれをすることができないときは，裁判所は，利害関係人の申立てにより，信託管理人を選任することができる。
　⑤　前項の規定による信託管理人の選任の裁判があったときは，当該信託管理人について信託行為に第1項の定めが設けられたものとみなす。
　⑥　第4項の申立てについての裁判には，理由を付さなければならない。
　⑦　第4項の規定による信託管理人の選任の裁判に対しては，委託者若しくは受託者又は既に存する信託管理人は，即時抗告をすることができる。
　⑧　前項の即時抗告は，執行停止の効力を有する。

いし代理人として選任し，利益の擁護を図るほかない。なお，現行法の規定する「受益者代理人」は[23]，あくまで「受益者」の代理人であるから，受益者の地位を得ていない受益者の候補者についても「代理」をしていると考えることは困難である。

　以上のことからすると，信託管理人の設置は，受益者が一致した意思を示すことが困難であるような多様な状況の下で，信託行為により自由に行われるべきであり，現行法が，受益者が複数存在する場合における信託管理人の設置を禁止していると解釈することは，妥当でないように思われる。

(2) 取引の仲介者

　証券投資を目的とする信託関係において典型的に見られるように，実務上，信託関係の設定ないし終了，および，信託財産の管理処分の過程において，取引の仲介事業者が信託関係当事者の間に介在し，必要となる手続を行ったり，出資や対価の授受等を行うことが珍しくない。このような取引の仲介者を，理論上，信託関係当事者との関係でどのように位置づけるべきかは，必ずしも単純に解決しない問題がある。

　すなわち，これらの仲介者の法的地位に関して，かかる仲介者を信託関係当事者のうち誰と実質的に同視できる者と考えるべきか，具体的には，委託者の代理人と考えるべきか，受託者の代理人と考えるべきか，あるいは受益

23　（受益者代理人の選任）
　　第138条①　信託行為においては，その代理する受益者を定めて，受益者代理人となるべき者を指定する定めを設けることができる。
　　②　信託行為に受益者代理人となるべき者を指定する定めがあるときは，利害関係人は，受益者代理人となるべき者として指定された者に対し，相当の期間を定めて，その期間内に就任の承諾をするかどうかを確答すべき旨を催告することができる。ただし，当該定めに停止条件又は始期が付されているときは，当該停止条件が成就し，又は当該始期が到来した後に限る。
　　③　前項の規定による催告があった場合において，受益者代理人となるべき者として指定された者は，同項の期間内に委託者（委託者が現に存しない場合にあっては，受託者）に対し確答をしないときは，就任の承諾をしなかったものとみなす。

者の代理人と考えるべきか，さらには，信託関係当事者の誰の代理人でもない，独立の法的地位を有する者と考えるべきかは，議論する者の立場や状況により異なってくる。さらに，これらの仲介者が介在する状況は，信託関係の設定前における投資の募集から始まり，信託関係が終了して信託財産の清算が完了した後における財産の引渡しにまで及ぶことがあるため，信託関係が有効に成立している間における信託関係当事者との法律関係とは別に，信託設定前および信託終了後における関係者との法律関係をも考える必要があり，議論がさらに複雑となる。なお，このような仲介者の法的地位について，信託行為により定めることは，当該信託関係における具体的な解決についてはともかく，理論上の原則としての仲介者の法的地位を定めることにならない以上，この問題に対する解決としては事実上のものでしかない。

　もっとも，かかる仲介者の法的地位に関して，全ての状況に同様に通ずる理論上の原則を固定させる必要があるかについては，現実の取引における仲介者の役割と具体的な契約関係が多種多様であることを考えると，逆に疑問の余地が大きい。さらに，かかる仲介者とある信託関係当事者が実質的に同一の主体と解釈される場合においては，当該信託関係当事者がどの地位に立っているかということよりも，従前の取引における法律関係の状況や，資本関係の連動など，様々な要因が複雑に関係することが通常である。

　以上のことからすると，信託関係における取引仲介者の法的地位については，各信託関係において信託行為等により自由に定めることができるものとする方が，むしろ実務上妥当な解決が導かれることが期待できるように思われる。これに対して，理論上の原則論をあえて考えようとする場合には，当該信託関係における信託目的との関係から，当該仲介者の地位について合理的に解釈していくほかないであろう。

第4章　信託の管理と監督

　本章では，信託財産の管理処分が行われるに際しての，信託関係当事者間の権利義務関係について概観する。信託目的や信託関係の多様性を維持しようとすると，信託法による規制の存在は，特定の法律関係を当事者が形成することを認めないことにつながるものであるから，信託関係が順調に管理され，信託目的が適正に遂行されている限り，抑制されることが望ましい。しかしながら，信託関係当事者の利害は，常に対立が生じうるものであり，その全てを関係当事者間の自由な合意に委ねておくことが望ましいかも，議論のありうるところであるため，信託法としての規制のあり方が，正面から問われるわけである。

第1節　受託者の権限

(1)　受託者の権限の理論的根拠

　受託者は，信託目的に従って信託財産を管理処分する権限を有するが[1]，受託者が権限を有することの理論的根拠については，信託の基本構造に関する理論構成によって，相当程度説明が異なる。
　すなわち，受託者が信託財産の所有者であり，受益者が受託者に対して信託目的に従った利益享受を行わせるべき債権を有しているとの考え方の下で

---

[1]　(受託者の権限の範囲)
　　第26条　受託者は，信託財産に属する財産の管理又は処分及びその他の信託の目的の達成のために必要な行為をする権限を有する。ただし，信託行為によりその権限に制限を加えることを妨げない。

は，受託者の権限の正統性は，受託者が信託財産の所有者であることから当然に導かれる。この場合，信託行為により受託者の権限に制限が加えられていたとしても，かかる制限は受託者に課せられた債務の一種であり，受託者の所有者としての性格を基本的に変化させるものでない。したがって，後述するとおり，受託者が信託行為により与えられた権限に違反したとしても，受託者が信託財産の所有者としての地位を有している以上，かかる行為は信託行為により受託者に課せられた債務の不履行に過ぎず，受託者の行為の効果は，原則として有効という観点から議論が始まることとなる。

これに対して，信託財産の実質所有者が受益者であるとの考え方の下では，受託者は実質所有者である受益者から委託を受けて信託財産の管理処分を行うものであるから，受託者の権限の正統性の根拠となるべきものは，実質所有者である受益者から受託者が権限を委託されたことを示すものである。このような権限の委託を示すものは，典型的には信託行為であるが，受益者と受託者との間に別の合意が存在する場合や，例えば未成年である受益者の親権者が受託者であるなど，受託者と受益者との間に存在する別の法律関係により，受益者の所有する財産に関する管理権限が受託者に委ねられている場合には，かかる法律関係も同様に受託者の権限の根拠となる。この場合，受託者の有する権限の内容は，信託行為に規定されることによって具体的に定まるが，信託行為に明示の規定がない場合には，受益者と受託者との間に別の合意があれば，その合意の解釈により定まり，かかる合意がない場合には，信託目的との関係で受益者が受託者に委託すると合理的に考えられる範囲となる。また，受託者と受益者との間に別の法律関係が存在し，当該法律関係から受託者の権限が導かれる場合には，当該法律関係から合理的に解釈される範囲と考えられる。したがって，受託者が，信託行為により定められ，あるいは信託目的から合理的に解釈される権限に違反したときは，受託者にはかかる行為をすることができる理論的根拠がないわけであるから，当該違反行為は原則として無効であるとの観点から，議論が始まることとなる。

他方，信託財産が信託関係当事者から独立した存在であり，受託者は信託目的に従って信託財産を管理する権限を有しているとの考え方の下では，受託者の権限の正統性の根拠となるべきものは，独立した存在である信託財産の存在と，その信託財産に関する管理権限の授与とを示すものであるが，か

かる要件を同時に充たしているものは、事実上、信託行為のみであると考えて差し支えない。この場合、受託者の有する権限の内容は、信託行為に具体的に定められていればそれにより、具体的な規定が存在しない場合には、信託目的から合理的に解釈される範囲である。なお、この考え方の下では、受益者が信託財産から利益享受を行う権利については、信託財産との関係における債権の一種と考えるべきこととなるから、受益者と受託者とが受託者の権限の範囲に関して個別に合意したとしても、かかる合意が信託行為の一部を構成する場合でない限り、かかる合意は受託者と受益者との個人的関係における債務の一種と解釈される。したがって、受託者が信託行為に定められた権限に違反した場合には、受託者には当該違反行為を行うべき権限がない以上、かかる行為は無効と考えることから議論が始まるが、受益者との個別の合意に受託者が違反した場合については、かかる行為が信託行為に定められた権限の範囲内である限り、かかる受託者の行為は有効であるとの解釈から議論が始まることとなる。

(2) 受託者の権限の第三者への委託

受託者が、信託財産に関する管理処分権限を第三者に委託することが可能か否かは、旧法と現行法とで、原則が大きく異なっている。旧法の下では、受託者は、委託者ないし受益者から直接信認を受けた者である以上、信託財産の管理処分を原則として自ら行うべきであるとする自己執行義務を負っており、権限を第三者に委託することができるのは、やむを得ない事情がある場合に限られるものとされていた[2]。これに対して、現行法は、受託者が権限を第三者に委託できる場合として、信託行為に規定がある場合、信託目的に適合する場合、またはやむを得ない理由がある場合、の3点を挙げており、原則論としては、受託者の権限を信託目的の遂行のために第三者に委託することができるとの考え方を採用している[3]。もっとも、旧法の下でも、信託行為により受託者の権限の一部を第三者に委託することは解釈上認められて

---

2 旧法第26条〔抄〕① 受託者ハ信託行為ニ別段ノ定アル場合ヲ除クノ外已ムコトヲ得サル事由アル場合ニ限リ他人ヲシテ自己ニ代リテ信託事務ヲ処理セシムルヲ得

第1節　受託者の権限

いたため，実務における具体的な解決基準について，旧法下の解釈と新法の規定との間に，それほど大きな差があるわけではない。

　ただし，この問題を理論的に位置づけようとする場合には，旧法下においては，受託者の自己執行義務の免責の可否とされるのに対し，現行法の下では，受託者の権限を第三者に委託するという，一種の権限行使の問題としての性格を帯びることとなるため，議論の基本的な方向性が異なってくる。例えば，現行法の下では，受託者は自己の権限の範囲内において第三者に権限の一部を委託できるとされている以上，受託者は，信託財産の管理処分の全ての過程において，ある具体的な権限の行使に関し，この権限を受託者自身が行使すべきか，あるいは適切な第三者を選任して権限行使を委託することが望ましいかを，常に考慮しなければならず，適切に第三者に権限を委託しなかった結果，信託財産に損害が生じたような場合には，信託財産の管理処分が不適切であったとして，受託者の善管注意義務違反が問われることとなりかねない。その意味では，現行法は，条文上，受託者の権限行使の一環として信託財産の管理処分権限の第三者への委託の問題を位置づけているように見えるが，実質的には，受託者の善管注意義務の一環として，適切な第三者を選任して具体的な管理処分権限を行使させる義務を規定していると考えて差し支えない。要するに，受託者に権限が認められているということは，その分受託者にとって具体的な判断の対象が増加し，その適切さについて常に受託者の義務違反の問題が生ずる可能性がある，ということが，この局面でも妥当しているわけである。

3　（信託事務の処理の第三者への委託）
　第28条　受託者は，次に掲げる場合には，信託事務の処理を第三者に委託することができる。
　　一　信託行為に信託事務の処理を第三者に委託する旨又は委託することができる旨の定めがあるとき。
　　二　信託行為に信託事務の処理の第三者への委託に関する定めがない場合において，信託事務の処理を第三者に委託することが信託の目的に照らして相当であると認められるとき。
　　三　信託行為に信託事務の処理を第三者に委託してはならない旨の定めがある場合において，信託事務の処理を第三者に委託することにつき信託の目的に照らしてやむを得ない事由があると認められるとき。

受託者から権限の委託を受けた第三者の法的地位については，いくつかの理論構成が考えられるが，最もわかりやすい考え方は，受託者による権限行使の第三者への委託を，当該第三者と受託者との委任関係ないし代理関係と捉えるものである。この場合，当該第三者は受託者の代理人として，委託された権限の範囲内で，信託関係上の義務と責任を負う。なお，旧法下では，受託者から権限の委託を受けた第三者が受益者に対して直接責任を負うべき旨の規定が置かれていたが[4]，信託法に明文の規定がなかったとしても，民法上の委任関係ないし代理関係の効果として，同様の結果が生ずるものと考えられる（民法107条2項）。また，受託者が権限の一部を第三者に委託した場合における，受託者自身の責任の範囲については，当該第三者の選任および監督に関する範囲に「限定」される，との見解が一般的である[5]。この点について，当該第三者が受託者との委任関係の受任者ないし代理人であるとの考え方の下では，受託者は権限行使の「本人」としての責任を免れると考えることは困難であるが，当該第三者が委託された権限の範囲外の行為をした場合等については，使用者責任に関する一般原則に則り，当該第三者の選任および監督に関する範囲で責任を負うと考えるべきであろう。ただし，実務上，信託財産の管理処分に関する具体的な行為をするための能力と，第三者に信託財産の管理処分を委託した場合における選任および監督を行う能力とは，次元の異なるものと考えられるから，受託者の責任の範囲が当該第三者の選任および監督に関する範囲に「軽減」ないし「限定」されるとの表現は誤解を招きやすいものがあり，むしろ，選任および監督に関する権限について，質の異なる義務と責任とを受託者は負うと考えるべきである。

　以上に対して，受託者から権限の委託を受けた第三者の法的地位としては，受託者が信託財産の一部を当該第三者に再信託し，当該第三者が再信託受託者として受託した信託財産の管理処分を行う，という理論構成が考えられる。この場合，当該第三者の権限行使は，再信託関係上，当該第三者に与えられた受託者としての権限行使であり，原信託の受託者は，再信託関係上，実質

---

[4] 旧法第26条〔抄〕③　受託者ニ代リテ信託事務ヲ処理スル者ハ受託者ト同一ノ責任ヲ負フ

[5] 旧法第26条〔抄〕②　前項ノ場合ニ於テハ受託者ハ選任及監督ニ付テノミ其ノ責ニ任ス信託行為ニ依リ他人ヲシテ信託事務ヲ処理セシメタルトキ亦同シ

的に受益者の代表者としての地位に立つこととなるから，当該第三者の権限行使に対して，監督権限を及ぼすことのできる範囲は，両者の関係を代理関係ないし委任関係と考えた場合と比べて，相当程度限定される。その場合には，正に原信託受託者の責任の範囲は，再信託関係を設定したこと，および，再信託関係上の受益者としての監督権限を適切に行使しなかったことについての責任，すなわち，「選任及び監督」の範囲に「限定」され，あるいは，責任の性質が変化するものと考えるべきこととなる。

(3) 費用補償請求権

受託者は，信託財産の管理処分の過程で必要な費用を支出し，または過失なくして損害を受けたときは，信託財産から，その補償または賠償を受けることができる[6]。受託者は，信託財産の管理処分を行う地位にあるが，信託財産の管理処分によって生じた利益を受ける地位にあるわけでないから，管理者として適法に支出した費用や，過失なくして受けた損害の塡補を求めることができるのは，衡平の観点からして妥当であるが，その理論構成につい

---

[6] （信託財産からの費用等の償還等）
第48条① 受託者は，信託事務を処理するのに必要と認められる費用を固有財産から支出した場合には，信託財産から当該費用及び支出の日以後におけるその利息（以下「費用等」という。）の償還を受けることができる。ただし，信託行為に別段の定めがあるときは，その定めるところによる。
② 受託者は，信託事務を処理するについて費用を要するときは，信託財産からその前払を受けることができる。ただし，信託行為に別段の定めがあるときは，その定めるところによる。
③ 受託者は，前項本文の規定により信託財産から費用の前払を受けるには，受益者に対し，前払を受ける額及びその算定根拠を通知しなければならない。ただし，信託行為に別段の定めがあるときは，その定めるところによる。
④ 第1項又は第2項の規定にかかわらず，費用等の償還又は費用の前払は，受託者が第40条の規定による責任を負う場合には，これを履行した後でなければ，受けることができない。ただし，信託行為に別段の定めがあるときは，その定めるところによる。
⑤ 第1項又は第2項の場合には，受託者が受益者との間の合意に基づいて当該受益者から費用等の償還又は費用の前払を受けることを妨げない。

（費用等の償還等の方法）
第49条① 受託者は，前条第1項又は第2項の規定により信託財産から費用等の償還又は費用の前払を受けることができる場合には，その額の限度で，信託財産に属する金銭を固有財産に帰属させることができる。
② 前項に規定する場合において，必要があるときは，受託者は，信託財産に属する財産（当該財産を処分することにより信託の目的を達成することができないこととなるものを除く。）を処分することができる。ただし，信託行為に別段の定めがあるときは，その定めるところによる。
③ 第1項に規定する場合において，第31条第2項各号のいずれかに該当するときは，受託者は，第1項の規定により有する権利の行使に代えて，信託財産に属する財産で金銭以外のものを固有財産に帰属させることができる。ただし，信託行為に別段の定めがあるときは，その定めるところによる。
④ 第1項の規定により受託者が有する権利は，信託財産に属する財産に対し強制執行又は担保権の実行の手続が開始したときは，これらの手続との関係においては，金銭債権とみなす。
⑤ 前項の場合には，同項に規定する権利の存在を証する文書により当該権利を有することを証明した受託者も，同項の強制執行又は担保権の実行の手続において，配当要求をすることができる。
⑥ 各債権者（信託財産責任負担債務に係る債権を有する債権者に限る。以下この項及び次項において同じ。）の共同の利益のためにされた信託財産に属する財産の保存，清算又は配当に関する費用等について第1項の規定により受託者が有する権利は，第4項の強制執行又は担保権の実行の手続において，他の債権者（当該費用等がすべての債権者に有益でなかった場合にあっては，当該費用等によって利益を受けていないものを除く。）の権利に優先する。この場合においては，その順位は，民法第307条第1項に規定する先取特権と同順位とする。
⑦ 次の各号に該当する費用等について第1項の規定により受託者が有する権利は，当該各号に掲げる区分に応じ，当該各号の財産に係る第4項の強制執行又は担保権の実行の手続において，当該各号に定める金額について，他の債権者の権利に優先する。
　一　信託財産に属する財産の保存のために支出した金額その他の当該財産の価値の維持のために必要であると認められるもの　その金額
　二　信託財産に属する財産の改良のために支出した金額その他の当該財産の価値の増加に有益であると認められるもの　その金額又は現に存する増価額のいずれか低い金額

（信託財産責任負担債務の弁済による受託者の代位）
第50条① 受託者は，信託財産責任負担債務を固有財産をもって弁済した場合におい

第1節　受託者の権限

ては，信託の基本構造に関する考え方によって，相当程度説明が異なっている。また，受託者がかかる費用や損害の塡補を果たして誰から受けることができるかについても，信託の基本構造に関する考え方によって，原則論が大きく異なることに注意しなければならない。

　まず，信託財産が受託者の財産であるとの考え方の下では，信託財産の管理処分に起因して生じた費用や損害については，所有者としての受託者にいったん帰属することが原則となる。しかしながら，受託者は信託財産の管理処分による利益を享受する立場にない以上，受託者に費用負担や損害のみを帰属させておくことは信託関係当事者間の衡平に反するため，受託者は，自己の判断と裁量に従い，信託財産の管理処分によって利益を受ける地位にある受益者または信託財産から，費用ないし損害の塡補を受けることができるものとすべきである。信託法における費用補償請求権は，この衡平の観点に

　　て，これにより前条第1項の規定による権利を有することとなったときは，当該信託財産責任負担債務に係る債権を有する債権者に代位する。この場合においては，同項の規定により受託者が有する権利は，その代位との関係においては，金銭債権とみなす。
　②　前項の規定により受託者が同項の債権者に代位するときは，受託者は，遅滞なく，当該債権者の有する債権が信託財産責任負担債務に係る債権である旨及びこれを固有財産をもって弁済した旨を当該債権者に通知しなければならない。
（費用等の償還等と同時履行）
第51条　受託者は，第49条第1項の規定により受託者が有する権利が消滅するまでは，受益者又は第182条第1項第2号に規定する帰属権利者に対する信託財産に係る給付をすべき債務の履行を拒むことができる。ただし，信託行為に別段の定めがあるときは，その定めるところによる。
（信託財産が費用等の償還等に不足している場合の措置）
第52条①　受託者は，第48条第1項又は第2項の規定により信託財産から費用等の償還又は費用の前払を受けるのに信託財産（第49条第2項の規定により処分することができないものを除く。第1号及び第4項において同じ。）が不足している場合において，委託者及び受益者に対し次に掲げる事項を通知し，第2号の相当の期間を経過しても委託者又は受益者から費用等の償還又は費用の前払を受けなかったときは，信託を終了させることができる。
　一　信託財産が不足しているため費用等の償還又は費用の前払を受けることができない旨

基づく受託者の裁量的な権利を，具体的に規定したものと考えられる。

　これに対して，信託財産が受益者の実質的な財産であるとの考え方の下では，信託財産の管理処分に起因して生じた費用や損害は，実質所有者としての受益者に最終的に帰属すべきであり，管理者である受託者に費用や損害を帰属させておくべきでない。したがって，受託者が負った費用や損害については，実質所有者である受益者から塡補を受けることができるとすべきであるが，実務上便宜であるのは，受益者が実質所有権を有する財産としての信託財産から塡補を受けられることである。信託法における費用補償請求権は，受益者が本来的に負担すべき費用や損害が受託者にいったん帰属することを調整するための，具体的な手続について定めたものと考えられる。

　他方，信託財産が関係当事者から実質的に独立した財産であるとの考え方の下では，信託財産の管理処分に起因して発生した費用や損害は，原則として信託財産が負うべきであり，管理者である受託者はもとより，信託財産か

　　二　受託者の定める相当の期間内に委託者又は受益者から費用等の償還又は費用の前払を受けないときは，信託を終了させる旨
② 　委託者が現に存しない場合における前項の規定の適用については，同項中「委託者及び受益者」とあり，及び「委託者又は受益者」とあるのは，「受益者」とする。
③ 　受益者が現に存しない場合における第1項の規定の適用については，同項中「委託者及び受益者」とあり，及び「委託者又は受益者」とあるのは，「委託者」とする。
④ 　第48条第1項又は第2項の規定により信託財産から費用等の償還又は費用の前払を受けるのに信託財産が不足している場合において，委託者及び受益者が現に存しないときは，受託者は，信託を終了させることができる。
（信託財産からの損害の賠償）
第53条① 　受託者は，次の各号に掲げる場合には，当該各号に定める損害の額について，信託財産からその賠償を受けることができる。ただし，信託行為に別段の定めがあるときは，その定めるところによる。
　　一　受託者が信託事務を処理するため自己に過失なく損害を受けた場合　当該損害の額
　　二　受託者が信託事務を処理するため第三者の故意又は過失によって損害を受けた場合（前号に掲げる場合を除く。）　当該第三者に対し賠償を請求することができる額
② 　第48条第4項及び第5項，第49条（第6項及び第7項を除く。）並びに前2条の規定は，前項の規定による信託財産からの損害の賠償について準用する。

ら利益を享受する受益者も，かかる費用や過失なくして受けた損害を負担すべき地位にはない。したがって，受託者は，自己が負担した費用や損害を信託財産に対して原則的に求めることができるが，受益者に対して費用や損害の塡補を直接求めることはできない。信託法における費用補償請求権は，この原則論に従って，受託者が信託財産から費用や損害の塡補を求められることを，具体的に規定したものと考えられる。

このように，信託の基本構造に関する考え方の違いによって，信託財産の管理処分に関する費用や損害は原則として誰が負担すべきであるか，したがって，受託者が費用補償請求を行うべき原則的な相手方は誰となるかは，相当程度異なってくるが，信託法に具体的な規定が置かれているために，実務上は，いずれにせよ信託財産から費用や損害の塡補が受けられる。ただし，前記のとおり，受託者の費用補償請求の理論的根拠が異なる以上，費用補償請求権の法律上の性格も，それぞれ異なることとなるから，例えば，受託者の債権者が受託者に代位して費用補償請求権を信託財産に対して行使し，あるいは費用補償請求権を差し押さえて信託財産から取立てをすることができるか，といった問題点について，さらに議論が必要となる。この問題点は，受託者が自己の裁量的判断で費用補償請求権を放棄することができるか否かにより結論が分かれるため，受託者が原則的に費用や損害を負担すべきであるとの考え方の下では，費用補償請求権を債権者が代位行使したり差し押さえたりすることについては消極的な見解が導かれやすいし，受益者または信託財産が原則的に費用や損害を負担すべきとの考え方の下では，債権者により権利行使がなされても差し支えないこととなる。

なお，旧法においては，信託財産から塡補を受けることができない場合については，受託者は受益者に対しても費用補償請求ができるとされていたため[7]，かかる規定の理論的説明と，費用補償請求ができる受益者の具体的な範囲について，さらに複雑な議論が必要であったが，現行法は，受託者の費用補償請求の相手方を信託財産に事実上限定し，信託財産が必要な塡補を行うに足りない場合には，信託関係を終了させ，信託財産の清算を行うことができる旨の規定を新たに設けている[8]。この規定により，受益者が信託財産の実質所有者であるとの考え方においては，費用補償請求の対象が信託財産に事実上限定されることについて若干説明が必要となるが，受託者が信託財

産の管理処分の過程で具体的な調整を行うという観点からは，実務上の取扱いが簡明になったもの，と評価することも可能であろう。

(4) 受託者の権限行使の効果

受託者の権限が信託行為に従って適法に行使された場合，信託財産にその効果が及ぶことは明らかであるが，その理論構成については，信託の基本構造に関する考え方によって，説明がかなり異なっている。

まず，受託者が信託財産の所有者であるとの考え方の下では，受託者の適法な権限行使は，信託財産の所有者としての行為である以上，信託財産に関して効果が及ぶことは当然であるほか，受託者自身に対しても行為の効果が及ぶ。したがって，信託財産の管理処分の過程で受託者の権限行使により生じた権利義務関係は，経済実質的には信託財産と相手方との間で生ずるもの

7　旧法第36条①　受託者ハ信託財産ニ関シテ負担シタル租税，公課其ノ他ノ費用又ハ信託事務ヲ処理スル為自己ニ過失ナクシテ受ケタル損害ノ補償ニ付テハ信託財産ヲ売却シ他ノ権利者ニ先チテ其ノ権利ヲ行フコトヲ得

②　受託者ハ受益者ニ対シ前項ノ費用又ハ損害ニ付其ノ補償ヲ請求シ又ハ相当ノ担保ヲ供セシムルコトヲ得但シ受益者カ不特定ナルトキ及未タ存在セサルトキハ此ノ限ニ在ラス

③　前項ノ規定ハ受益者カ其ノ権利ヲ抛棄シタル場合ニハ之ヲ適用セス

8　（信託財産が費用等の償還等に不足している場合の措置）〔抄〕

第52条①　受託者は，第48条第1項又は第2項の規定により信託財産から費用等の償還又は費用の前払を受けるのに信託財産（第49条第2項の規定により処分することができないものを除く。第1号及び第4項において同じ。）が不足している場合において，委託者及び受益者に対し次に掲げる事項を通知し，第2号の相当の期間を経過しても委託者又は受益者から費用等の償還又は費用の前払を受けなかったときは，信託を終了させることができる。

④　第48条第1項又は第2項の規定により信託財産から費用等の償還又は費用の前払を受けるのに信託財産が不足している場合において，委託者及び受益者が現に存しないときは，受託者は，信託を終了させることができる。

（信託財産からの損害の賠償）〔抄〕

第53条①　受託者は，次の各号に掲げる場合には，当該各号に定める損害の額について，信託財産からその賠償を受けることができる。ただし，信託行為に別段の定めがあるときは，その定めるところによる。

であるが，法律上は受託者と相手方との間で生ずるため，信託財産と受託者の固有財産との間で，権利義務関係の錯綜や受託者による不当な利益収受が行われないよう，法律関係の調整を行うことが必要となる。

　これに対して，受益者が信託財産の実質所有者であるとの考え方の下では，受託者の権限行使は信託財産の管理者としての行為にほかならず，受託者個人のために行われるものでない以上，行為の効果は信託財産の実質所有者である受益者に対してのみ及び，受託者個人には及ばないことが原則となる。したがって，信託財産の管理処分の過程で生じた権利義務関係は，経済実質的にも，法律上も，受益者と相手方との間でのみ生じ，受託者と相手方との間では生じないこととなるため，相手方が，信託財産の外形上の名義人である受託者との間での法律関係の形成を期待していた場合における，相手方の利益保護の可能性が問題となる。

　他方，信託財産が信託関係当事者から独立した存在であるとの考え方の下では，受託者の権限行使は信託財産の管理者として行われ，受託者個人のために行われるものでない以上，行為の効果は信託財産についてのみ及び，受託者個人には及ばない。また，この考え方の下では，受益者も信託財産とは別の法主体であるから，行為の効果が受益者に対して及ぶこともない。したがって，受託者の権限行使によって法律関係が生ずるのは，信託財産と相手方との間のみであり，受託者と相手方，受益者と相手方との間には，いずれも法律関係は成立しないため，相手方が信託関係の存在を知らなかった場合や，信託財産が債務を負担するに足りる資力を有していなかった場合等における，相手方の利益保護の可能性が問題となる。

　以上のとおり，受託者の権限行使の効果については，権限行使の対象である信託財産に対して効果が及ぶことは疑いなく，その他に，法律上信託財産の名義人である受託者との間における法律関係の形成の可能性や，経済実質的に信託財産から利益を享受する受益者との間の法律関係の形成の可能性が，それぞれ問題となる構造になっている。

　このうち特に問題となるのが，経済実質的に信託財産から利益を享受した受益者との間で法律関係の形成を期待する相手方との間における，利害調整に関してである。具体的には，受益者が信託財産から利益享受を行った結果，信託財産に債務を負担するに足りる資力がなくなり，かつ，受託者にも債務

を負担する資力がなかったような場合に，経済実質的な衡平感を主要な根拠として，相手方から受益者に対する直接請求を認めるべきとする考え方の当否が，実務上問題となる可能性が高い。法理論上は，信託関係の存在と受託者の権限とが明示されて権限行使がなされた以上，受益者が信託財産の実質所有者であるとの考え方に立たない限り，受益者と相手方との間では法律関係が生じないことが原則であるが，これは，信託関係当事者間の法律関係が「信託」であるという解釈の下で初めて成り立つ議論である。したがって，後に第5章第3節で受益者の責任に関して詳述するとおり，受益者と受託者との具体的な関係状況によっては，信託関係当事者間の法律関係が信託でないと解釈されたり，例えば信託と代理など，信託と信託以外の法律関係を複合したものと解釈されたりすることにより，受益者と相手方との間における直接の法律関係が認められる可能性は，実務上決して小さくない。信託法の理論的検討は，対象となる法律関係が「信託」であることがあくまで前提とされているのに対し，現実の関係当事者間の法律関係がどのように解釈されるかは，未知数の部分が少なからずあると考えられるためである。

(5) 信託違反行為の効果

　受託者が信託行為で定められた権限に違反して信託財産の管理処分を行った場合，その行為の効果についてどのように考えるべきかは，受託者の権限の根拠によって，大きく異なる。そして，本節(1)で述べたとおり，受託者の権限の根拠については，信託の基本構造に関する考え方によって説明が異なる以上，受託者の信託違反行為の効果についても，信託の基本構造に関する考え方によって，説明が異なることとなる。
　まず，受託者が信託財産の所有者であるとの考え方の下では，受託者の権限は，信託財産の所有者であるという受託者の法的地位に基づくものであり，信託行為で具体的に定められた受託者の権限の範囲，特に権限行使に関する制約や禁止は，受託者個人に課せられた債務の一種として位置づけられる。したがって，信託行為に違反した管理処分を受託者が行った場合であっても，受託者が信託財産の所有者としての地位を有している以上，かかる行為は原則として有効となる。ただし，信託違反行為は，受託者の信託行為に関する

第1節　受託者の権限

債務不履行を構成するものであるため，信託違反行為の相手方である第三者が，受託者の信託違反を知っていたり，あるいは受託者の承継人であった場合など，当該第三者と受託者とを事実上同一視できる場合には，当該第三者との関係で，信託違反を理由とする責任追及が可能となる。要するに，この考え方の下で，受託者の信託違反行為によって信託財産から逸出した財産を取り戻し，あるいは信託違反によって生じた損害を回復させるためには，受託者による信託違反行為が無効であることを理由とすることはできず，当該行為が受託者の債務不履行であり，相手方である第三者も債務者と同一視できる旨を主張しなければならないわけである。

これに対して，受益者が信託財産の実質所有者であるとの考え方の下では，受託者は実質所有者としての受益者から与えられた権限の範囲内でしか信託財産の管理処分に関する権限を行使することができず，権限の範囲を逸脱した行為は，無権限行為として無効となるはずである。しかしながら，信託違反行為の相手方である第三者から見た場合，受託者の権限の範囲内であると信ずるに足りる正当な理由がある場合には，当該第三者の期待と利益を保護すべきである。したがって，当該第三者が受託者の信託違反について善意無過失であるなど，第三者を保護すべき正当な理由がある場合には，当該第三者との関係では信託違反行為による無効を主張することができなくなる。なお，この場合，当該第三者の利益の保護は，当該第三者が受託者の権限の外観を信じたことについて正当な理由があることに基づくものであるから，実質所有者としての受益者側の事情が考慮されることはない。要するに，この考え方の下では，信託違反行為は原則として無効であり，これを理由に信託財産から逸出した財産を取り戻すことが可能であるが，信託違反行為の相手方である第三者の期待と利益を保護すべき事情がある場合には，信託違反による行為の無効を主張することはできず，かつ，その事情は，第三者の側についてのみ考慮される。そして，かかる利害調整における結論としては，第三者が当該財産について信託違反がなかった場合と同様の権利を取得し，受益者が損害を被るか，あるいは，信託違反による無効が認められ，結果として当該第三者が損害を被るか，いずれかの結論が導かれることとなる。

他方，信託財産が信託関係当事者から独立した財産であるとの考え方の下では，受託者の権限は専ら信託行為によって定められている以上，受託者が

与えられた権限に違反して行った行為は，無権限行為として無効である。もとより，信託違反行為の相手方である第三者が，受託者の権限があることを信ずるに足りる正当な理由があった場合に，当該第三者の利益を保護する必要があることは疑いない。しかしながら，この考え方の下では，受益者も信託財産に関して利益享受を行う利益を有しており，この利益は信託財産の実質所有権とは異なる債権の一種であるから，信託違反行為によって信託財産から逸出した財産に対しては，当該行為が信託違反により無効である以上，受益者はなお当該財産に関する権利を保持し続けており，かつ，この権利は第三者が譲り受けた信託財産に対して有する権利と同時に成り立つものである。したがって，この考え方の下では，受託者による信託違反行為が行われた場合，当該行為によって信託財産から逸出した財産について，信託違反行為の相手方である第三者と，受益者とが，共に権利を有している状態となっているため，両者の利害調整については，両者の側における全ての事情を考慮したうえで，優先劣後関係を定めるほかない。要するに，この考え方の下では，信託違反行為によって逸出した財産を取り戻すためには，当該行為が信託違反により無効であることを理由とするが，信託違反行為の相手方である第三者と受益者とが当該財産に対して共に権利関係を有する状態が生じているため，当該第三者側の事情のみならず，受益者側の事情についても全て考慮したうえで，両者の利害調整を行うべきこととなる。なお，この場合における利害調整は，必ずしも一方が全ての権利関係を取得できるとの結論のみが導かれるわけでなく，受益者と第三者で優先劣後関係を定めることや，両者の間で権利を按分することも，理論的には不可能でない。これは，受益者と第三者との利害調整が，単に信託違反行為の効果のみを争うものでなく，受託者の信託違反行為によって生じた権利の競合という状態を解決するために，全ての事情を総合考慮して行うべきことから導かれる結論である。

　以上に対して，現行法は，信託違反行為の相手方が，受託者の行為が信託違反であることについて悪意または重過失があった場合には，受益者が当該違反行為を取り消すことができる旨を規定している[9]。この条文から導かれる受益者と第三者との利害調整は，受託者と第三者を同一視する基準を定めたものと考えることも，第三者の利益を保護すべき事情を定めたものと考えることも，受益者と第三者との利害調整基準を定めたものと考えることも，

いずれも可能であり，信託の基本構造に関してどのような考え方に立ったとしても，理論的な不整合を起こしておらず，信託法理論に対する現行法の中立性を補強するものとなっている。

第2節　受託者の義務

(1)　受託者の義務の基本的性格

　受託者の義務の多くは，信託法で明文の規定が設けられているが，その理論的構造と実務上の運用との間には，やや複雑な関係が存在している。

　例えば，受託者の忠実義務は，受益者ないし信託財産と受託者との利益が相反する行為等を原則一律に規制しており，具体的な行為の結果によって義務違反が免除されることはないはずであるが，実務上，具体的な行為が受益者ないし信託財産にとって最も利益をもたらすものであった場合には，義務違反によって損害が生じたことにはならず，結論として義務違反の責任を免れることとなる。逆に，受託者の善管注意義務に典型的に見られるとおり，義務違反の成否は行為の当時における注意の程度によって定まり，具体的な信託財産の管理処分の過程で，受益者ないし信託財産に対して何らかの損害

9　（受託者の権限違反行為の取消し）〔抄〕
　第27条①　受託者が信託財産のためにした行為がその権限に属しない場合において，次のいずれにも該当するときは，受益者は，当該行為を取り消すことができる。
　　一　当該行為の相手方が，当該行為の当時，当該行為が信託財産のためにされたものであることを知っていたこと。
　　二　当該行為の相手方が，当該行為の当時，当該行為が受託者の権限に属しないことを知っていたこと又は知らなかったことにつき重大な過失があったこと。
　②　前項の規定にかかわらず，受託者が信託財産に属する財産（第14条の信託の登記又は登録をすることができるものに限る。）について権利を設定し又は移転した行為がその権限に属しない場合には，次のいずれにも該当するときに限り，受益者は，当該行為を取り消すことができる。
　　一　当該行為の当時，当該信託財産に属する財産について第14条の信託の登記又は登録がされていたこと。
　　二　当該行為の相手方が，当該行為の当時，当該行為が受託者の権限に属しないことを知っていたこと又は知らなかったことにつき重大な過失があったこと。

が生じた場合でも，損害の発生それ自体から義務違反が認定される構造にはなっていない。しかしながら，実務上，損害が生じている以上何らかの義務違反があった可能性が高いとの考え方は，比較的容易に生じてくるため，善管注意義務違反の存在と結果としての損害との関連が認定される可能性は決して小さくないものと考えられる。

他方，受託者の義務は，受託者が信託財産の管理処分に際して自己の利益を不当に追求することのないよう，一定の行為を禁止する形式で規定されていることが通常であるから，受益者が自己の利益を最大とするべく，受託者に一定の行為を要求した場合でも，かかる行為が受託者の義務違反を構成する場合には，受託者はこれを拒絶せざるを得ない。このことを別の側面から見ると，受託者の義務に基づく受託者の行為に対する制約は，受益者が自己の利益を最大化するため過大な要求をしてきた場合に，受益者の利益を図るために受託者が受けるべき負担ないし損失に関して，受託者が不必要な損失ないし責任を負うことを事実上防御する役割を果たしていることとなる。

このように，受託者の義務は，理論的構造としては，一定の行為を禁止ないし制約することによって，受託者が自己の利益のために行動する危険を未然に防止し，信託目的に従った権限行使を行うべきことを制度的に担保しようとするもの，とされているが，実務上は，具体的な行為の結果が極めて重視される傾向があるほか，場合により受託者の義務による行動の禁止ないし制約が，受託者の利益を実質上保護することも少なくない。したがって，信託行為によって受託者の義務をどこまで「軽減」できるか，という議論は，受託者の行為における裁量が拡大する分，義務の存在により不必要な損失ないし責任から事実上防御される可能性も小さくなる点で，受託者にとっていわば両刃の剣の性格を持っていることに，注意しておく必要がある。

(2) 受託者の忠実義務

「受託者の忠実義務」とは，文字通り解釈すれば，受託者が信託財産の管理処分を行うに際して，信託目的に従うことのみならず，受益者の利益に忠実であることを義務として要求するものであり，現行法の条文にもほぼ同旨の表現が用いられている[10]。しかしながら，この条文だけを見ても，受託者

第2節　受託者の義務

が受益者に「忠実」であるとはどのような意味であるのか，逆に，どのような行為が「忠実義務違反」とされるのか，さらに，受託者が「忠実」であるべき「受益者の利益」とはそもそも何か，という点は明らかでない。

　旧法の下では，忠実義務に関する明文の規定が存在せず，通説的な解釈が忠実義務違反行為として典型的に挙げていたものは，第1に，受託者と受益者ないし信託財産の利益が相反する行為，第2に，受託者が信託財産の管理処分に際して，自己の利益を併せて追求する行為，そして第3に，受託者が信託財産の管理処分に際して，第三者の利益を図る行為，の3類型であった。そして，これらの3類型については，信託財産ないし受益者に具体的な損害が発生したことではなく，かかる損害を未然に防止するため，一律に上記の行為を禁止することにより，信託財産の管理処分に関する適正さを制度的に保障しようとするものと考えられていた。

　しかしながら，旧法下における忠実義務に関する通説的見解は，具体的な結果の発生を特に念頭に置かず，かつ，受益者の承諾があった場合や裁判所が許可を与えた場合等における忠実義務違反の免責の余地を認めていないものであった。このため，例えば利益相反行為により受益者に最大利益がもたらされる可能性は，受託者の忠実義務違反に該当するために禁止されていることから，受益者におけるある種の明確な「利益」が忠実義務の存在によって事実上閉ざされていたわけである。したがって，旧法下における忠実義務違反に関する通説的見解は，理論的な一貫性についてはともかく，実務的な妥当性としては，必ずしも説得力のある議論を展開できていない状況にあったと言わざるを得ない。

　現行法は，旧法と異なり，前記のとおり忠実義務の存在を明文で規定した後，受託者と受益者ないし信託財産の利益が相反する行為[11]，および，受託者が信託財産の管理処分として行うことができる行為を固有財産または利害関係人の計算で行うことを[12]，原則として禁止している。これらの禁止対象となっている行為は，旧法下において忠実義務違反と考えられていた具体

10　（忠実義務）
　　第30条　受託者は，受益者のため忠実に信託事務の処理その他の行為をしなければならない。

な行為類型にほぼ重なるものであるから，忠実義務違反のうち代表的な行為類型を特に明文で禁止したものと考えて差し支えない。

同時に，現行法は，かかる行為を行う権限が信託行為により受託者に付与されていたとき，および，受益者に重要な情報を開示して受益者の承認を得たときについては，受託者の行為は忠実義務違反とならないことをも明文で

---

11 （利益相反行為の制限）
　第31条①　受託者は，次に掲げる行為をしてはならない。
　　一　信託財産に属する財産（当該財産に係る権利を含む。）を固有財産に帰属させ，又は固有財産に属する財産（当該財産に係る権利を含む。）を信託財産に帰属させること。
　　二　信託財産に属する財産（当該財産に係る権利を含む。）を他の信託の信託財産に帰属させること。
　　三　第三者との間において信託財産のためにする行為であって，自己が当該第三者の代理人となって行うもの
　　四　信託財産に属する財産につき固有財産に属する財産のみをもって履行する責任を負う債務に係る債権を被担保債権とする担保権を設定することその他第三者との間において信託財産のためにする行為であって受託者又はその利害関係人と受益者との利益が相反することとなるもの
　②　前項の規定にかかわらず，次のいずれかに該当するときは，同項各号に掲げる行為をすることができる。ただし，第2号に掲げる事由にあっては，同号に該当する場合でも当該行為をすることができない旨の信託行為の定めがあるときは，この限りでない。
　　一　信託行為に当該行為をすることを許容する旨の定めがあるとき。
　　二　受託者が当該行為について重要な事実を開示して受益者の承認を得たとき。
　　三　相続その他の包括承継により信託財産に属する財産に係る権利が固有財産に帰属したとき。
　　四　受託者が当該行為をすることが信託の目的の達成のために合理的に必要と認められる場合であって，受益者の利益を害しないことが明らかであるとき，又は当該行為の信託財産に与える影響，当該行為の目的及び態様，受託者の受益者との実質的な利害関係の状況その他の事情に照らして正当な理由があるとき。
　③　受託者は，第1項各号に掲げる行為をしたときは，受益者に対し，当該行為についての重要な事実を通知しなければならない。ただし，信託行為に別段の定めがあるときは，その定めるところによる。
　④　第1項及び第2項の規定に違反して第1項第1号又は第2号に掲げる行為がされた場合には，これらの行為は，無効とする。

第 2 節　受託者の義務

規定し，旧法下において強い批判の対象とされていた忠実義務の「硬直性」に対する解決を図っている[13]。これは，「受益者のために忠実に」とする 30 条の文言を，受益者自身の利益のためと捉え，かつ，受益者自身の利益については受益者自身に判断をさせるべきとする，利益追求目的を典型とした一

---

　⑤　前項の行為は，受益者の追認により，当該行為の時にさかのぼってその効力を生ずる。
　⑥　第 4 項に規定する場合において，受託者が第三者との間において第 1 項第 1 号又は第 2 号の財産について処分その他の行為をしたときは，当該第三者が同項及び第 2 項の規定に違反して第 1 項第 1 号又は第 2 号に掲げる行為がされたことを知っていたとき又は知らなかったことにつき重大な過失があったときに限り，受益者は，当該処分その他の行為を取り消すことができる。この場合においては，第 27 条第 3 項及び第 4 項の規定を準用する。
　⑦　第 1 項及び第 2 項の規定に違反して第 1 項第 3 号又は第 4 号に掲げる行為がされた場合には，当該第三者がこれを知っていたとき又は知らなかったことにつき重大な過失があったときに限り，受益者は，当該行為を取り消すことができる。この場合においては，第 27 条第 3 項及び第 4 項の規定を準用する。
[12]　第 32 条①　受託者は，受託者として有する権限に基づいて信託事務の処理としてすることができる行為であってこれをしないことが受益者の利益に反するものについては，これを固有財産又は受託者の利害関係人の計算でしてはならない。
　②　前項の規定にかかわらず，次のいずれかに該当するときは，同項に規定する行為を固有財産又は受託者の利害関係人の計算ですることができる。ただし，第 2 号に掲げる事由にあっては，同号に該当する場合でも当該行為を固有財産又は受託者の利害関係人の計算ですることができない旨の信託行為の定めがあるときは，この限りでない。
　　一　信託行為に当該行為を固有財産又は受託者の利害関係人の計算ですることを許容する旨の定めがあるとき。
　　二　受託者が当該行為を固有財産又は受託者の利害関係人の計算ですることについて重要な事実を開示して受益者の承認を得たとき。
　③　受託者は，第 1 項に規定する行為を固有財産又は受託者の利害関係人の計算でした場合には，受益者に対し，当該行為についての重要な事実を通知しなければならない。ただし，信託行為に別段の定めがあるときは，その定めるところによる。
　④　第 1 項及び第 2 項の規定に違反して受託者が第 1 項に規定する行為をした場合には，受益者は，当該行為は信託財産のためにされたものとみなすことができる。ただし，第三者の権利を害することはできない。
　⑤　前項の規定による権利は，当該行為の時から 1 年を経過したときは，消滅する。

また，31条では，包括承継により受託者に権利関係が帰属したとき，および，受託者による利益相反行為が信託目的達成のために合理的に必要であって，受益者の利益を害しないことが明らかであると認められるとき，または，かかる行為が総合的に評価して正当な理由があると認められるときについても，忠実義務違反にならない旨を定めている[14]。これは，前記と異なり，信託目的の達成との関係における，受託者としての合理的行動という観点か

---

13 （利益相反行為の制限）〔抄〕
　第31条② 前項の規定にかかわらず，次のいずれかに該当するときは，同項各号に掲げる行為をすることができる。ただし，第2号に掲げる事由にあっては，同号に該当する場合でも当該行為をすることができない旨の信託行為の定めがあるときは，この限りでない。
　　一 信託行為に当該行為をすることを許容する旨の定めがあるとき。
　　二 受託者が当該行為について重要な事実を開示して受益者の承認を得たとき。
　第32条〔抄〕② 前項の規定にかかわらず，次のいずれかに該当するときは，同項に規定する行為を固有財産又は受託者の利害関係人の計算ですることができる。ただし，第2号に掲げる事由にあっては，同号に該当する場合でも当該行為を固有財産又は受託者の利害関係人の計算ですることができない旨の信託行為の定めがあるときは，この限りでない。
　　一 信託行為に当該行為を固有財産又は受託者の利害関係人の計算ですることを許容する旨の定めがあるとき。
　　二 受託者が当該行為を固有財産又は受託者の利害関係人の計算ですることについて重要な事実を開示して受益者の承認を得たとき。
14 （利益相反行為の制限）〔抄〕
　第31条② 前項の規定にかかわらず，次のいずれかに該当するときは，同項各号に掲げる行為をすることができる。ただし，第2号に掲げる事由にあっては，同号に該当する場合でも当該行為をすることができない旨の信託行為の定めがあるときは，この限りでない。
　　三 相続その他の包括承継により信託財産に属する財産に係る権利が固有財産に帰属したとき。
　　四 受託者が当該行為をすることが信託の目的の達成のために合理的に必要と認められる場合であって，受益者の利益を害しないことが明らかであるとき，又は当該行為の信託財産に与える影響，当該行為の目的及び態様，受託者の受益者との実質的な利害関係の状況その他の事情に照らして正当な理由があるとき。

ら忠実義務違反の免責を認めるものであり、信託財産の管理者として合理的であると評価される行為については、受益者の承認が得られなかった場合でも受託者が免責される余地を認めることによって、受託者が受益者から形式的な忠実義務違反行為を理由とする過剰な責任追及を受ける恐れがあることを、事実上防止する効果を持つものである。

このように、現行法における忠実義務に関する規定は、旧法下における忠実義務が受けていた批判や、忠実義務に関する議論の有していた問題点を、各局面について解決することを試みるものであり、実務的な妥当性を専ら追求したものと考えられる。このような立法の意図自体は、信託関係当事者間の衡平の観点や、信託目的の達成のために信託関係が存在すべきとの原則論から考えて、理論的にも支持されるべきである。

もっとも、現行法の規定によっても、受託者の義務違反が免責される要件については、例えば何をもって「重要な情報が開示された」と言えるか等、なお解釈が紛れる恐れがある部分が存在している。また、「信託目的達成のため合理的であると考えられる受託者の行為」自体も、具体的な要件が事前に明らかとなっているわけではない。その意味では、実務上、受託者にとって、忠実義務違反の免責を現行法により得られる可能性は、かかる状況が受益者との信頼関係が完全に失われた、正に「例外的事態」であることと相まち、かなりの不確定要素を内包するものと考えて差し支えない。

(3) 受託者の善管注意義務

「受託者の善管注意義務」とは、受託者が信託財産の管理処分に際して、他人の財産を管理者として管理処分するために必要な、善良な管理者としての注意を払うことを要求する義務である。信託の基本構造に関する考え方の中には、受託者が信託財産の所有者であるとの考え方も存在するが、その考え方の下でも、受託者は信託財産を管理処分するに際して、信託目的および信託行為に従うべき義務を負っており、かつ、信託財産の管理処分によって得られた利益を受託者自身が享受することはない。したがって、受託者による信託財産の管理処分は、信託の基本構造に関してどのような考え方を採ったとしても、実質的に他人の財産を管理処分するのと同様であるから、善管

注意義務が受託者に課されること自体は当然であり，実務上問題となるのは，むしろ，善管注意義務の具体的内容についてである。

受託者の善管注意義務については，旧法でも現行法でも明文の規定があるものの[15]，その具体的内容が規定されていないため，受託者の行動が善管注意義務に違反するか否かは，個々の状況ごとの解釈に委ねられることとなる。したがって，同一の行為であっても，状況次第で善管注意義務違反となることもならないこともあるわけであるから，受託者の具体的な行為が善管注意義務違反となるかについて，確定した判断を事前に下すことは事実上不可能であるが，最小限の一般論として，次のことは言えるように思われる。

第1に，信託目的に合致しないと解釈される行為や，信託行為で定められた制限や禁止に違反した行為については，善管注意義務違反となる可能性が極めて高い。例えば，信託財産を原資とする投資判断に際して，信託目的に合致しないリスクの高い商品に投資を行った場合等が，典型的に挙げられる。第2に，ある時点では善管注意義務に反しないとされていた行為であっても，信託財産の管理処分を行う環境が変化したことにより，同一の行為が善管注意義務違反を問われる場合が生じうる。投資判断を例とすれば，同一の基準による投資活動を漫然と継続し，見直しを行わなかった場合などは，善管注意義務違反とされる可能性が高い。また，信託目的が事実上変更されることにより，従前であれば信託目的に反すると解釈されていた行為が義務違反とならなくなるのみならず，かかる行為を行わないことが，逆に善管注意義務違反とされる場合も生ずるはずであり，典型的には，具体的な投資判断を第三者を選任して委ねること等が挙げられる。第3に，前述した忠実義務違反の場合と異なり，受益者が信託財産の管理処分に関して指示を行ったことや，受益者が具体的な管理処分に関して個別に承認を与えたことが，善管注意義

---

15 旧法第20条　受託者ハ信託ノ本旨ニ従ヒ善良ナル管理者ノ注意ヲ以テ信託事務ヲ処理スルコトヲ要ス

（受託者の注意義務）

第29条① 受託者は，信託の本旨に従い，信託事務を処理しなければならない。

② 受託者は，信託事務を処理するに当たっては，善良な管理者の注意をもって，これをしなければならない。ただし，信託行為に別段の定めがあるときは，その定めるところによる注意をもって，これをするものとする。

務違反を常に免責するとは限らない。これは，信託の基本構造上，信託財産の管理処分については受益者ではなく，受託者が最終的な判断権限を有することとなっているためである。しかしながら，例えば，投資による利益追求を目的とした信託関係において，受益者が具体的な投資行動に関する指示を下したような場合に，投資における具体的な判断を行った者に利益や損失が帰属すべきであるとの考え方を基盤とすると，受益者の指示ないし承認による受託者の善管注意義務違反の免責を認めることも，必ずしも不合理とは言えないように思われる。

　このように，受託者の善管注意義務については，全く同一の行為であっても，受託者の置かれた状況によって，善管注意義務違反とされたりされなかったりすることがあるため，受託者が善管注意義務違反として追及を受ける恐れがあるか否かについて，事前に判断できる確実な基準は存在しない。そして，現実の局面で，受託者の善管注意義務違反が追及される状況においては，信託財産の管理処分の結果，予定された利益があげられなかったり，あるいは財産に損失が生じたりしている場合が通常であるから，この損失や利益の不足という事情が，善管注意義務の具体的内容の解釈に関してどの程度影響を及ぼしうるかが，極めて重要な問題となってくる。

　理論的には，善管注意義務は，行為の時点における受託者の注意の程度が必要とされる水準に達していたか否かを専ら問題とするものであり，必要な注意を払ったうえでの行為である限り，結果として信託財産に損失や利益の不足が生じたとしても，善管注意義務違反に問われることはない。しかしながら，現実の局面では，信託財産に損失や利益不足等が生じている以上，受託者に何らかの善管注意義務違反があったのではないか，という結果から善管注意義務違反の存在を逆推知する考え方が，責任追及を行う側から生ずることが避けられない。これに対して，受託者側が善管注意義務を果たしたことを証明するためには，受託者の行為が信託目的および信託行為に沿った合理的なものであったことに加え，受託者が合理的な行為をしたにもかかわらず損失等が生じたこと，あるいは，同様の状況に置かれた他の受託者が管理処分した財産にも損失等が生じたこと，のいずれかを示す必要があるが，このような証明は，事実上困難である場合が少なくないように思われる。

　このように，受託者の善管注意義務は，理論上は信託財産の管理処分に際

しての行為準則とされているものの，現実の局面では，信託財産に損失ないし利益不足が生じたこと自体に基づいて，受託者の責任が追及される可能性が否定できない。このため，受託者が自己の正当な利益を防御するためには，やはり，善管注意義務違反の成否に関する事前の判断基準があることが望ましいわけであり，具体的には受益者の指示や承認に基づく善管注意義務違反の免責の可能性について，より議論を深める必要があると思われる。

(4) 受託者の情報開示義務

「受託者の情報開示義務」とは，受託者が，信託財産の管理処分に際して，受益者を典型とする信託関係当事者等に対し，信託財産に関する必要な情報を開示すべき義務である。現行法では，受託者が信託財産の管理処分の状況に関して報告する義務を一般論として明定した後，その具体的な開示の対象と範囲，さらには情報開示の具体的な手続と免責に到るまで，極めて詳細な規定が置かれている[16]。この情報開示義務は，信託財産の管理処分が，信託目的に従い，受益者の利益のために行われていることを，受託者が関係者に対して開示することにより，管理処分の適正さと関係当事者間の信頼関係を維持するために，極めて重要な役割を果たすものである。

他方，信託財産の管理処分の過程で，受託者による情報開示が問題となる局面には，この情報開示義務と全く性格が異なるものがある。すなわち，受託者の忠実義務に関して前述したとおり，現行法では，受託者が忠実義務違反となりうる行為に関する重要な情報を開示して受益者の承認を得た場合に

16　(信託事務の処理の状況についての報告義務)
　　第36条　委託者又は受益者は，受託者に対し，信託事務の処理の状況並びに信託財産に属する財産及び信託財産責任負担債務の状況について報告を求めることができる。
　　(帳簿等の作成等，報告及び保存の義務)
　　第37条①　受託者は，信託事務に関する計算並びに信託財産に属する財産及び信託財産責任負担債務の状況を明らかにするため，法務省令で定めるところにより，信託財産に係る帳簿その他の書類又は電磁的記録を作成しなければならない。

② 受託者は，毎年1回，一定の時期に，法務省令で定めるところにより，貸借対照表，損益計算書その他の法務省令で定める書類又は電磁的記録を作成しなければならない。
③ 受託者は，前項の書類又は電磁的記録を作成したときは，その内容について受益者（信託管理人が現に存する場合にあっては，信託管理人）に報告しなければならない。ただし，信託行為に別段の定めがあるときは，その定めるところによる。
④ 受託者は，第1項の書類又は電磁的記録を作成した場合には，その作成の日から10年間（当該期間内に信託の清算の結了があったときは，その日までの間。次項において同じ。），当該書類（当該書類に代えて電磁的記録を法務省令で定める方法により作成した場合にあっては，当該電磁的記録）又は電磁的記録（当該電磁的記録に代えて書面を作成した場合にあっては，当該書面）を保存しなければならない。ただし，受益者（2人以上の受益者が現に存する場合にあってはそのすべての受益者，信託管理人が現に存する場合にあっては信託管理人。第6項ただし書において同じ。）に対し，当該書類若しくはその写しを交付し，又は当該電磁的記録に記録された事項を法務省令で定める方法により提供したときは，この限りでない。
⑤ 受託者は，信託財産に属する財産の処分に係る契約書その他の信託事務の処理に関する書類又は電磁的記録を作成し，又は取得した場合には，その作成又は取得の日から10年間，当該書類（当該書類に代えて電磁的記録を法務省令で定める方法により作成した場合にあっては，当該電磁的記録）又は電磁的記録（当該電磁的記録に代えて書面を作成した場合にあっては，当該書面）を保存しなければならない。この場合においては，前項ただし書の規定を準用する。
⑥ 受託者は，第2項の書類又は電磁的記録を作成した場合には，信託の清算の結了の日までの間，当該書類（当該書類に代えて電磁的記録を法務省令で定める方法により作成した場合にあっては，当該電磁的記録）又は電磁的記録（当該電磁的記録に代えて書面を作成した場合にあっては，当該書面）を保存しなければならない。ただし，その作成の日から10年間を経過した後において，受益者に対し，当該書類若しくはその写しを交付し，又は当該電磁的記録に記録された事項を法務省令で定める方法により提供したときは，この限りでない。

（帳簿等の閲覧等の請求）
第38条① 受益者は，受託者に対し，次に掲げる請求をすることができる。この場合においては，当該請求の理由を明らかにしてしなければならない。
一 前条第1項又は第5項の書類の閲覧又は謄写の請求
二 前条第1項又は第5項の電磁的記録に記録された事項を法務省令で定める方法により表示したものの閲覧又は謄写の請求
② 前項の請求があったときは，受託者は，次のいずれかに該当すると認められる場合を除き，これを拒むことができない。

一　当該請求を行う者（以下この項において「請求者」という。）がその権利の確保又は行使に関する調査以外の目的で請求を行ったとき。
　　二　請求者が不適当な時に請求を行ったとき。
　　三　請求者が信託事務の処理を妨げ，又は受益者の共同の利益を害する目的で請求を行ったとき。
　　四　請求者が当該信託に係る業務と実質的に競争関係にある事業を営み，又はこれに従事するものであるとき。
　　五　請求者が前項の規定による閲覧又は謄写によって知り得た事実を利益を得て第三者に通報するため請求したとき。
　　六　請求者が，過去2年以内において，前項の規定による閲覧又は謄写によって知り得た事実を利益を得て第三者に通報したことがあるものであるとき。
　③　前項（第1号及び第2号を除く。）の規定は，受益者が2人以上ある信託のすべての受益者から第1項の請求があったとき，又は受益者が1人である信託の当該受益者から同項の請求があったときは，適用しない。
　④　信託行為において，次に掲げる情報以外の情報について，受益者が同意をしたときは第1項の規定による閲覧又は謄写の請求をすることができない旨の定めがある場合には，当該同意をした受益者（その承継人を含む。以下この条において同じ。）は，その同意を撤回することができない。
　　一　前条第2項の書類又は電磁的記録の作成に欠くことのできない情報その他の信託に関する重要な情報
　　二　当該受益者以外の者の利益を害するおそれのない情報
　⑤　受託者は，前項の同意をした受益者から第1項の規定による閲覧又は謄写の請求があったときは，前項各号に掲げる情報に該当する部分を除き，これを拒むことができる。
　⑥　利害関係人は，受託者に対し，次に掲げる請求をすることができる。
　　一　前条第2項の書類の閲覧又は謄写の請求
　　二　前条第2項の電磁的記録に記録された事項を法務省令で定める方法により表示したものの閲覧又は謄写の請求
　（他の受益者の氏名等の開示の請求）
第39条①　受益者が2人以上ある信託においては，受益者は，受託者に対し，次に掲げる事項を相当な方法により開示することを請求することができる。この場合においては，当該請求の理由を明らかにしてしなければならない。
　　一　他の受益者の氏名又は名称及び住所
　　二　他の受益者が有する受益権の内容
　②　前項の請求があったときは，受託者は，次のいずれかに該当すると認められる場合を除き，これを拒むことができない。

は，忠実義務違反とならないものとされているが[17]，このような「受託者の情報開示による義務違反の免責」と「受託者の情報開示義務」との関係を，どのように解釈すべきかが問題となる。

　実務上，これら2つの局面は，開示の対象となる情報の範囲や，情報開示が事実上必要とされる時期が一致ないし極めて近接していることが通常であるから，両者の区別について特に意識することなく，忠実義務に関して，受託者には重要事実を情報開示する義務がある，と結論づける見解もないわけではない。しかしながら，受託者が義務として行う情報開示と，他の義務違反についての免責を求めるために受託者が行う情報開示とでは，何よりもまず，情報開示が行われる目的が大きく異なっていることに注意すべきである。実際，情報開示が行われずに忠実義務違反に基づく責任が受託者に生じたとしても，その場合における受託者の責任は，あくまで忠実義務違反それ自体を理由とするものであり，情報が開示されなかったために忠実義務違反の責任が生じているわけではない。

　　一　当該請求を行う者（以下この項において「請求者」という。）がその権利の確保又は行使に関する調査以外の目的で請求を行ったとき。
　　二　請求者が不適当な時に請求を行ったとき。
　　三　請求者が信託事務の処理を妨げ，又は受益者の共同の利益を害する目的で請求を行ったとき。
　　四　請求者が当該信託に係る業務と実質的に競争関係にある事業を営み，又はこれに従事するものであるとき。
　　五　請求者が前項の規定による開示によって知り得た事実を利益を得て第三者に通報するため請求を行ったとき。
　　六　請求者が，過去2年以内において，前項の規定による開示によって知り得た事実を利益を得て第三者に通報したことがあるものであるとき。
　③　前2項の規定にかかわらず，信託行為に別段の定めがあるときは，その定めるところによる。
17　（利益相反行為の制限）〔抄〕
　　第31条②　前項の規定にかかわらず，次のいずれかに該当するときは，同項各号に掲げる行為をすることができる。ただし，第2号に掲げる事由にあっては，同号に該当する場合でも当該行為をすることができない旨の信託行為の定めがあるときは，この限りでない。
　　二　受託者が当該行為について重要な事実を開示して受益者の承認を得たとき。

また，情報開示義務の履行として情報開示が行われる場合と，忠実義務違反等の免責のために受託者が情報開示を行う場合とでは，開示される情報の範囲や，他の義務との関係において情報開示義務が免責される範囲等が，相当程度異なっていることにも注意すべきである。

　すなわち，情報開示義務の履行として情報開示が行われる根拠としては，情報開示義務を規定した信託行為や信託法の規定の存在が全てであり，開示すべき情報の範囲としては，信託行為ないし信託法により必要とされる範囲の情報を開示すれば足りる。具体的には，情報開示義務の範囲は，他の受託者の義務と同様，当該信託関係における信託財産の範囲に限られるものであり，情報開示義務の履行として他の信託財産に関する情報開示を要求することは許されない。さらに，受託者の情報開示義務は，その性格上，受託者が信託財産の管理処分の過程で関係当事者に対して負うことがある守秘義務に正面から抵触する可能性が高く，受託者の義務が不可能を強いるものであってはならない以上，情報開示義務と守秘義務とが抵触する局面においては，一方または双方の義務が軽減ないし免責される。

　以上に対して，忠実義務等の免責のために受託者が情報開示を行うことの根拠としては，信託行為や信託法に情報開示を行うべき旨の規定があるためというよりも，受託者が忠実義務違反行為をしていないという証明を行うべき点に求められる。したがって，受託者が忠実義務違反の免責のために開示すべき情報の範囲は，信託行為や信託法の規定による一般的な範囲では足りず，受益者において受託者の管理処分が適正であったと判断するに足りるものでなければならない。また，開示すべき情報の範囲は，必ずしも当該信託財産に限られるものでなく，例えば第三者の利益を図っていないことを証明するためには，他の信託財産等についても開示を行うべき場合も生じうる。そして，守秘義務等との関係については，忠実義務違反の免責のために行われる情報開示が義務でないとすると，性格的に相反する義務と義務との抵触という事態はそもそも生じていないわけであるから，守秘義務があることを理由として情報の全部または一部が開示されない場合には，忠実義務違反を免責させるための情報開示としての効果は認められない。

　このように，同じく受託者による情報開示と言っても，情報開示義務の履行としての情報開示と，忠実義務違反等の他の義務の免責のために行われる

受託者の情報開示とでは，理論上の性格のみならず，実務上の具体的な取扱いが大きく異なることに注意しなければならない。やや極端な議論になるが，受託者には，忠実義務違反の責任を引き受けることと引換えに，情報を受益者に開示しないという選択肢を事実上有している，と考えることも不可能でない。実際，忠実義務違反を理由とする損害を賠償する責任が生じたとしても，関連する重要な情報を開示しないことによって，それ以上の損害が生ずることを避けられるならば，むしろ当該情報を開示すべきでない，との結論も，実務上一定の妥当性を有する可能性があるであろう。

(5) 受託者の分別管理義務

「受託者の分別管理義務」とは，受託者が信託財産を管理処分するに際して，信託財産を自己の固有財産および他の信託財産と分別して管理すべき義務である。この分別管理義務は，信託財産と固有財産あるいは信託財産相互間で財産の混在が生ずると，受託者が不正な管理処分により個人的利益を得ることや，信託財産相互間で不公正な取扱いが行われることの温床となる危険性が高いことから，受託者の管理処分する個々の信託財産の範囲を明確にし，受益者等からの監督権限が適切に行使できるようにしたものである。分別管理義務については，旧法でも明文の規定が置かれていたが[18]，現行法では，信託財産の種類ごとに，分別管理の方法を具体的に規定することにより，分別管理の一層の徹底と明確化を図っている[19]。

もっとも，この分別管理義務は，信託財産の範囲を明確にする分，複数の信託財産が合同運用される場合においては，実務上やや繁雑な取扱いを要求するものでもある。また，信託財産を構成する具体的な財産の構成によっては，分別管理をあえて明確に行わず，複数の財産相互間における権利関係の割合のみを明らかにしておく方が，市場における特定の財産の価値変動に対して，より柔軟な対応が可能となる場合も少なくない。さらに，分別管理が徹底されていなかった場合における実務上の紛争は，要するに，全ての関係

---

18 旧法第28条　信託財産ハ固有財産及他ノ信託財産ト分別シテ之ヲ管理スルコトヲ要ス但シ信託財産タル金銭ニ付テハ各別ニ其ノ計算ヲ明ニスルヲ以テ足ル

者の権利に相当する財産が存在しないことが明らかになった状況下で生ずるものであるから，受益者をはじめとする関係当事者が，かかる問題が生ずることの危険性を理解したうえで，より効率的な管理処分を受託者に対して個別に要求することを，法律により禁止ないし制限する必要はない。

　以上のことからすると，分別管理義務については，信託行為に別段の定めをすることによって，信託関係当事者がその具体的内容を自由に設定できるとした方が，信託目的に照らして合理的な場合がありうることとなる。特に，登記登録を要する財産について，短期間に集中的な取引が行われるような場合については，逐一信託の登記登録を行うことを受託者に義務として要求することが，かえって信託財産の管理処分の機動性を失わせ，かつ，登記登録に関する費用を節約する機会を逸することにもなりかねない。しかしながら，現行法は，個々の財産の具体的な分別管理方法について，信託行為による自由な合意の可能性を認めつつ，登記登録については合意により免除することができないとする，やや慎重な規定を設けている[20]。

　ところで，以上で述べてきた受益者等による監督権限の行使の「適切」の意味については，これまで暗黙のうちに前提としてきた，受託者の不正な管理処分の危険性に対して，受益者等が必要かつ十分な監視を行うことを可能

19　（分別管理義務）
　　第34条①　受託者は，信託財産に属する財産と固有財産及び他の信託の信託財産に属する財産とを，次の各号に掲げる財産の区分に応じ，当該各号に定める方法により，分別して管理しなければならない。ただし，分別して管理する方法について，信託行為に別段の定めがあるときは，その定めるところによる。
　　　一　第14条の信託の登記又は登録をすることができる財産（第3号に掲げるものを除く。）　当該信託の登記又は登録
　　　二　第14条の信託の登記又は登録をすることができない財産（次号に掲げるものを除く。）　次のイ又はロに掲げる財産の区分に応じ，当該イ又はロに定める方法
　　　　イ　動産（金銭を除く。）　信託財産に属する財産と固有財産及び他の信託の信託財産に属する財産とを外形上区別することができる状態で保管する方法
　　　　ロ　金銭その他のイに掲げる財産以外の財産　その計算を明らかにする方法
　　　三　法務省令で定める財産　当該財産を適切に分別して管理する方法として法務省令で定めるもの
　　②　前項ただし書の規定にかかわらず，同項第1号に掲げる財産について第14条の信託の登記又は登録をする義務は，これを免除することができない。

とさせる，という従来から強調されている意味があると同時に，全く異なる意味を実務上有していることにも注意しておく必要がある。すなわち，受益者が監督権限を有している個々の信託財産の範囲を明確にすることにより，他の信託財産や受託者の固有財産に関する情報を受益者に取得されることを未然に防止し，もって受益者等による監督権限を「適切」に行使させる，という，全く異なる意味をも有しているわけである。

　要するに，分別管理義務の存在は，受益者にとって自己が受益権を有する信託財産の範囲を明確にするという意味を持つと同時に，受託者にとっても，自己の固有財産や他の信託財産の関係者の利益を，受益者等による不適切な監督権限行使から事実上防御するための手段となるものである。したがって，受託者の義務として分別管理義務が法定されていることをもって，単なる信託財産管理処分の効率性に対する制約と認識することは早計であり，上記のような受託者ないし第三者の事情まで考えるならば，現行法が，分別管理の具体的な方法について，信託行為による自由な合意を完全には認めていないことにも，一定の合理性があるのかもしれない。

　他方，信託財産の分別管理が行われることにより，信託財産の範囲が明確になることは，別の側面から見れば，ある特定の財産が当該信託財産の範囲に属するか否かが，外部からの観察により可能となることを意味している。そうすると，信託財産であることについて，法律上要求される公示手段を逐一利用しなくても，信託財産が受託者の固有財産ないし他の信託財産と分別管理されているならば，かかる分別管理については信託の公示としての機能が事実上備えられているのではないか，という見解が生ずることも，必ずしも不合理とは言い難い。実際，旧法下において，信託の公示に関する規定がやや硬直的であるとの実務からの不満に対し，信託財産を固有財産と分別管

20　（分別管理義務）〔抄〕
　　第34条①　受託者は，信託財産に属する財産と固有財産及び他の信託の信託財産に属する財産とを，次の各号に掲げる財産の区分に応じ，当該各号に定める方法により，分別して管理しなければならない。ただし，分別して管理する方法について，信託行為に別段の定めがあるときは，その定めるところによる。
　　②　前項ただし書の規定にかかわらず，同項第1号に掲げる財産について第14条の信託の登記又は登録をする義務は，これを免除することができない。

理することによって公示の代用とする考え方が，一部立法化されたことがあった[21]。もっとも，この立法は，理論的な議論が不十分なまま成立してしまい，実務上も，受益者等による監督権限が適切に行使されるべき基盤を有していなかったため，現在では省みられなくなっているが，信託財産の分別管理が多様な側面を有することを明確にした点では，理論的な評価に値する部分もないわけではないため，信託の公示について解説する際，改めて議論することとしたい（第4章第6節）。

(6) 共同受託者の義務

信託財産が複数の受託者によって管理処分されている場合，すなわち，共同受託されている場合における共同受託者の義務は，理論的には比較的明快である。旧法の下では，共同受託者は全員一致で行動することが原則であり[22]，その結果としての責任についても，全員の連帯責任となるものとされていた[23]。これに対して，現行法は，共同受託者の行動基準として，多数決原理を導入すると共に，信託行為による個々の受託者に対する具体的な職務分掌の可能性をも明文で認めた[24]。この結果，現行法の下では，共同受託者の責任のあり方については，過半数をもって全受託者としての決定がなされた場合のほか，個別の職務分掌が信託行為により規定されていた場合について，個々の受託者の個別の行動を連帯責任の範囲に関して加味する必要が生じたため，受託者が固有財産をもって負うべき責任と信託財産のみをもって支弁すれば足りる責任とが生ずるなど，やや複雑な責任関係が法律上規定されるに到っている[25]。もっとも，実務上は，旧法の下でも現行法の下でも，

---

21 平成10年改正信託業法第10条〔抄〕① 信託会社ガ信託財産トシテ所有スル有価証券ニ付テハ信託ハ信託法第3条第2項ノ規定ニ拘ラズ固有財産トシテ所有スル有価証券ト分別シテ之ヲ管理シタルトキハ之ヲ以テ第三者ニ対抗スルコトヲ得
22 旧法第24条① 受託者数人アルトキハ信託財産ハ其ノ合有トス
② 前項ノ場合ニ於テ信託行為ニ別段ノ定アル場合ヲ除クノ外信託事務ノ処理ハ受託者共同シテ之ヲ為スコトヲ要ス但シ其ノ1人ニ対シテ為シタル意思表示ハ他ノ受託者ニ対シテモ其ノ効力ヲ生ズ
23 旧法第25条 受託者数人アルトキハ信託行為ニ因リ受益者ニ対シテ負担スル債務ハ之ヲ連帯トス信託事務ノ処理ニ付負担スル債務亦同シ

複数の受託者が完全に一致して信託財産の管理処分に当たることは，少なくとも利益追求目的の信託関係では稀であり，事実上，各受託者による個別の職務分掌が相当細かく行われ，信託財産の種類によっては，一定期間ごとに職務分掌の範囲について見直しが行われることもあったわけであるから，現行法が共同受託者の義務や責任について，旧法のような全員一致の原則を採らず，過半数ないしは個別の職務分掌の可能性を念頭において規定を設けたこと自体は，実務上の妥当性を有するものである。

　しかしながら，共同受託者に関して前述したとおり（第3章第1節），現行法の下においても，複数の受託者によって管理処分されている具体的な信託関係が，果たして信託法上の「共同受託」に該当するかについては，不明確な部分が少なからずある。実際，上述した現行法における共同受託者の義務や責任の規定が適用されるのは，当該信託関係が信託法上の「共同受託」に該当すると解釈された場合のことであるため，他の解釈がなされる可能性も，実務としては同時に考慮しておく必要があるであろう。

　例えば，当該信託関係における「受託者」相互間の関係が，信託法上の「受託者」と「受託者から委託を受けた具体的な財産管理者」との関係に該当すると解釈された場合については，当該信託関係における受託者は1人しかおらず，したがって共同受託者に関する規定の適用はない。この場合は，当該信託関係は受託者が受益者との関係で全ての義務と責任とを原則として引き受けており，信託行為における職務分掌や責任配分のあり方によっては，具体的な財産の管理者に対して，受益者が直接責任を追及することが可能な場合もある，と解釈されることとなる。また，この場合における信託財産は，

24　（信託事務の処理の方法）〔抄〕

　　第80条① 　受託者が2人以上ある信託においては，信託事務の処理については，受託者の過半数をもって決する。

　　②　前項の規定にかかわらず，保存行為については，各受託者が単独で決することができる。

　　③　前2項の規定により信託事務の処理について決定がされた場合には，各受託者は，当該決定に基づいて信託事務を執行することができる。

　　④　前3項の規定にかかわらず，信託行為に受託者の職務の分掌に関する定めがある場合には，各受託者は，その定めに従い，信託事務の処理について決し，これを執行する。

実務上個々の管理者に分離して管理処分されていたとしても，理論上は全て一体的に管理処分されているわけであるから，受益者が情報開示を請求することができる財産の範囲は，信託財産全体に及ぶこととなる。

　他方，当該信託関係において，一部の信託財産について再信託が行われ，その結果として，複数存在する「受託者」相互間の関係が，「原信託関係の受託者」と「再信託関係の受託者」であると解釈された場合には，受託者の義務と責任関係のあり方は，さらに複雑となってくる。例えば，この場合における「受益者」は，厳密には「原信託関係の受益者」であり，「再信託関係の受益者」ではない。「再信託関係の受益者」は，「原信託関係の信託財産」ないしはその管理者としての「原信託関係の受託者」である。したがっ

25　（信託事務の処理に係る債務の負担関係）
　　第83条①　受託者が2人以上ある信託において，信託事務を処理するに当たって各受託者が第三者に対し債務を負担した場合には，各受託者は，連帯債務者とする。
　　②　前項の規定にかかわらず，信託行為に受託者の職務の分掌に関する定めがある場合において，ある受託者がその定めに従い信託事務を処理するに当たって第三者に対し債務を負担したときは，他の受託者は，信託財産に属する財産のみをもってこれを履行する責任を負う。ただし，当該第三者が，その債務の負担の原因である行為の当時，当該行為が信託事務の処理としてされたこと及び受託者が2人以上ある信託であることを知っていた場合であって，信託行為に受託者の職務の分掌に関する定めがあることを知らず，かつ，知らなかったことにつき過失がなかったときは，当該他の受託者は，これをもって当該第三者に対抗することができない。
　　（受託者の責任等の特例）
　　第85条①　受託者が2人以上ある信託において，2人以上の受託者がその任務に違反する行為をしたことにより第40条の規定による責任を負う場合には，当該行為をした各受託者は，連帯債務者とする。
　　②　受託者が2人以上ある信託における第40条第1項及び第41条の規定の適用については，これらの規定中「受益者」とあるのは，「受益者又は他の受託者」とする。
　　③　受託者が2人以上ある信託において第42条の規定により第40条又は第41条の規定による責任が免除されたときは，他の受託者は，これらの規定によれば当該責任を負うべき者に対し，当該責任の追及に係る請求をすることができない。ただし，信託行為に別段の定めがあるときは，その定めるところによる。
　　④　受託者が2人以上ある信託における第44条の規定の適用については，同条第1項中「受益者」とあるのは「受益者又は他の受託者」と，同条第2項中「当該受益者」とあるのは「当該受益者又は他の受託者」とする。

て、「原信託関係の受益者」は、「再信託関係の受託者」と直接の法律関係に立っておらず、「再信託関係の受託者」に対して、監督権限を行使することはできない。「再信託関係の受託者」が監督権限の行使を受けるべき相手方は、「再信託関係の受益者」すなわち「原信託関係における信託財産」ないしはその管理者としての「原信託関係の受託者」だからである。ただし、「原信託関係の受益者」は、再信託関係の設定態様や、再信託関係に対する監督権限の行使のあり方に関して、「原信託関係の受託者」に管理処分の不備があった場合には、「原信託関係の受託者」に対する責任を追及することが可能である。また、情報開示に関しても、「原信託関係の受益者」が受益権を有しているのは、「原信託関係における信託財産」であり、「再信託関係における信託財産」ではない。したがって、「再信託関係における信託財産に関する情報」について、「再信託関係の受託者」に開示を求めることはできず、ただ、「原信託関係の受託者」に対し、再信託関係からの利益享受の結果として原信託関係に生じた利益や損失の内容を、「原信託関係における信託財産に関する情報」として開示するよう求めることができるのみである。

このように、共同受託者の義務や責任についても、信託法における他の多くの局面と同様、現実の信託関係の目的と構成が多様である以上、具体的な信託行為の解釈に問題解決の大部分が委ねられざるを得ない状況にある。したがって、現行法の規定に理論上の問題点があるか否かに関わらず、実務上生じた紛争の解決については、相当複雑な考慮が必要となることは、避けられないものと思われる。

(7) 受託者の義務違反の効果

受託者が、信託法や信託行為で定められた義務に違反した行為の効果については、いくつかの局面で理論上および実務上の問題が考えられる。

第1に、当該違反行為の有効性に関して、当該違反行為が無効とされるか、あるいは受益者によって取り消すことができるものとされるか、という問題がある。これは、信託法の規定により確定した解決がなされうるが、信託の基本構造に関する考え方によって、原則的な解釈に差異が生ずる。すなわち、受託者が信託財産の所有者であるとの考え方の下では、受託者は信託財産の

完全権者である以上，信託関係上の義務違反行為は，受託者の負っている債務の不履行に過ぎず，明文の規定がない限り，当該行為は原則として有効となる。これに対して，受益者が信託財産の実質所有者であるとの考え方や，信託財産が信託関係当事者から独立した財産であるとの考え方の下では，受託者は信託財産の管理処分のために必要な行為を行う権限しか有していない以上，受託者の義務に違反した行為については，与えられた権限に外れた行為として，原則として無効となる。

　もっとも，これらの議論はあくまで理論上の原則論であり，義務違反行為に関して第三者の利益が及んでいる場合や，義務違反行為の結果として受益者ないし信託財産に現実的な利益が生じたような場合については，当該行為を無効とすることが受益者ないし信託財産の利益となるとは限らないため，実務上の解決としての妥当性については，かなり複雑な考慮が必要となる。実際，現行法における義務違反行為の効果についての規定を見ても，例えば，忠実義務違反に関するものとして，利益相反行為については，原則として無効とされるものの，受益者の追認により遡及的に有効となるとされていたり[26]，受託者ないし第三者の利益を図った行為については，受益者が自己のための行為とみなすことができるとされている等[27]，義務違反行為が単純に無効とのみ規定されているわけではない。このように，受託者の義務違反行為の効果のうち，当該違反行為の有効性に関する議論については，事実上，当該義務違反行為の具体的結果をも加味しながら利害調整が行われる側面があり，理論上の原則がそのままでは適用されない結果となっている点に注意しておく必要がある。

　第2に，義務違反の結果として，信託財産や受益者に損害が生じ，あるい

26　（利益相反行為の制限）〔抄〕
　　第31条④　第1項及び第2項の規定に違反して第1項第1号又は第2号に掲げる行為がされた場合には，これらの行為は，無効とする。
　　⑤　前項の行為は，受益者の追認により，当該行為の時にさかのぼってその効力を生ずる。
27　第32条〔抄〕④　第1項及び第2項の規定に違反して受託者が第1項に規定する行為をした場合には，受益者は，当該行為は信託財産のためにされたものとみなすことができる。ただし，第三者の権利を害することはできない。

は信託財産の全部または一部について欠損が生じた場合における，損害の回復や財産の復旧のあり方が問題となる。これは，民法上の原則である金銭賠償主義（民法417条・722条2項）の例外を，信託法が明文の規定をもってどこまで規定しているか，という問題である。

民法が，損害に対して原則として金銭賠償を定めている趣旨は，責任追及の手続を簡素化することの有用性と，現代の経済社会における金銭の極度の通有性とが基盤となっていると考えられる。信託関係も，法律関係の一種である以上，この原則論の適用を当然受けるわけであり，したがって，受託者の義務違反行為の結果，信託財産ないし受益者に対して損害が生じた場合や，信託財産の全部または一部に欠損が生じた場合には，当該損害ないし欠損を金銭で評価し，受託者に損害賠償をさせることが原則となるはずである。

しかしながら，信託関係について，その成立の最も重要な基盤となっているものは，信託関係当事者の個人的利益よりも，むしろ，定められた信託目的の達成にあると考えられる。したがって，信託関係が経済的利益の追求を目的としている場合には，損害や欠損を全て金銭で評価することと信託目的の達成とは矛盾しないわけであるが，信託目的のうち多くのものについては，特定の財産それ自体の存在が目的達成のために必要であり，当該財産について欠損が生ずることは，信託目的の不達成として信託関係が終了することを意味している。そうすると，いったん成立した信託関係については，可能な限り当該関係を存続させることが望ましい，との観点に立つ場合には，特に信託財産の欠損が生じた場合において，受託者に対して金銭賠償をさせることよりも，むしろ欠損した財産の復旧を求めることの方が，信託目的達成のために，より合理的なことは明らかである。また，信託財産が欠損し，信託目的の達成が不可能となりかねない事態が現実に生ずる前に，受託者の義務違反行為を差し止めることが可能であれば，かかる手段も信託関係の存続，すなわち信託目的の達成にとって有用であることは疑いない。

信託法は，旧法の下でも，現行法の下でも，受託者の義務違反によって信託財産に欠損が生じ，信託財産の内容が変更する事態が生じた場合には，受託者に対して原状回復請求ができる旨を明文で規定している[28]。また，受託者の義務違反行為が行われる恐れがある場合における差止請求について，旧法では規定が置かれていなかったが，現行法は受益者の権利として明定して

いる[29]。これらの規定の存在は、受託者の義務違反に対する回復について、単なる経済的な損失の塡補に留まらず、信託目的達成のために信託関係を存続させることが、信託法の基本的な観点であることを意味していると考えて差し支えない。したがって、信託法上、これらの手段は「受益者の権利」として構成されているが、受益者の個人的利益のために行使されるべきものでは本来ないという点も、改めて確認しておく必要があるであろう。

第3節　受益者の権利

(1) 受益者の権利の性格

受益者は、信託財産の管理処分によって得られる利益を享受する権利を有しており、この権利は「受益権」と呼ばれる。信託の基本構造に関する理論構成は、この受益権の法的性格をどのように捉えるべきかを中心に議論され

28　旧法第27条　受託者カ管理ノ失当ニ因リテ信託財産ニ損失ヲ生セシメタルトキ又ハ信託ノ本旨ニ反シテ信託財産ヲ処分シタルトキハ委託者、其ノ相続人、受益者及他ノ受託者ハ其ノ受託者ニ対シ損失ノ塡補又ハ信託財産ノ復旧ヲ請求スルコトヲ得
（受託者の損失てん補責任等）〔抄〕

第40条①　受託者がその任務を怠ったことによって次の各号に掲げる場合に該当するに至ったときは、受益者は、当該受託者に対し、当該各号に定める措置を請求することができる。ただし、第2号に定める措置にあっては、原状の回復が著しく困難であるとき、原状の回復をするのに過分の費用を要するとき、その他受託者に原状の回復をさせることを不適当とする特別の事情があるときは、この限りでない。
一　信託財産に損失が生じた場合　当該損失のてん補
二　信託財産に変更が生じた場合　原状の回復

29　(受益者による受託者の行為の差止め)
第44条①　受益者が法令若しくは信託行為の定めに違反する行為をし、又はこれらの行為をするおそれがある場合において、当該行為によって信託財産に著しい損害が生ずるおそれがあるときは、受益者は、当該受託者に対し、当該行為をやめることを請求することができる。
②　受託者が第33条の規定に違反する行為をし、又はこれをするおそれがある場合において、当該行為によって一部の受益者に著しい損害が生ずるおそれがあるときは、当該受益者は、当該受託者に対し、当該行為をやめることを請求することができる。

てきたものであり，したがって，受益権の基本的な性格は，信託の基本構造に関する考え方の違いによって，大きく異なるものとなる。

すなわち，受託者が信託財産の所有者であるとの考え方の下では，受益者は，信託財産の所有者ではなく，信託財産から利益を享受するために，受託者が信託目的に従った管理処分を行うよう要求する債権を，受託者に対して有していることとなる。したがって，この考え方は「債権説」と呼ばれることが通常である。債権説の下では，受益権は，受託者に対する債権であり，受益権の成立する根拠は，受託者が委託者ないし受益者との間で当該債務を負うとの合意をしたことによるものと考えられる。債権説は，旧法が明確に採用していた考え方であり，受託者が信託財産の名義を有し，第三者との関係で財産の所有者としての権限の多くを行使するとの外形とも合致することから，現在でも一定の支持を受けている。

次に，受益者が信託財産の実質所有者であるとの考え方の下では，受益者が信託財産に関して有する受益権は，信託財産の実質所有権にほかならない。したがって，この考え方は，受益権が物権であることから，「物権説」と呼ばれることが多いが，受益権の性格をより明確に示すためには，「受益者実質所有権説」と呼ぶ方が妥当である。受益者実質所有権説の下では，受益権こそが信託財産の全ての権利を集約した存在であり，その成立の根拠は，信託関係の存在それ自体であるから，実質上は，信託関係の成立に関する契約その他の法律関係ということになる。受益者実質所有権説は，信託財産の管理処分によって生じた利益を受益者が享受すべきことを端的に現す理論構成であり，受託者に対して受益者が監督権限を行使できることについても，信託財産の実質所有権という明快な根拠を提示できることから，旧法下においても，また，現行法の下においても，相当の支持を受けている。

これに対して，信託財産が信託関係当事者から独立した存在であるとの考え方の下では，信託財産が信託関係当事者の誰かに所有物として帰属するものでない以上，受益権は信託財産の所有権ではなく，信託財産から利益を享受することを要求する権利である，ということになる。しかしながら他方，債権説と異なり，この考え方の下では，受託者も信託財産の所有者ではないから，受益権が信託財産からの利益享受を要求する相手方は，受託者ではなく，実質的に独立した財産である信託財産それ自体，と考えることとなる。

したがって，この考え方は，受益権の性格というよりも，むしろ信託財産の実質的な独立性，特に信託関係当事者の誰にも帰属していないという点での実質的な法主体性を中心として構成されており，「信託財産実質法主体性説」と呼ばれている。信託財産実質法主体性説の下では，信託財産には一般の財産のような「所有権」が存在せず，受益権をはじめとする信託関係当事者の権利や義務が信託行為によって設定されていると考えるから，受益権の成立根拠は，信託関係の成立根拠と同一であり，具体的には，信託行為に基づくものと考えることとなる。信託財産実質法主体性説は，特に旧法下においては，条文の規定と明確に異なる定義や解釈を主張することが多かったほか，所有権に関する民法の一般原則との関係においても，例えば信託財産に所有権が存在しない等，かなり特徴のある考え方を前提とするものであったため，理解が困難であるとの批判を少なからず受けていたが，信託財産が特定の信託関係当事者の所有物でなく，実質的に独立している存在である，との考え方自体は，信託財産の管理処分における実務の基本的感覚に合致していることから，実務の中では根強い支持を受けている。

　これまで種々の局面で指摘してきたとおり，現行信託法は，信託の基本構造に関する全ての考え方に共通する部分を信託の定義として抽出しているほか，信託関係上の権利義務関係が問題となる各局面においても，特定の信託法理論を基盤として制定されているわけではない。したがって，債権説を明確に基盤としていた旧法下と異なり，現行法の下においては，受益権の性格に関してどのような考え方に立ったとしても，信託法の条文との関係では理論的な不整合が生じなくなっている。また，現在の実務における信託関係には，正に信託関係当事者の意思と必要性とに応じたあらゆる種類の信託関係が存在しており，個々の信託関係における信託目的によって，最も適合する受益権の性格は，必然的に異なってくるものである。このような状況からすれば，むしろ，多種多様な性格の受益権が，同時に存在している方が，多種多様に及ぶ信託目的を達成することがより容易となり，その分，受益権の性格に関する解釈は，実務上常に必要となるはずである。

　要するに，現行法は，受益権の性格に関して無色中立の立場にあるが，このことにより受益権の性格に関する議論が意味を失うことはありえず，むしろ，多様な受益権が併存することにより，受益権の性格に関する議論は，理

論的にも実務的にも，より重要性を増すものと考えるべきである。

(2) 受益者の権利の成立

　受益権は，前述のとおりその性格については多様であるものの，信託関係が成立することによって，理論上当然に成立するものである。信託関係の成立と受益権の成立との相互関係についての説明としては，債権説の下では，受託者による信託関係の引受けが，受益者に対する債務，すなわち受益権を成立させるものとなる。また，受益者実質所有権説や信託財産実質法主体性説の下では，信託関係の成立それ自体によって，信託財産に関する所有関係の構造全体が変容し，信託財産の実質所有権あるいは信託財産に対して利益享受を要求する権利としての受益権を成立させる，と考えることとなる。

　なお，現行法では，委託者の意思により，信託行為において受益者の定めのない信託関係を成立させることが可能となっているが，このような信託関係については，そもそも成立期間に制限が設けられているほか，遺言によって成立させる場合には信託管理人を定める必要があり，契約によって成立させる場合には委託者の権利を信託行為により制限することが原則としてできない[30]。したがって，現行法における受益者の定めのない信託関係は，実務上，信託財産の管理処分に基づく利益を権利として享受することができる者が，信託関係成立後当分の間存在しない，というだけであり，信託財産の管理処分に対する監督権限は，信託管理人ないし委託者という，受益者以外の者によって事実上代行される構造となっているということができる。したがって，現行法の下でも，信託関係の成立と共に受益権が直ちに行使できることが，理論上の原則となっていると考えて差し支えない。

　もっとも，信託の成立に関して説明したとおり，信託関係の成立時点では，受益者が特定，現存している必要はなく，具体的な受益者の有する具体的な受益権の行使が可能となるのは，具体的な受益者が特定し，ないしは選任され，当該受益者に具体的な受益権が帰属した時からである。すなわち，受益者の候補者であって，未だ受益者として選任されていない者や，受益者となるべき要件を何らかの事情により充たしていない者については，近い将来において受益権を取得することが確実に予測できる場合であっても，受益者と

しての地位を現実に取得するまでは，受益権を取得していない以上，これを行使することはできないと言うべきである（第3章第2節(3)参照）。

なお，この場合，近い将来取得すべき受益権によって享受することが期待できる利益を事前に保全することができるかについては，受益権が取得されることの確実性との関係で，議論が紛れる可能性がないではないが，ある法律上の地位に連動した権利の取得と行使に関する期待権一般との均衡から考えると，受益権により享受することが期待できる利益を受益者としての地位を取得する前に保全することは，原則としてできないと考えざるを得ないであろう。ただし，受託者または第三者が，近い将来において受益者となることが確実に期待できる者に対し，その将来における利益享受を害することを目的として，将来行使されるべき受益権により享受される利益を毀損したよ

30　（受益者の定めのない信託の要件）
　　第258条①　受益者の定め（受益者を定める方法の定めを含む。以下同じ。）のない信託は，第3条第1号又は第2号に掲げる方法によってすることができる。
　　②　受益者の定めのない信託においては，信託の変更によって受益者の定めを設けることはできない。
　　③　受益者の定めのある信託においては，信託の変更によって受益者の定めを廃止することはできない。
　　④　第3条第2号に掲げる方法によって受益者の定めのない信託をするときは，信託管理人を指定する定めを設けなければならない。この場合においては，信託管理人の権限のうち第145条第2項各号（第6号を除く。）に掲げるものを行使する権限を制限する定めを設けることはできない。
　　⑤　第3条第2号に掲げる方法によってされた受益者の定めのない信託において信託管理人を指定する定めがない場合において，遺言執行者の定めがあるときは，当該遺言執行者は，信託管理人を選任しなければならない。この場合において，当該遺言執行者が信託管理人を選任したときは，当該信託管理人について信託行為に前項前段の定めが設けられたものとみなす。
　　⑥　第3条第2号に掲げる方法によってされた受益者の定めのない信託において信託管理人を指定する定めがない場合において，遺言執行者の定めがないとき，又は遺言執行者となるべき者として指定された者が信託管理人の選任をせず，若しくはこれをすることができないときは，裁判所は，利害関係人の申立てにより，信託管理人を選任することができる。この場合において，信託管理人の選任の裁判があったときは，当該信託管理人について信託行為に第4項前段の定めが設けられたものとみなす。

うな場合には，仮に当該行為の時点で受益者としての地位が取得されていなかったとしても，不法行為に基づく損害賠償が認められる可能性を議論する価値と必要性とは，十分あるように思われる。

　現行法は，信託関係が成立し，あるいは信託行為によって定められた要件が充たされることにより，ある者が受益者としての地位を取得した場合には，特にその者による明示の意思を要することなく，当然に受益権が成立する旨を規定しており[31]，受託者は，受益権が成立した時点から，受益者に対する信託関係上の義務と責任とを負うこととなる。しかしながら，ある者が受益者としての地位を取得したとの事実を，その瞬間に受託者が知らないことは当然生じうるため，受託者が受益者の存在，したがって受益権の存在を知らずに行った信託財産の管理処分が，結果として当該受益者の利益を害した場合であっても，当該受託者の責任は，相応に限定されるべきである。なお，このような，受託者が受益者や受益権の存在を把握できなくなることにより，信託財産の管理処分に事実上の支障が生ずる恐れは，受益者となるべき者が信託行為で明示されておらず，受益者を指定する権限のみが規定されていた

---

　⑦　第123条第6項から第8項までの規定は，前項の申立てについての裁判について準用する。

　⑧　第3条第2号に掲げる方法によってされた受益者の定めのない信託において，信託管理人が欠けた場合であって，信託管理人が就任しない状態が1年間継続したときは，当該信託は，終了する。

（受益者の定めのない信託の存続期間）
第259条　受益者の定めのない信託の存続期間は，20年を超えることができない。
（受益者の定めのない信託における委託者の権利）
第260条①　第3条第1号に掲げる方法によってされた受益者の定めのない信託においては，委託者（委託者が2人以上ある場合にあっては，そのすべての委託者）が第145条第2項各号（第6号を除く。）に掲げる権利を有する旨及び受託者が同条第4項各号に掲げる義務を負う旨の定めが設けられたものとみなす。この場合においては，信託の変更によってこれを変更することはできない。

　②　第3条第2号に掲げる方法によってされた受益者の定めのない信託であって，第258条第5項後段又は第6項後段の規定により同条第4項前段の定めが設けられたものとみなされるものにおいては，信託の変更によって信託管理人の権限のうち第145条第2項各号（第6号を除く。）に掲げるものを行使する権限を制限することはできない。

場合に特に生じ易いものであるため，現行法は，受益者の指定に関する手続等について，受託者に必要な情報が事実上集約されるべき旨の規定を設け，無用な紛争の発生を防止している[32]。

信託関係の成立によって受益権が当然に発生することと，受益権の具体的な内容がどのようなものかとは，理論的には関係がない。個々の受益権の具体的な内容は，個々の信託目的との関係によって定められるものであり，当該信託関係の成立により常に同一の内容の権利が受益者に帰属するわけではないからである。したがって，受益権の具体的な内容については，信託目的との関係が考慮されつつ，信託行為によって自由に定められることが原則である。なお，現行法は，受益者の権利のうち一部のものについて，信託行為による制限等ができない旨を規定しているが[33]，ここで規定されているもののほとんどは，受益者による信託財産の管理処分に対する監督権限であるため，この後において再度説明する。

(3) 受益者の監督権限

受益者の権利には，大きく分けて2つの性格がある。1つは，信託財産から利益を享受する具体的な権利であり，当該権利が，原則として受益者個人に帰属する，受益者自身の財産であることは疑いない。もう1つは，受託者の行う信託財産の管理処分に対して監督を行う権利であるが，この部分については，そもそも受益者の「権利」というよりも「権限」に属するものであり，かつ，この監督権限の究極の目的は，受益者が自己の個人的利益として

---

31 （受益権の取得）

　第88条① 信託行為の定めにより受益者となるべき者として指定された者（次条第1項に規定する受益者指定権等の行使により受益者又は変更後の受益者として指定された者を含む。）は，当然に受益権を取得する。ただし，信託行為に別段の定めがあるときは，その定めるところによる。

　② 受託者は，前項に規定する受益者となるべき者として指定された者が同項の規定により受益権を取得したことを知らないときは，その者に対し，遅滞なく，その旨を通知しなければならない。ただし，信託行為に別段の定めがあるときは，その定めるところによる。

第3節　受益者の権利

の受益権を享受することに密接な関係を有しているものの，制度の本来の趣旨からすれば，信託目的に従った信託財産の管理処分を受託者に対して行わせるために，信託法が受益者に対して与えている法律上の手段と考えることができる。しかも，旧法の下では，受益者のほか，委託者も受託者に対する監督権限を保持することが原則であったから，委託者の監督権限と比べて，受益者の監督権限については，当該受益者個人の利益のために行使されるものと考える余地が，理論的にもありえたわけであるが，現行法は，後に第4節で委託者に関して検討するとおり，信託関係が成立した後においては，委託者を信託関係当事者から事実上切り離し，委託者の監督権限を大幅に制限することを法律上前面に出している。このため，旧法の下において委託者が事実上担っていた信託目的の達成のためにする受託者に対する監督権限の行

32　（受益者指定権等）

　第89条①　受益者を指定し，又はこれを変更する権利（以下この条において「受益者指定権等」という。）を有する者の定めのある信託においては，受益者指定権等は，受託者に対する意思表示によって行使する。

　②　前項の規定にかかわらず，受益者指定権等は，遺言によって行使することができる。

　③　前項の規定により遺言によって受益者指定権等が行使された場合において，受託者がこれを知らないときは，これにより受益者となったことをもって当該受託者に対抗することができない。

　④　受託者は，受益者を変更する権利が行使されたことにより受益者であった者がその受益権を失ったときは，その者に対し，遅滞なく，その旨を通知しなければならない。ただし，信託行為に別段の定めがあるときは，その定めるところによる。

　⑤　受益者指定権等は，相続によって承継されない。ただし，信託行為に別段の定めがあるときは，その定めるところによる。

　⑥　受益者指定権等を有する者が受託者である場合における第1項の規定の適用については，同項中「受託者」とあるのは，「受益者となるべき者」とする。

33　（信託行為の定めによる受益者の権利行使の制限の禁止）

　第92条　受益者による次に掲げる権利の行使は，信託行為の定めにより制限することができない。

　一　この法律の規定による裁判所に対する申立権
　二　第5条第1項の規定による催告権
　三　第23条第5項又は第6項の規定による異議を主張する権利
　四　第24条第1項の規定による支払の請求権

使についても，受益者が原則としてこれを担わなければならない。

　したがって，現行法の下における受益者の受託者に対する監督権限については，受益者が，専ら自己の個人的利益を図ることを目的として監督権限を行使することが，果たして許されるべきか，あるいは，受益者は他の受益者ないし信託目的達成のために，この監督権限を適切に行使すべき，事実上の「義務」を負っていると考えるべきか，さらに，受益者が監督権限を適切に行使しなかった結果，信託財産の目的達成が不可能ないしは困難となったり，他の受益者ないし第三者に損害を与える結果となった場合には，当該受益者は他の受益者ないし第三者に対して，受託者と共にあるいは受託者と別に，損害を賠償すべき責任が生ずると考えるべきかが，旧法の下では事実上存在しなかった新たな問題として，解釈が必要となってくる。

　　五　第27条第1項又は第2項（これらの規定を第75条第4項において準用する場合を含む。）の規定による取消権
　　六　第31条第6項又は第7項の規定による取消権
　　七　第36条の規定による報告を求める権利
　　八　第38条第1項又は第6項の規定による閲覧又は謄写の請求権
　　九　第40条の規定による損失のてん補又は原状の回復の請求権
　　十　第41条の規定による損失のてん補又は原状の回復の請求権
　十一　第44条の規定による差止めの請求権
　十二　第45条第1項の規定による支払の請求権
　十三　第59条第5項の規定による差止めの請求権
　十四　第60条第3項又は第5項の規定による差止めの請求権
　十五　第61条第1項の規定による支払の請求権
　十六　第62条第2項の規定による催告権
　十七　第99条第1項の規定による受益権を放棄する権利
　十八　第103条第1項又は第2項の規定による受益権取得請求権
　十九　第131条第2項の規定による催告権
　二十　第138条第2項の規定による催告権
　二十一　第187条第1項の規定による交付又は提供の請求権
　二十二　第190条第2項の規定による閲覧又は謄写の請求権
　二十三　第198条第1項の規定による記載又は記録の請求権
　二十四　第226条第1項の規定による金銭のてん補又は支払の請求権
　二十五　第228条第1項の規定による金銭のてん補又は支払の請求権
　二十六　第254条第1項の規定による損失のてん補の請求権

第3節　受益者の権利

　現行法の文言に忠実に考えていこうとすると，受益者の監督権限は，受託者の「義務」に対する受益者の「権利」として各々規定されている。したがって，「権利」に関する基本的な原則論から考える限り，権利者は，自己の有する「権利」を自己の利益のためにのみ行使することができ，かつ，自己の判断に基づいて，当該「権利」を行使しないこともできるはずである。また，権利者に自己の「権利」を行使すべき「義務」があるか否かについては，当該「権利」の存在のみでは，かかる「権利」を行使すべき「義務」の存在を導くことはできず，当該「義務」の存在を根拠づける別の理論ないし法理の存在が必要となる。さらに，権利者に「権利」を行使すべき「義務」が存在しない限り，「義務」のない事柄について「責任」は生じないことが原則である。以上のことからすると，受益者は，専ら自己の利益のためにのみ受託者に対する監督権限を行使することが許されるはずであり，かつ，受益者の監督権限が受益者の「権利」である以上，当該権限の行使は受益者の「義務」ではなく，したがって，受益者が監督権限を適切に行使しなかった結果として他の受益者ないし第三者に損害が生じたとしても，当該受益者には損害賠償責任は生じないはずである。

　しかしながら，上記の議論は，あくまで，受益者が受託者に対して「権利」を有しているとの条文の文言を出発点とするものであり，かつ，信託関係が，専ら各受益者の個人的利益を図るために存在することを前提とするものである。また，この議論でいう「受益者の利益」とは，信託財産の管理処分によって得られ，信託行為により受益者に享受されるべき具体的利益にほかならないから，この議論では，信託関係における受益者の権利のうち，信託財産の管理処分によって得られた利益を享受する部分が受益権の中心となり，受益者の監督権限は，信託財産から具体的な利益享受を行うための補助的な手段である，との考え方が前提とされているということができる。

　ところが，このように考えていこうとすると，現行法が，受益権のうち，監督権限の部分については，信託行為により制限等を行うことを禁止していることについて，どのように説明を行うべきかが，逆に問題となってくる。すなわち，前述のとおり，受益権のうち，信託財産からどのような内容の利益を享受すべきかという部分については，信託目的との関係を考慮しつつ，信託行為により自由に設定できることが原則であるから，そのための補助的

手段に過ぎない監督権限についても，受益者の利益享受の具体的内容との関係で，自由に内容が合意できることとなるはずである。しかしながら，受益権のうち本体的な利益享受の部分に関して信託関係当事者間の自由な合意が認められるにもかかわらず，そのための補助的手段としての部分に過ぎないはずの受託者に対する監督権限が，信託行為により自由に内容を合意することが制限されている現行法の規定に対する合理的な説明としては，受益者の監督権限が，信託関係当事者間の合意によって変更することの許されない，別の利益を擁護しているためと考えるほかない。このように，信託関係はあくまで受益者の個人的利益を図るために存在すべきものであり，受益者の個人的利益については受益者が自由に合意できるとの前提に立つ，受益者の監督権限が受益者の利益享受のための補助的手段であるとの議論は，現行法の規定との関係で，説明困難となってしまうわけである。

　以上に対して，信託関係の存在意義は，信託目的により目的拘束を受けた信託財産の管理処分を行うことにある，という本書の議論の前提の下では，受益者の監督権限に対して，合理的に説明を加えることが可能である。すなわち，受益者の監督権限は，受益権による具体的な利益享受を行う権利の部分とは理論的な性格が大きく異なり，受託者が信託財産の管理処分を信託目的に従って適正に行うことを要求するための具体的手段，すなわち，受益者個人の利益のためでなく，信託目的の達成を図るための手段であるということができる。そして，前述のとおり，現行法では，旧法と異なり，信託財産から利益を享受することなく受託者に対する監督権限を保持していた委託者という存在が，極めて希薄になっている以上，信託目的の達成のために受託者に対して監督権限を行使することを現行法が期待している者は，受益者以外にはありえないわけである。

　したがって，受益者は自己の利益を図るための「権利」の行使としてではなく，事実上，信託目的達成のための一種の「義務」として監督権限を適切に行使する必要がある。そして，この観点からすれば，受益者が適切な監督権限を行使しなかった結果，信託目的の達成が不可能ないし困難となった場合には，当該受益者はかかる権限を適切に行使すべき「義務」を怠ったものとして，その「責任」を負うべきであり，他の受益者や信託財産，あるいは第三者に損害が生じている場合には，その損害を賠償すべき責任が生ずるも

のと考えられる。以上のように考えれば、受益権のうち、受益者個人の利益を図ることを目的とする信託財産からの利益享受の部分については、受益者個人の財産として自由に合意することができるのに対し、受託者に対する監督権限の部分については、受益者個人の利益を図るためでなく、信託目的達成のために受益者が一種の「義務」として権限を保持している以上、かかる「義務」を信託行為により変更できないことは当然であるから、現行法の規定の趣旨についても、明快な説明を行うことが可能となる。また、受益者が複数ある場合における監督権限の行使態様等、受益者の個人的利益の集積としては説明が困難である部分についても、合理的な解決基準を導くことが可能となると考えられる。

(4) 受益者の権利の譲渡

　受益権は、受益者個人に帰属する財産であり、信託目的や信託行為により禁止または制限されているのでない限り、自由に譲渡できるのが原則である。なお、受益権の内容のうち、受託者に対する監督権限については、受益者個人の利益を図るためというよりも、むしろ信託目的達成のための事実上の「義務」として行使すべきことは、既に議論したとおりであるが、受託者に対する監督権限の性格と、受益権の帰属や譲渡性とは別の次元の問題であるから、信託行為に特に規定がない限り、受益権が譲渡された場合には、信託財産から利益を具体的に享受する部分のみならず、受託者に対する監督権限も併せて譲受人に移転し、受益権の譲渡人は、受益権に関する権利や権限を全て失い、当該信託関係から離脱すると考えるべきである。

　受益権の譲渡の手続については、債権と物権とで民法上の財産譲渡に関する原則や手続が異なることから、信託の基本構造に関する考え方によって基本的な解釈が異なってくる。

　すなわち、債権説や信託財産実質法主体性説のように、受益権が債権の一種であると考えた場合には、受益権の譲渡は債権譲渡の手続に基本的に従うべきであり、譲渡人と譲受人との合意のみで、譲渡自体は有効となる。ただし、この譲渡を債務者および第三者に対抗するためには、民法上の債権譲渡の対抗要件を備えることが必要であり、債務者が受託者であるとの考え方の

下では受託者に対する通知または受託者の承諾，債務者が信託財産であると考えた場合には，信託財産の管理者としての受託者に対する通知または信託財産の管理者としての受託者の承諾が，対抗要件として必要となる。なお，これらの考え方の下では，信託財産と受益権とは完全に別の財産であるから，信託財産について信託関係の登記登録その他の公示を行うべきことと，受益権が誰に帰属しているかについて債務者その他の第三者に対する対抗要件を備えるべきこととは，全く別の問題である。ただし，信託財産の公示としての登記登録等の中で，登記登録に際して添付する信託条項を差し替えることにより，受益者が変更した旨の公示を行うことは，債権としての受益権譲渡の事実と受益権の帰属とを信託関係当事者および第三者に対して明示する効果を併せ有するものであるから，受益権譲渡の対抗要件としての効果を認めて差し支えないと考えられる。

　これに対して，受益者実質所有権説のように，受益権が信託財産の実質所有権，あるいは信託財産に関する物権と考えた場合には，受益権の譲渡は原則として譲渡人の表示する物権移転の意思によって成立する。そして，この考え方の下では，当該財産が信託財産であることの公示と，当該財産に関する実質所有権あるいは物権としての受益権に関する公示とが，事実上一体となって信託関係当事者および第三者に対して明示されることとなるから，受益権譲渡の対抗要件としては，信託財産の公示に関して，受益者の帰属が変更されたことを明示する必要があり，また，そのことをもって足りるものと考えられる。具体的には，譲渡された受益権に関する信託財産が登記登録を要するものである場合には，かかる登記登録において添付されるべき信託条項を差し替え，受益権の帰属が変更されたことを明示することが必要であり，信託財産が登記登録制度を持たない場合には，当該財産を管理する受託者において，実質所有権あるいは物権の存在を把握していること，すなわち，信託財産の管理者としての受託者に対する通知または信託財産の管理者としての受託者の承諾が必要となる。

　旧法の下では，受益権の譲渡について明文の規定が置かれておらず，理論上，受益権が受益者の財産の一種である以上，信託目的等による禁止や制限がない限り，譲渡することは可能であると考えられていたものの，譲渡の具体的手続については，必ずしも厳密な議論が行われていなかった。実際，上

記のとおり，信託の基本構造に関する考え方によって，受益権譲渡の具体的手続や対抗要件は，理論上は相当異なるわけであるが，実務上は，条文が債権説を基盤として制定されていたことに加え，信託財産に関する情報を管理者としての受託者に集中させる必要から，債権譲渡の方法に基本的に依拠しつつ，受益権の譲渡については原則として受託者の承諾を必要とするとの条項が，信託行為において定められることが通常であった。

これに対して，現行法は，受益権が譲渡可能であるとの原則を明文をもって規定し[34]，受益権譲渡の対抗要件については，受託者に対する通知または受託者の承諾を必要とする旨を規定しており[35]，民法上の債権譲渡の方法に基本的に依拠することを明らかにしている。したがって，受託者が受益権の帰属先を知っていることは，受益権譲渡の対抗要件に過ぎない以上[36]，受益権の譲渡それ自体は，受託者の承諾等を必要とすることなく，譲渡人と譲受人との合意により有効に成立するものと考えられる。

なお，現行法は，受益権の質入れの可能性とその効果について具体的な規定を設けているが[37]，受益権が原則として譲渡可能である以上，受益権が譲渡担保の対象となり，受益権の質入れに関する現行法の規定と異なる効果が生ずる可能性についても，考慮しておく必要があるであろう。

34　（受益権の譲渡性）

　　第93条①　受益者は，その有する受益権を譲り渡すことができる。ただし，その性質がこれを許さないときは，この限りでない。

　　②　前項の規定は，信託行為に別段の定めがあるときは，適用しない。ただし，その定めは，善意の第三者に対抗することができない。

35　（受益権の譲渡の対抗要件）

　　第94条①　受益権の譲渡は，譲渡人が受託者に通知をし，又は受託者が承諾をしなければ，受託者その他の第三者に対抗することができない。

　　②　前項の通知及び承諾は，確定日付のある証書によってしなければ，受託者以外の第三者に対抗することができない。

36　（受益権の譲渡における受託者の抗弁）

　　第95条　受託者は，前条第1項の通知又は承諾がされるまでに譲渡人に対し生じた事由をもって譲受人に対抗することができる。

(5) 共同受益者の権利

　受益者が複数存在する場合においても，受益権の基本的な性質については，これまで述べてきたことがそのまま妥当する。すなわち，受益権の基本的な内容は，信託目的との関係で，信託行為により設定される。また，信託の基本構造に関する考え方によって，受益権の性格は，相当程度異なるものとなる。さらに，受益権には信託財産からの利益享受を行う具体的な権利のほか，受託者に対する監督権限が含まれており，この監督権限は，受益者個人の利益のためでなく，信託目的達成のために行使されるべきである。このほか，受益権は原則として譲渡が可能である。

　しかしながら，受益者が複数存在する場合については，次のような特有の

37　(受益権の質入れ)
　第96条①　受益者は，その有する受益権に質権を設定することができる。ただし，その性質がこれを許さないときは，この限りでない。
　②　前項の規定は，信託行為に別段の定めがあるときは，適用しない。ただし，その定めは，善意の第三者に対抗することができない。
　(受益権の質入れの効果)
　第97条　受益権を目的とする質権は，次に掲げる金銭等（金銭その他の財産をいう。以下この条及び次条において同じ。）について存在する。
　　一　当該受益権を有する受益者が受託者から信託財産に係る給付として受けた金銭等
　　二　第103条第6項に規定する受益権取得請求によって当該受益権を有する受益者が受ける金銭等
　　三　信託の変更による受益権の併合又は分割によって当該受益権を有する受益者が受ける金銭等
　　四　信託の併合又は分割（信託の併合又は信託の分割をいう。以下同じ。）によって当該受益権を有する受益者が受ける金銭等
　　五　前各号に掲げるもののほか，当該受益権を有する受益者が当該受益権に代わるものとして受ける金銭等
　第98条①　受益権に質権を設定した者は，前条の金銭等（金銭に限る。）を受領し，他の債権者に先立って自己の債権の弁済に充てることができる。
　②　前項の債権の弁済期が到来していないときは，受益権に質権を設定した者は，受託者に同項に規定する金銭等に相当する金額を供託させることができる。この場合において，質権は，その供託金について存在する。

問題が生じうる。第1に，信託財産の管理処分によって生じた利益を，受益者相互間においてどのように配分すべきかという問題が生ずるため，受益者と受託者との間のみならず，受益者と受益者との間においても，利害対立の可能性を検討しておく必要がある。第2に，受益者相互間で利害対立が生ずる可能性がある以上，受益者の監督権限をどのように行使すべきかについて，単独受益者の場合以上に，受益者の個人的利益との関係が問題となる。

　第1の問題については，受益権の基本的な内容が，信託行為によって具体的に定められることが原則である以上，受益者が複数である場合における利益や損失の配分についても，原則として信託行為の定めに従うべきである。したがって，信託行為により，受益権相互間に利益の配分や損失の帰属について優先劣後関係を設けたり，利益や損失を所定の割合に従って按分することも，信託行為により自由に行うことができる。そうすると，信託行為に特に定めがなかった場合の解釈が問題となりうるが，原則としては，各受益権が平等の権利義務を有するものとして，利益や損失を等分に帰属させるべきことになるであろう。なお，この結論は，受益権の基本的な性格が債権であると考えた場合でも，信託財産の実質所有権であると考えた場合でも，事情が異ならないものと考えられる。

　他方，第2の問題については，各受益者が自己の個人的利益を追求するために受託者に対する監督権限を各々行使することが，信託財産の管理処分を混乱させる恐れがあることは明らかである。したがって，受益者の監督権限の行使のあり方について前述した原則論は，共同受益者の場合にいっそう妥当するわけであり，各共同受益者は，信託目的達成のため，合理的に監督権限を行使すべきである。現行法における共同受益者の意思決定に関する規定[38]も，かかる原則を前提とするものと考えて差し支えない。

(6) 連続受益者の権利

　同時に複数の受益者が信託財産から利益を享受することを前提とする一般的な共同受益者と異なり，連続受益者については，前の受益者の権利が終了ないし消滅しない限り，後の受益者は自己の権利を行使できないことが特徴である。この場合，後の受益者がどの時点から「受益者」として権利ないし

利益を保護されるべきかが問題となるが，これについては，「連続受益者」の解釈によって，原則が完全に異なってくる。

すなわち，「連続受益者」を擁する信託関係が，信託関係の相当期間にわたる存続を予定しており，ただ，信託財産からの利益享受の具体的態様との関係で，同時に複数の者が受益することができないため，受益者相互間における利益享受の順序を定めたもの，と解釈される場合には，各受益者は，自己の受益権を行使して信託財産から利益を享受する際，自己の受益権が終了ないし消滅した後，後の受益者による信託財産からの利益享受が可能となるべく，権利行使の具体的内容を，一定の範囲で制限される可能性がある。例えば，後の受益者の存在が明らかであるにもかかわらず，信託財産を滅失させて以後の受益権行使を不可能とさせたり，受託者の義務違反に対して安易に承諾を与えることにより，後の受益者の権利行使を実質的に害することは，受益権の行使として濫用に該当すると言うべきであり，場合によっては後の受益者に対する不法行為が成立する可能性があると考えられる。

これに対して，連続受益者を擁する信託関係が，個々の受益者との個別の信託関係が事実上連続しているだけであり，後の受益者は，前の受益者の権利が終了ないし消滅した時点で信託財産が残存していることを事実上の条件として，利益享受が可能となる，と解釈される場合には，前の受益者は専ら

38　第105条①　受益者が2人以上ある信託における受益者の意思決定（第92条各号に掲げる権利の行使に係るものを除く。）は，すべての受益者の一致によってこれを決する。ただし，信託行為に別段の定めがあるときは，その定めるところによる。

②　前項ただし書の場合において，信託行為に受益者集会における多数決による旨の定めがあるときは，次款の定めるところによる。ただし，信託行為に別段の定めがあるときは，その定めるところによる。

③　第1項ただし書又は前項の規定にかかわらず，第42条の規定による責任の免除に係る意思決定の方法についての信託行為の定めは，次款の定めるところによる受益者集会における多数決による旨の定めに限り，その効力を有する。

④　第1項ただし書及び前2項の規定は，次に掲げる責任の免除については，適用しない。

一　第42条の規定による責任の全部の免除

二　第42条第1号の規定による責任（受託者がその任務を行うにつき悪意又は重大な過失があった場合に生じたものに限る。）の一部の免除

三　第42条第2号の規定による責任の一部の免除

自己の利益のために受益権を行使して差し支えなく，自己の受益権行使によって信託関係が終了することがあったとしても，後の受益者に対する責任を負うことはない。なお，現行法における連続受益者に関する若干の規定[39]は，このような信託関係を事実上前提としているものと考えられる。

具体的な信託関係が，上記のどちらの性格を有するかは，結局，信託目的と信託行為の解釈によって定まるものというほかない。したがって，連続受益者の権利についての原則論は，理論上も実務上もかなり不安定なものとならざるを得ないわけであり，信託関係当事者間，特に受益者相互間の利害対立が避けられない恐れがあることに，十分注意する必要がある。

(7) 将来受益者と帰属権利者の権利

「将来受益者」は，現在においては信託財産から具体的な利益享受を行う権利を有していないが，将来において利益享受を行う権利を有している。そして，この「将来において利益を享受する権利」は，現時点における権利である。したがって，将来受益者については，前述した連続受益者と異なり，

---

[39] （委託者の死亡の時に受益権を取得する旨の定めのある信託等の特例）
第90条① 次の各号に掲げる信託においては，当該各号の委託者は，受益者を変更する権利を有する。ただし，信託行為に別段の定めがあるときは，その定めるところによる。
一 委託者の死亡の時に受益者となるべき者として指定された者が受益権を取得する旨の定めのある信託
二 委託者の死亡の時以後に受益者が信託財産に係る給付を受ける旨の定めのある信託
② 前項第2号の受益者は，同号の委託者が死亡するまでは，受益者としての権利を有しない。ただし，信託行為に別段の定めがあるときは，その定めるところによる。
（受益者の死亡により他の者が新たに受益権を取得する旨の定めのある信託の特例）
第91条 受益者の死亡により，当該受益者の有する受益権が消滅し，他の者が新たな受益権を取得する旨の定め（受益者の死亡により順次他の者が受益権を取得する旨の定めを含む。）のある信託は，当該信託がされた時から30年を経過した時以後に現に存する受益者が当該定めにより受益権を取得した場合であって当該受益者が死亡するまで又は当該受益権が消滅するまでの間，その効力を有する。

既に受益権が成立しているため、その利益保護の具体的態様が問題となる。

最も理論的に明快な結論は、将来受益者については、受益権のうち、信託財産からの具体的な利益を享受する部分が現時点において行使できないだけであり、受託者に対する監督権限については、現時点でも行使できる、と考えることである。ただし、この場合、将来受益者が現時点において受託者に対する監督権限を行使できる根拠は、自己が将来信託財産から利益を享受することができる権利ないし利益を保護するためではなく、将来における自己の利益享受の可能性を含めた信託関係の目的達成のために、現時点における監督権限の行使が認められると考えるべきである。

他方、帰属権利者については、同じく将来において信託財産から利益を享受することが期待できる地位にあるものの、将来受益者の場合と比べて、大きく状況が異なっている。すなわち、帰属権利者の権利は、信託関係が終了し、債権者等を含む利害関係者との間における権利義務関係の清算が終了した後に、残余財産が自己の財産として帰属する、という形で、信託財産からの「利益の享受」がなされるものであるから、当該信託関係における「信託目的の達成」と、将来において信託財産から利益を享受することとの間に、直接の関連性はない。したがって、帰属権利者は、少なくとも当該信託関係が終了するまでの間は、当該信託関係における「受益者」としての地位を実質的に有していない以上、信託関係が終了した後における残余財産の帰属という自己の将来有する権利を保護するために、現時点において受託者に対して監督権限を行使することは、許されないというべきである。

(8) 受益権譲受人の権利

受益権は、既に述べたとおり原則として譲渡可能であり、譲渡された受益権は、譲渡の前後を通じて内容が変更されることはない。このことは、受益権が譲渡人の財産として譲渡可能であることから当然に導かれるものであるが、これに対して、受益権の具体的内容が、受益者の属性や状況によって変化する可能性がある、という議論を前提とした場合には、受益権の譲受人が取得する権利の内容についても、改めて検討する必要が生じてくる。

このような、受益者の属性により受益権の具体的内容について変化が生じ

うるとの議論が行われやすい状況としては，信託行為によって，信託財産からの利益享受や受託者に対する監督権限の行使に種々の制約が課せられている等，譲受人が信託財産からの利益享受を十分に行うことができない場合が挙げられることがある。具体的には，自益信託と他益信託とでは，受益権に対して課すことができる制約の範囲が異なる，という議論（第2章第1節参照）を前提としつつ，他益信託として信託財産の管理処分を行うことを意図した信託関係において，当初自益信託として行使に種々の制約を課した受益権を設定し，それを第三者に譲渡することによって，他益信託としての受益権の行使を事実上抑制することにつき，どのように対処すべきか，という問題として示されるわけである。

しかしながら，受益権にかかる制約が課されていることを，譲渡に際して譲渡人が譲受人に対して説明し，譲受人が説明内容を理解したうえで受益権を譲り受けている限り，受益権の内容が譲渡の前後で変化しないことは，理論上も実務上も問題とすべき余地がない。また，譲渡人が，譲渡される受益権について必要な説明を行わなかった場合であっても，譲受人が争うことができるのは，譲渡の効力それ自体についてであり，譲渡された受益権の内容が，譲受人が行使するに際して変容する，と考えるためには，譲渡人の説明不足とは別の理由ないし根拠が必要である。

したがって，受益者が誰であるかによって実務上受益権の行使について差異が生ずるように見える場合の説明としては，受益権の具体的内容が譲渡によって変化するのではなく，ただ，譲渡人である受益者個人が受託者ないし信託財産と個別に合意した結果，受益権の行使態様について，個人的な債権債務関係としての制約が別途存在する場合があり，譲受人がかかる関係の制約を受けないときに，理論上は譲渡の前後を通じて同一内容であるはずの受益権を行使するに際して，譲受人が行使することができる範囲が実務上異なってくるように見える，と考える方が，受益権の内容の解釈に関する安定性の観点からして，妥当であるように思われる。

(9) 配当終了後の受益者の権利

信託財産の管理処分によって生じた利益を受益者に配当することを目的と

する信託関係においては，元本の償還について権利を有していない受益権に対する配当が終了した後における，当該受益権の内容が問題となることがある。実際，この種の信託関係については，受益者が多数に上ることが珍しくなく，かつ，取引市場の動向からして，ある程度柔軟に信託行為で定められた受託者の権限や信託財産の管理処分方針を変更する必要が生ずる可能性が高いため，どの範囲の関係者を「受益者」として取り扱うべきかが，やや複雑に生ずるわけである。

　この問題に対する1つの考え方は，当該信託関係における目的とされていた信託財産からの配当が終了した以上，受益権は目的を失って消滅し，受益者は信託関係から離脱する，というものである。この考え方は，当該信託関係における「信託目的」を当該受益者との関係について信託行為により定められた配当を受領すること，と限定的に捉え，受益者にとって本来目的としていた効果が達成された以上，当該受益者との関係で信託関係は目的を達して終了した，とするものであり，実務の感覚に極めて合致している部分がある。なお，信託関係から離脱した受益者は，以後の信託財産の管理処分に対して監督権限を行使したり信託行為の変更に同意することができなくなる反面，自己が信託財産から利益を享受したことについての責任についても，信託関係から離脱する以上，原則として免れるため，受益権を受託者あるいは信託財産に対する「債権」と捉える考え方と親和的である。

　これに対して，信託財産からの配当が終了しただけでは，受益権の内容のうち，受託者に対する監督権限はなお消滅しておらず，当該受益者は信託関係当事者であり続ける，という考え方がある。これは，「信託目的」を当該信託関係全体としての信託財産の管理処分に関わるものとして捉え，配当終了後の受益者も，かかる信託目的遂行のための役割を果たすべきである，とするものであり，受益者の監督権限が本来有する性格との関係では，理論的に明快な議論である。なお，この考え方の下では，受益者は配当終了後も受託者に対して監督権限等を行使することができる反面，自己が信託財産から利益を享受したことや，受託者に対する監督権限を行使したことについて，応分の責任を追及される可能性が生じてくるため，受益権を「信託財産の実質所有権」と捉える考え方と親和的である。

　この問題について，実務上は，配当終了後の受益者の地位について信託行

為で定めることにより，解釈指針をある程度明確にすることが可能であるが，「信託目的」自体の解釈がこのような意味においても多様であることを，改めて認識しておく必要がある。

第4節　委託者の権限

(1)　信託関係における委託者の権限

　信託関係における委託者の地位をどのように考えるべきかは，現行法にはほとんど規定が置かれていないが，理論上も実務上も重要な問題である。

　委託者の地位に関する主な考え方は2つある。1つは，委託者を信託関係の設定者であると共に，信託目的を自ら形成し，その達成に向けて主要な役割を果たすべき者として位置づける考え方である。もう1つは，委託者には信託関係を設定した当事者としての地位しか認めず，信託関係が成立した後における信託目的の達成については，受益者と受託者によって専ら担われるものとして，委託者を信託関係から事実上離脱させる考え方である。

　この委託者の地位に関する議論は，要するに，信託関係が成立した後において，委託者に信託目的達成のための主要な役割，具体的には，受託者に対する監督権限をどの範囲で認めるべきかという議論に直結するものであるから，受益者の権利の性質についてどのように考えたとしても，受益者による受託者に対する監督権限のほかに委託者による監督権限をも認めるべきか，という次元の異なる問題を含むものであるため，信託の基本構造に関する理論構成の対立とは別に，必ず問題となるものである。

　もっとも，信託目的の達成と，委託者の意思とがどのような関係にあるかについてまで考えた場合には，委託者の地位に関する問題は，さらに解決指針が複雑になる。すなわち，信託目的は，確かに信託関係の成立に際して委託者により設定されるものであるが，信託関係が成立した後において，委託者が受託者に対する監督権限を行使する場合における「委託者の意思」と，当該信託関係における「信託目的」とは，理論的に常に一致するわけではない。また，委託者が自己のかつて設定した信託目的を最も重視する者であると仮定したとしても，そこでいう「信託目的」は，当該信託関係が設定され

た当時における「信託目的」であると考えられるから，後に生じた状況の変化に対して，常に適切かつ柔軟な対応を図ることができるかは，なお未知数であると言わざるを得ない。

したがって，受託者に対する監督権限が，信託目的達成のために行使されるべきであると位置づけた場合においても，かかる監督権限を行使する者として，委託者と受益者とどちらがより優れているかについては，必ずしも結論が出せないことに，注意しておく必要がある。

(2) 信託法における委託者の地位

前述のとおり，信託関係における委託者の地位については，信託目的の達成のための監督権限を誰に行使させるべきかという観点からも結論が分かれるため，個々の立法によって規定の内容が大きく異なってこざるを得ない。

旧法は，信託関係の成立後においても，委託者に相当広範囲な監督権限を認めており[40]，委託者は，受益者と並んで，場合によっては受益者以上に，受託者に対する監督権限を行使すべき存在として位置づけられていた。これは，旧法における信託関係の定義が，委託者が受託者に対して信託目的を定めて財産権を移転すること，というものであり[41]，委託者が信託目的を定め

---

[40] 旧法第16条〔抄〕② 前項ノ規定ニ反シテ為シタル強制執行，仮差押，仮処分又ハ競売ニ対シテハ委託者，其ノ相続人，受益者及受託者ハ異議ヲ主張スルコトヲ得

旧法第23条〔抄〕① 信託行為ノ当時予見スルコトヲ得サリシ特別ノ事情ニ因リ信託財産ノ管理方法カ受益者ノ利益ニ適セサルニ至リタルトキハ委託者，其ノ相続人，受益者又ハ受託者ハ其ノ変更ヲ裁判所ニ請求スルコトヲ得

旧法第27条 受託者カ管理ノ失当ニ因リテ信託財産ニ損失ヲ生セシメタルトキ又ハ信託ノ本旨ニ反シテ信託財産ヲ処分シタルトキハ委託者，其ノ相続人，受益者及他ノ受託者ハ其ノ受託者ニ対シ損失ノ塡補又ハ信託財産ノ復旧ヲ請求スルコトヲ得

旧法第40条〔抄〕② 委託者，其ノ相続人及受益者ハ信託事務ノ処理ニ関スル書類ノ閲覧ヲ請求シ且信託事務ノ処理ニ付説明ヲ求ムルコトヲ得

旧法第47条 受託者カ其ノ任務ニ背キタルトキ其ノ他重要ナル事由アルトキハ裁判所ハ委託者，其ノ相続人又ハ受益者ノ請求ニ因リ受託者ヲ解任スルコトヲ得

[41] 旧法第1条 本法ニ於テ信託ト称スルハ財産権ノ移転其ノ他ノ処分ヲ為シ他人ヲシテ一定ノ目的ニ従ヒ財産ノ管理又ハ処分ヲ為サシムルヲ謂フ

て信託関係を成立させることに焦点を合わせたものである以上，委託者に信託目的の達成のための役割を担わせることが，理論的に整合しやすかったためと考えられる。また，委託者は，少なくとも信託関係が存続している間は，同時に受益者である場合でない限り，信託財産から利益を享受することがないから，自己の利益と監督権限の行使との関係が常に問題となりうる受益者と比べて，信託目的達成のために監督権限を行使させるべき者として位置づけることが，容易であったことも明らかである。実際，委託者の監督権限をこのように位置づけた場合，受益者の監督権限については，受益者自身の利益のために行使することが事実上可能となるわけであり，このような受益者による監督権限の行使態様が，受益権が受益者自身の権利ないし財産であるとの考え方を，より徹底させる効果があったものと考えられる。

　これに対して，現行法は，委託者の地位を信託関係設定のための当事者としてのみ位置づける考え方を採用しており，信託関係が成立した後においては，信託行為によって，委託者を信託関係当事者から事実上排除することが可能となる旨の規定を設けている[42]。これは，現行法における信託の定義が，

42　（委託者の権利等）
　　第145条①　信託行為においては，委託者がこの法律の規定によるその権利の全部又は一部を有しない旨を定めることができる。
　　②　信託行為においては，委託者も次に掲げる権利の全部又は一部を有する旨を定めることができる。
　　一　第23条第5項又は第6項の規定による異議を主張する権利
　　二　第27条第1項又は第2項（これらの規定を第75条第4項において準用する場合を含む。）の規定による取消権
　　三　第31条第6項又は第7項の規定による取消権
　　四　第32条第4項の規定による権利
　　五　第38条第1項の規定による閲覧又は謄写の請求権
　　六　第39条第1項の規定による開示の請求権
　　七　第40条の規定による損失のてん補又は原状の回復の請求権
　　八　第41条の規定による損失のてん補又は原状の回復の請求権
　　九　第44条の規定による差止めの請求権
　　十　第46条第1項の規定による検査役の選任の申立権
　　十一　第59条第5項の規定による差止めの請求権
　　十二　第60条第3項又は第5項の規定による差止めの請求権

受託者が信託財産に関して受益者に対して信託目的に従った管理処分を行う義務を負っている，という信託関係が成立した後における信託財産の管理処分に着目したものである以上[43]，信託目的達成のために主要な役割を果たすべき信託関係当事者は，現に財産の管理処分を行い，それによる利益を享受する地位にある受託者と受益者とであるという，実務上の合理性を前提としたものと考えられる。もっとも，この考え方の下では，既に検討したとおり，受益者の監督権限の理論的な性格がかなり複雑となることが避けられないため，委託者の地位の位置づけに関して，現行法が旧法と比べて優れているか否かの判断は，慎重であってしかるべきである。

　　十三　第226条第1項の規定による金銭のてん補又は支払の請求権
　　十四　第228条第1項の規定による金銭のてん補又は支払の請求権
　　十五　第254条第1項の規定による損失のてん補の請求権
③　前項第1号，第7号から第9号まで又は第11号から第15号までに掲げる権利について同項の信託行為の定めがされた場合における第24条，第45条（第226条第6項，第228条第6項及び第254条第3項において準用する場合を含む。）又は第61条の規定の適用については，これらの規定中「受益者」とあるのは，「委託者又は受益者」とする。
④　信託行為においては，受託者が次に掲げる義務を負う旨を定めることができる。
　　一　この法律の規定により受託者が受益者（信託管理人が現に存する場合にあっては，信託管理人。次号において同じ。）に対し通知すべき事項を委託者に対しても通知する義務
　　二　この法律の規定により受託者が受益者に対し報告すべき事項を委託者に対しても報告する義務
　　三　第77条第1項又は第184条第1項の規定により受託者がする計算の承認を委託者に対しても求める義務
⑤　委託者が2人以上ある信託における第1項，第2項及び前項の規定の適用については，これらの規定中「委託者」とあるのは，「委託者の全部又は一部」とする。
43　（定義）〔抄〕
　　第2条①　この法律において「信託」とは，次条各号に掲げる方法のいずれかにより，特定の者が一定の目的（専らその者の利益を図る目的を除く。同条において同じ。）に従い財産の管理又は処分及びその他の当該目的の達成のために必要な行為をすべきものとすることをいう。

第5節　監督官庁の権限

(1)　裁判所の監督権限

　信託関係に対する裁判所の監督権限については，旧法と現行法との間で，かなり大きな位置づけの差異がある。

　すなわち，旧法の下では，裁判所は，受託者による信託財産の管理処分に対し，一般的な監督権限を有しているのみならず[44]，受託者は，場合によっては，受益者の承諾に代えて，裁判所の許可を得ることにより，忠実義務違反等の責任を免れることができるとされていた[45]。要するに，裁判所は，公益的な観点としての信託目的の達成のため，受託者による信託財産の管理処分に対し，一般的な監督権限を行使するという側面と共に，具体的な信託関係における受益者の利害状況を個別に判断することにより，当該信託関係における受益者の利益を代表して，受託者による信託財産の管理処分に対して介入する権限をも与えられていたわけである。

　もっとも，裁判所の許可が受益者の承諾に代えて求められる状況として挙げられるものは，例えば受益者の不存在や承諾能力の欠如等，受益者が承諾をすることができない場合や，受益者が合理的な理由なく承諾を行わず，不当に受託者の責任を追及するような場合であり，受託者の正当な利益を守るため，裁判所が受託者による具体的な管理処分について法的な正統性を担保する，という性格が強いものである。したがって，裁判所は，受益者の利益を代表すると言っても，実質的には，当該信託関係に対して，専ら公益的観点から，信託目的の達成のために最も望ましい選択肢を探るというものには

---

[44]　旧法第41条①　信託事務ハ営業トシテ信託ノ引受ヲ為ス場合ヲ除クノ外裁判所ノ監督ニ属ス
　　　②　裁判所ハ利害関係人ノ請求ニ因リ又ハ職権ヲ以テ信託事務ノ処理ニ付検査ヲ為シ且検査役ヲ選任シ其ノ他必要ナル処分ヲ命スルコトヲ得

[45]　旧法第22条〔抄〕①　受託者ハ何人ノ名義ヲ以テスルヲ問ハス信託財産ヲ固有財産ト為シ又ハ之ニ付権利ヲ取得スルコトヲ得ス但シ已ムコトヲ得サル事由アル場合ニ於テ裁判所ノ許可ヲ受ケ信託財産ヲ固有財産ト為スハ此ノ限ニ在ラス

かならない。その意味では、裁判所は信託関係当事者の利益を代表するものではなく、公益的観点に立つ第三者と考えるべきである。

なお、このような公益的観点からの裁判所による財産管理に対する監督権限は、例えば家族関係における種々の局面での財産管理に対する家庭裁判所の監督権限等、信託以外の法律関係においても、広く応用が可能なものであるが、このような裁判所の役割については、従来ほとんど検討が行われてこなかったのが実情であり、今後の研究の発展が期待されるところである。

これに対して、現行法は、受託者による信託財産の管理処分に対する裁判所の一般的な監督権限の規定を設けず、受託者以外の者による具体的な財産管理ないし財産管理上の判断が必要となる個別の局面について、信託関係当事者の申立てに応じ、個々の状況ごとに必要最小限の範囲で、各種の財産管理者ないしは財産管理に対する監督者を選任または解任することを規定するのに原則として留まり、裁判所が信託関係の存続等に関して直接権限を行使することができる局面は、例外的なものに限られている[46]。要するに、現行法は、信託財産の管理処分に直接関わる判断を、財産管理の専門家とは必ずしも言えない裁判所の判断と責任とにおいて行わせることに対して消極的であり、ある意味での実務の混乱を防止しようとするものと考えられる。

しかしながら、前述のとおり、裁判所による信託財産の管理処分に対する監督権限は、信託目的達成のため、公益的観点から、中立的立場にある第三者としての裁判所の判断を介在させるものであり、当該信託関係の運営にとって、必ずしも不利益をもたらすものではない。また、これも前述したとおり、家族関係における財産管理が必要となる局面では、裁判所の監督権限が、法律の規定や議論が全く十分でないまま、裁判所の個別的な努力により行われている状況が既に存在するわけであり、この局面に対する裁判所の役割自体を論ずることも、必要かつ有益と考えられる。さらに、後述する行政機関による信託関係に対する監督権限の行使は、信託財産管理ないし信託関係を利用した取引全般に関する、行政政策的な観点を基盤として行われるものであるから、裁判所による公益的観点ないしは中立的立場とは、かなり性格が異なる部分がある。また、信託法における明文の規定が置かれていない状況で、裁判所による一般的な受託者に対する監督権限や、受益者の承諾に代わる許可の効果を認めることは、解釈として困難である。

第 5 節　監督官庁の権限

　以上の次第で，この問題に関する現行法の規定は，旧法の下で理論的にも実務的にも一定の役割を果たす可能性があった裁判所による監督権限を，実質的に機能させないこととするものに等しく，肯定的に評価することは困難である。したがって，信託法の規定を根拠とすることは困難であるとしても，財産管理に対する公益的な観点からの監督権限に関する一般論として，裁判所の役割について改めて考え直すことは，信託法の解釈のみならず，民法の一般的な議論として，今後必要となるものと考えられる。

46　（遺言信託における裁判所による受託者の選任）〔抄〕
　第 6 条①　第 3 条第 2 号に掲げる方法によって信託がされた場合において，当該遺言に受託者の指定に関する定めがないとき，又は受託者となるべき者として指定された者が信託の引受けをせず，若しくはこれをすることができないときは，裁判所は，利害関係人の申立てにより，受託者を選任することができる。
　（検査役の選任）〔抄〕
　第 46 条①　受託者の信託事務の処理に関し，不正の行為又は法令若しくは信託行為の定めに違反する重大な事実があることを疑うに足りる事由があるときは，受益者は，信託事務の処理の状況並びに信託財産に属する財産及び信託財産責任負担債務の状況を調査させるため，裁判所に対し，検査役の選任の申立てをすることができる。
　（受託者の辞任）〔抄〕
　第 57 条②　受託者は，やむを得ない事由があるときは，裁判所の許可を得て，辞任することができる。
　（受託者の解任）〔抄〕
　第 58 条④　受託者がその任務に違反して信託財産に著しい損害を与えたことその他重要な事由があるときは，裁判所は，委託者又は受益者の申立てにより，受託者を解任することができる。
　第 62 条〔抄〕①　第 56 条第 1 項各号に掲げる事由により受託者の任務が終了した場合において，信託行為に新たな受託者（以下「新受託者」という。）に関する定めがないとき，又は信託行為の定めにより新受託者となるべき者として指定された者が信託の引受けをせず，若しくはこれをすることができないときは，委託者及び受益者は，その合意により，新受託者を選任することができる。
　④　第 1 項の場合において，同項の合意に係る協議の状況その他の事情に照らして必要があると認めるときは，裁判所は，利害関係人の申立てにより，新受託者を選任することができる。
　（信託財産管理命令）〔抄〕
　第 63 条①　第 56 条第 1 項各号に掲げる事由により受託者の任務が終了した場合において，新受託者が選任されておらず，かつ，必要があると認めるときは，新受託者

が選任されるまでの間，裁判所は，利害関係人の申立てにより，信託財産管理者による管理を命ずる処分（以下この款において「信託財産管理命令」という。）をすることができる。
　（信託財産管理者の選任等）〔抄〕
第64条①　裁判所は，信託財産管理命令をする場合には，当該信託財産管理命令において，信託財産管理者を選任しなければならない。
　（信託財産管理者の権限）〔抄〕
第66条②　2人以上の信託財産管理者があるときは，これらの者が共同してその権限に属する行為をしなければならない。ただし，裁判所の許可を得て，それぞれ単独にその職務を行い，又は職務を分掌することができる。
　（受託者の死亡により任務が終了した場合の信託財産の帰属等）〔抄〕
第74条①　第56条第1項第1号に掲げる事由により受託者の任務が終了した場合には，信託財産は，法人とする。
　②　前項に規定する場合において，必要があると認めるときは，裁判所は，利害関係人の申立てにより，信託財産法人管理人による管理を命ずる処分（第6項において「信託財産法人管理命令」という。）をすることができる。
　（受益権の価格の決定等）〔抄〕
第104条②　受益権の価格の決定について，受益権取得請求の日から30日以内に協議が調わないときは，受託者又は受益者は，その期間の満了の日後30日以内に，裁判所に対し，価格の決定の申立てをすることができる。
　（信託管理人の選任）〔抄〕
第123条④　受益者が現に存しない場合において，信託行為に信託管理人に関する定めがないとき，又は信託行為の定めにより信託管理人となるべき者として指定された者が就任の承諾をせず，若しくはこれをすることができないときは，裁判所は，利害関係人の申立てにより，信託管理人を選任することができる。
　（信託監督人の選任）〔抄〕
第131条④　受益者が受託者の監督を適切に行うことができない特別の事情がある場合において，信託行為に信託監督人に関する定めがないとき，又は信託行為の定めにより信託監督人となるべき者として指定された者が就任の承諾をせず，若しくはこれをすることができないときは，裁判所は，利害関係人の申立てにより，信託監督人を選任することができる。
　（特別の事情による信託の変更を命ずる裁判）〔抄〕
第150条①　信託行為の当時予見することのできなかった特別の事情により，信託事務の処理の方法に係る信託行為の定めが信託の目的及び信託財産の状況その他の事情に照らして受益者の利益に適合しなくなるに至ったときは，裁判所は，委託者，受託者又は受益者の申立てにより，信託の変更を命ずることができる。

第5節　監督官庁の権限

（特別の事情による信託の終了を命ずる裁判）〔抄〕
第165条①　信託行為の当時予見することのできなかった特別の事情により，信託を終了することが信託の目的及び信託財産の状況その他の事情に照らして受益者の利益に適合するに至ったことが明らかであるときは，裁判所は，委託者，受託者又は受益者の申立てにより，信託の終了を命ずることができる。

（公益の確保のための信託の終了を命ずる裁判）〔抄〕
第166条①　裁判所は，次に掲げる場合において，公益を確保するため信託の存立を許すことができないと認めるときは，法務大臣又は委託者，受益者，信託債権者その他の利害関係人の申立てにより，信託の終了を命ずることができる。
一　不法な目的に基づいて信託がされたとき。
二　受託者が，法令若しくは信託行為で定めるその権限を逸脱し若しくは濫用する行為又は刑罰法令に触れる行為をした場合において，法務大臣から書面による警告を受けたにもかかわらず，なお継続的に又は反覆して当該行為をしたとき。

（信託財産に関する保全処分）〔抄〕
第169条①　裁判所は，第166条第1項の申立てがあった場合には，法務大臣若しくは委託者，受託者，信託債権者その他の利害関係人の申立てにより又は職権で，同項の申立てにつき決定があるまでの間，信託財産に関し，管理人による管理を命ずる処分（次条において「管理命令」という。）その他の必要な保全処分を命ずることができる。

第170条〔抄〕①　裁判所は，管理命令をする場合には，当該管理命令において，管理人を選任しなければならない。
②　前項の管理人は，裁判所が監督する。
③　裁判所は，第1項の管理人に対し，信託財産に属する財産及び信託財産責任負担債務の状況の報告をし，かつ，その管理の計算をすることを命ずることができる。

（新受託者の選任）〔抄〕
第173条①　裁判所は，第166条第1項の規定により信託の終了を命じた場合には，法務大臣若しくは委託者，受益者，信託債権者その他の利害関係人の申立てにより又は職権で，当該信託の清算のために新受託者を選任しなければならない。

（条件付債権等に係る債務の弁済）〔抄〕
第180条①　清算受託者は，条件付債権，存続期間が不確定な債権その他その額が不確定な債権に係る債務を弁済することができる。この場合においては，これらの債権を評価させるため，裁判所に対し，鑑定人の選任の申立てをしなければならない。

（帳簿等の作成等，報告及び保存の義務等の特例）〔抄〕
第222条①　限定責任信託における帳簿その他の書類又は電磁的記録の作成，内容の報告及び保存並びに閲覧及び謄写については，第37条及び第38条の規定にかかわらず，次項から第9項までに定めるところによる。

② 受託者は，法務省令で定めるところにより，限定責任信託の会計帳簿を作成しなければならない。
③ 受託者は，限定責任信託の効力が生じた後速やかに，法務省令で定めるところにより，その効力が生じた日における限定責任信託の貸借対照表を作成しなければならない。
④ 受託者は，毎年，法務省令で定める一定の時期において，法務省令で定めるところにより，限定責任信託の貸借対照表及び損益計算書並びにこれらの附属明細書その他の法務省令で定める書類又は電磁的記録を作成しなければならない。
（裁判所による提出命令）
第223条　裁判所は，申立てにより又は職権で，訴訟の当事者に対し，前条第2項から第4項までの書類の全部又は一部の提出を命ずることができる。
（債権者に対する公告）〔抄〕
第229条① 限定責任信託の清算受託者は，その就任後遅滞なく，信託債権者に対し，一定の期間内にその債権を申し出るべき旨を官報に公告し，かつ，知れている信託債権者には，各別にこれを催告しなければならない。ただし，当該期間は，2箇月を下ることができない。
（債務の弁済の制限）〔抄〕
第230条① 限定責任信託の清算受託者は，前条第1項の期間内は，清算中の限定責任信託の債務の弁済をすることができない。この場合において，清算受託者は，その債務の不履行によって生じた責任を免れることができない。
② 前項の規定にかかわらず，清算受託者は，前条第1項の期間内であっても，裁判所の許可を得て，少額の債権，清算中の限定責任信託の信託財産に属する財産につき存する担保権によって担保される債権その他これを弁済しても他の債権者を害するおそれがない債権に係る債務について，その弁済をすることができる。この場合において，当該許可の申立ては，清算受託者が2人以上あるときは，その全員の同意によってしなければならない。
（受益者の定めのない信託の要件）〔抄〕
第258条① 受益者の定め（受益者を定める方法の定めを含む。以下同じ。）のない信託は，第3条第1号又は第2号に掲げる方法によってすることができる。
⑥ 第3条第2号に掲げる方法によってされた受益者の定めのない信託において信託管理人を指定する定めがない場合において，遺言執行者の定めがないとき，又は遺言執行者となるべき者として指定された者が信託管理人の選任をせず，若しくはこれをすることができないときは，裁判所は，利害関係人の申立てにより，信託管理人を選任することができる。この場合において，信託管理人の選任の裁判があったときは，当該信託管理人について信託行為に第4項前段の定めが設けられたものとみなす。

(2) 行政官庁の監督権限

　日本に信託概念が導入されて以来，実務における信託の中心となっていたのは，特に旧法施行後においては，信託銀行を中心とする金融機関が受託者となって利益追求を目的とした信託財産の管理処分を行う，いわゆる「商事信託」であった。このため，受託者に対する行政官庁の監督は，利益追求を目的とした信託と経済的に類似した目的を有する各種の金融商品との関係における，日本における各種金融機関に対する金融政策の一環としての，商事信託の事業規制としての性格を，極めて強く持つものとなっている。

　このような，金融政策としての性格を持つ行政官庁の監督権限がどのように行使されるべきかについては，理論的に様々な可能性が考えられる。

　すなわち，行政官庁による受託者に対する規制や介入が最小となる形態としては，行政官庁は，政省令の制定や事業者に対する許認可，さらに事業者による財産管理に法令違反等が認められた場合における業務改善命令等，法律で定められた必要最小限の監督権限を行使するに留まり，具体的な信託関係における権利義務関係の設定や法令の解釈については，事業者の自主的判断に委ねられ，行政官庁としての解釈や指針を推奨することはなされない。

　これに対して，受託者に対する規制や介入が最大となる形態としては，具体的な事業内容，特に新規の金融商品に対する許認可権限の行使を通じて，業として信託銀行が管理処分する信託関係における解釈指針を行政官庁が事実上主導することにより，信託銀行相互間では具体的な信託関係における権利義務関係や法令の解釈がほぼ共通となる一方，信託関係と信託以外の法律関係との間には，経済的な目的が類似している法律関係であっても，管理処分する事業者の業種によって，厳然とした取扱いの差が設けられる。

　日本における信託事業に対する行政官庁の監督権限の行使は，金融政策全般についての傾向をそのまま反映するものであり，かなり最近に到るまでは，行政官庁による規制や介入が極めて大きなものであったが，現在では，権利義務関係の解釈についても，法令の解釈についても，基本的に事業者の自主的判断に委ねられる傾向が強い。このことは，信託銀行をはじめとする事業者にとっては，自主的判断による創意工夫の可能性が保障されるものである

と同時に、具体的な信託関係について紛争が生じた場合には、自己の判断と責任とによって対処すべきことを意味しており、様々な意味で、事業者としての「実力」が問われる時代となっていると評価することができる。

第6節　信託関係の公示

(1)　信託関係の公示の理論的意義

「信託関係の公示」とは、ある財産が信託財産である旨を、信託関係当事者および第三者が客観的に認識できる方法で表示することをいう。信託の公示は、理論的には、財産に関する権利関係についての公示の一般原則に従う部分と、信託関係に特有の事情を公示する部分とに分かれており、このうち、解釈上の問題点が生ずることが多いのは、言うまでもなく、信託関係に特有の事情を公示する部分である。もっとも、この2つの側面は、互いに交錯することが多いため、どこまでが財産権に関する公示の一般原則の問題であり、どこからが信託関係に特有の事情についての公示の問題であるかを、明確に意識して議論することが必要である。

また、信託関係に特有な事情についての問題に限って考えようとした場合でも、信託関係の公示がどのような理由により必要とされるかについては、様々な角度からの説明が成り立つ。

第1に、信託関係の公示は、取引の相手方等の第三者に対し、信託財産と受託者の固有財産との区別を認識させるための制度である、との説明がある。信託財産は、受託者の名義により管理処分されることから、受託者が当該財産の所有者としての地位にあるような外観を呈しているが、受託者は、信託目的に従い、受益者の利益のために信託財産を管理処分するわけであり、受託者自身の固有財産として管理処分を行うわけでないから、経済的な利益や損失の実質的な帰属が、外観とは異なる場合が少なくない。このため、取引相手等を典型とする第三者から見た場合、取引の対象となる財産が信託財産であるか否かによって、当該取引に関する責任の範囲についても、外観からの予測と実態が異なるという、不測の事態を生じさせかねない。したがって、信託財産については、信託財産である旨を公示することによって、受託者の

第6節　信託関係の公示

固有財産と外観上区別する必要がある。

　もっとも，この考え方からすると，取引上の外観から信託財産であることが第三者において判断できる場合には，さらに信託関係にあることを公示する必要は生じないから，例えば登記登録制度のある財産であっても，登記登録以外の方法で信託財産であることを明示することが可能であれば，信託関係の登記登録を逐一行う必要はないこととなる。また，必要となる公示内容としては，最小限度，信託財産であることが判明すれば，第三者はかかる信託関係について調査することが可能であるから，例えば，信託行為等の詳細について公示する必要も，理論的にはないこととなる。

　第2に，信託関係の公示は，受益者が自己の受益権の対象となる信託財産の範囲を適切に把握し，信託財産からの利益享受と受託者に対する監督権限の行使を実効的なものとするためにある，との考え方がある。すなわち，これまで受益者の権利ないし権限について種々議論してきたとおり，受益者が受益権を有し，受託者に対して監督権限を行使することができる範囲は，自己が受益権を有する信託財産に関してのみである。かつ，当該信託財産は，信託関係上，受託者が名義を保持し，受託者により管理処分されているから，受益者が自己の受益権の行使を実効的なものとするためには，受託者に対する関係でのみ信託財産の範囲が明確であるだけでは不十分であり，信託財産の管理処分の相手方を典型とする第三者との関係においても，信託関係，すなわち自己の受益権の存在を明示しておく必要がある。

　なお，この考え方からすると，信託関係の公示とは，対象となる財産に関する受益権の存在を公示することにほかならないから，ある財産が信託財産であることを明示するほか，信託行為で定められた受益権の存在および内容が判断できる資料を，登記登録等に際して添付しておくことが必要となってくる。さらに，この考え方の下では，受益権の存在および内容が第三者に対して公示されていれば，信託関係の公示として十分である以上，例えば，信託財産であることそれ自体が明示されていない場合であっても，当該財産が受益者の名義となっており，かつ，受益権の具体的内容に即した公示が行われているのであれば，信託関係の公示としての効果を認めて差し支えない，との結論を導くことも不可能でない。ただし，そのような形態の公示がなされている財産について，そもそも「信託関係」自体の存在が解釈上認められ

るか否かは，状況によって異なりうる。

　第3に，信託関係の公示は，受託者の権限の範囲を第三者を含めて明示することにより，受託者の適法な行為の効果を内外に示すものである，との考え方も成り立つ。すなわち，受託者は，信託財産を管理処分する権限を原則的に認められているものの，自己の利益を図るために管理処分を行うことは許されず，管理処分の失当に対しては，原状回復を含む極めて重い責任が課せられているほか，かかる権限から外れた行為に対しては，受益者による取消請求がなされる恐れもある。しかしながら，信託関係における受託者の権限の内容は，個々の信託行為により自由に定めることができるため，その具体的内容が相当複雑となる場合も生じうる。したがって，受託者が信託財産の管理処分を行う際，個々の具体的な行為が与えられた権限の範囲内にあることについては，受託者自身だけでなく，取引の相手方等の第三者にとっても，自己の権利を適法に取得するために，常に確認する必要があり，信託関係の公示は，この取引の確実性に資する制度ということになる。

　なお，この考え方の下においては，信託関係の公示とは，要するに受託者の権限の範囲に関する公示にほかならないから，信託財産であることのみならず，受託者に与えられた権限の範囲について判断することが可能な資料として，信託行為等が登記登録等に添付されていることが必要となる。また，この考え方は，前述した第2の考え方と異なり，誰が受益者であるかを明示することは必要でないから，同じく信託行為の内容を資料として添付するとしても，添付すべき具体的内容が，かなり異なるものとなる。

　以上の3つの考え方においては，信託関係の公示を行うことが，誰にとってどのような利益を生じさせるかが，議論ごとに異なっており，かつ，いずれか1つが他のものと理論的に抵触するわけでもない。したがって，実務上妥当な制度としては，上記の3つの考え方を全て充たすことが可能な制度を設計すべきこととなるから，信託関係の公示においては，信託財産であることの明示と共に，受益権の存在およびその内容，さらに，受託者の権限の範囲について，明確に判断することができる資料を，登記登録等に添付させることが，必要かつ有益であると考えられる。そして，このような内容を全て含む資料として最も適切なものが，信託行為によって定められた具体的な条項であることも，改めて論ずるまでもない。

ただし，ここまで述べてきた議論は，あくまで信託関係当事者や取引の相手方等の第三者が，信託関係の具体的な内容が明示されることにより自己の利益を適切に保護することができる，という議論を基盤とするものである。これに対して，信託関係当事者の置かれた利害状況によっては，信託関係が明示されていない方が実質的に経済的利益を確保できるような場合も，存在しないわけではない。したがって，信託関係当事者の側には，信託関係の公示を行うか否かについて，事実上選択の余地があることとなるが，かかる選択に際しては，信託関係当事者は，信託関係の公示がなされないことによる不利益の危険を考慮したうえで，具体的な対処を判断すべきことが，原則となるはずである。この財産権の公示に関する原則論が十分理解されないまま，制度として成立してしまったものが，以下に説明する，信託財産の分別管理による信託関係の公示であったということができる。

(2)　信託財産の分別管理と信託関係の公示

　旧法の下では，信託関係の公示に関して，登記登録すべき財産権について信託の登記登録が必要であることのほか，有価証券等については，券面上に信託財産である旨の表示をすべきことを要求していたため[47]，実務における取引の効率性を実質的に阻害するものとして，極めて強い批判が寄せられていた。信託財産の分別管理をもって信託関係の公示としての機能を持たせようとする議論は，このような実務上の要請から生じてきたものである。

　受託者の分別管理義務について検討したとおり，信託財産が分別管理されている状況の下では，ある信託財産を，受託者の固有財産および他の信託財産から区別することが可能となるはずであるから，前述した信託の公示に関する理論的性格のうち，第三者の予測可能性を念頭に置いた場合における，信託財産である旨の明示と，受益権の行使の範囲を明確化するために行われる，信託財産の範囲の特定に関しては，信託財産の分別管理をもって足りる

---

[47]　旧法第３条〔抄〕②　有価証券ニ付テハ信託ハ勅令ノ定ムル所ニ依リ証券ニ信託財産ナルコトヲ表示シ株券及社債券ニ付テハ尚株主名簿又ハ社債原簿ニ信託財産タル旨ヲ記載又ハ記録スルニ非サレハ之ヲ以テ第三者ニ対抗スルコトヲ得ス

可能性がある，との考え方を直感的に導くことは，一概に不合理とは言い難い。しかしながら，以下に述べるとおり，旧法の下において信託財産の分別管理をもって旧法の要求する信託の表示に代えようとする議論は，信託財産に関して信託の対抗要件を備えないことの不利益と費用との関係について十分な検討がなされていない状況の下で，日本において確立して久しい対抗要件に関する一般原則を結論において無視するものであると共に，当該財産が信託関係であることの効果を善意悪意を問わず第三者に対抗できるものとすべきことの理論的根拠が極めて薄弱であるという，二重三重に問題点を抱えていると言わざるを得ないものであった。

旧法下における実務では，この有価証券に関する信託の表示の履行を約款をもって排除することが通常であり，現実に信託の表示がなされることは極めて稀であったため，信託関係の表示を行うために果たしてどの程度の費用が必要となるか，それに対して，信託関係の公示が必要とされる局面において，信託の公示がなかったことによる損害がどの程度に及ぶ恐れがあるか，といった点について，両者を比較してその経済的得失が逐一検討されることは，事実上皆無であったと言って差し支えない。したがって，この議論は，当時の実務が信託の表示を事実上行っていないという状況を既定のものとして，公示に要する費用や公示がなかったことによる損害の危険性を具体的に計算することなく，確立した対抗要件に関する一般原則の例外を認めようとするものであり，当初から議論の妥当性に大きな問題を含むものであった。

信託法が信託関係の表示を対抗要件として規定している以上，当該対抗要件を信託関係当事者が備えなかったことに基づく不利益の内容は極めて明快であり，要するに，当該財産についての信託関係の存在を，善意悪意を問わず第三者に対抗できなくなることである。そして，信託関係の公示を行うか否かは信託関係当事者の判断に委ねられており，対抗要件を備えることについては，「費用が必要である」という以上の実務上の支障は存在しなかったわけであるから，信託法に定める信託の表示を行わない財産について，信託関係が第三者に対抗できなくなることは，対抗要件に関する一般原則からすればあまりに当然の結果であるということができる。

しかしながら，このような批判に対し，分別管理をもって信託の公示とすべきとの論者からの反論として提示されたものは，信託財産は受託者の固有

財産と実質的に区別される一種の特別財産であって，受託者個人の責任財産の範囲に属すべきでないとか，あるいは，受託者を業とする信託銀行が多くの信託財産を管理処分していることは取引実務において周知の事実であるとか，さらには，問屋の破産における委託者の取戻権を認めた最判昭和43年7月11日民集22巻7号1462頁の一般法理からして信託財産に関して受益者は受託者の破産財団から信託財産を取り戻せると考えるべきである，といったものであり，説得力が極めて不十分であった。

　すなわち，信託財産が受託者の固有財産から実質的に独立した財産であるのであれば，だからこそ当該財産に関して信託関係が存在することの対抗要件を備えることが必要となるわけである。また，信託銀行が自身の固有財産をほとんど有していない場合についてはともかく，相当の固有財産を擁している状況の下では，受託者が信託銀行であるとの理由のみで信託関係の公示をする必要がないとの結論を導くことは論理的に不可能である。さらに，最判昭和43年における問屋の破産財団からの委託者の取戻権が認められたことについては，委託者が委託した財産について，預かり資産であることの対抗要件を備えることが事実上困難であったとの事情に加え，当該財産が委託者からの預かり資産であることについて，関係者が事実を争っていないという，当該事案特有の事情が存在することを考えれば，結論として委託者の取戻権を認めた最高裁判例が存在するとの一事をもって，信託関係の公示について確立した対抗要件に関する一般原則の一部を事実上無視して差し支えないとの結論を導くことは，到底支持できないと言わなければならない。

　以上のとおり，信託財産の分別管理をもって信託の表示に代える効果を持たせるべきであるとの議論は，その実務上の背景における妥当性についても，かかる効果を認めるべきとする理論的根拠についても，大きな問題を抱えるものであったが，平成10年改正信託業法は，上述した対抗要件に関する一般原則からの批判に正面から応えることなく，受託者が固有財産と信託財産とを分別して管理することをもって，旧信託法の規定する信託の表示としての効果を有する旨を規定し[48]，議論が決着したかに見えた。

　しかしながら，この改正信託業法は，固有財産と信託財産との分別を求めるのみであり，信託財産相互間の分別については何も規定していなかったほか，受益者が取戻権を行使するために信託財産の範囲について立証しなけれ

ばならないことについて，何の配慮もしていないものであった。したがって，この規定によって，受益者の権利が確保されることは事実上期待できず，ただ，分別管理を行っていたことにより受託者が信託の表示を行っていなかったことに関する義務と責任を免れるのみという，信託関係当事者間の衡平の観点からも，受託者の破産時における受益者の権利の擁護という観点からも，妥当性を疑われる可能性がある結論が導かれる恐れが生じてきた。もっとも，当時において受託者が具体的に破産し，同条の適用により受益者が取戻権を行使すべき状況は，幸いにして生じなかったため，この規定はあらゆる意味での問題を抱えつつ，その後においては全くと言ってよいほど議論の対象とされなくなった。

　以上のとおり，分別管理をもって信託の公示に代えるとの議論は，信託の公示に関して前述した理論的根拠について，極めて不十分な考慮しかしていなかったものと言うほかない。すなわち，信託関係の存在についての外観からの予測可能性からしても，受益者の権利の範囲を明確にすることや，受託者の権限の適正さを示すことにしても，事実上，信託関係の存在のほか，信託行為により定められた内容をも同時に示すことが必要となるが，信託財産の分別管理においては，受託者のみに信託財産の情報が集中する構造となっている。したがって，信託財産の分別管理に信託関係の公示としての機能を発揮させるためには，第三者をも含めて広く「情報開示」を行う必要があることとなるが，これは，信託関係当事者のみが当該信託財産に関する情報を共有する，という信託財産に関する情報開示の原則論を，大幅に変更せざるを得ないことを意味しており，信託財産の管理処分方針としては，理論上も実務上も無理があったわけである。

　現行法上，信託関係の公示に関する規定としては，登記登録制度が設けられている財産権について，登記登録によらなければ信託関係を第三者に対抗できない，とされているのみであり[49]，それ以外の財産については，有価証券等を含めて特に規定が設けられていない。したがって，上記のような議論

48　平成10年改正信託業法第10条〔抄〕①　信託会社ガ信託財産トシテ所有スル有価証券ニ付テハ信託ハ信託法第3条第2項ノ規定ニ拘ラズ固有財産トシテ所有スル有価証券ト分別シテ之ヲ管理シタルトキハ之ヲ以テ第三者ニ対抗スルコトヲ得

第7節　信託に関する税制

が現行法下で再度主張されることはないはずであるが，信託法に関する議論が抱えることがありうる理論的観点の不十分さを象徴するものとして，常に内省の糧とする必要があるように思われる。

第7節　信託に関する税制

(1)　信託の基本構造から見た信託税制

　信託関係に対する課税は，他の法律関係に対する課税と同様，実体上の法律関係を基に行われることが原則であるが，信託関係については，その理論構成自体が多様であるため，課税上の問題が少なからず発生してくる。

　第1に，信託の設定に際して，委託者が受託者に財産を移転し，あるいは自己信託において委託者が自己の財産を信託財産とする際に，譲渡所得税，消費税をはじめとする，「財産の譲渡」に関して行われる課税の有無が問題となる。これは，要するに，信託関係の設定が「譲渡」に当たるか否かという問題であり，信託の基本構造，信託目的，および具体的に設定される財産の種別との関係について，議論が複雑に交錯するものである。

　第2に，信託関係が成立した後，信託目的に従った管理処分が行われるに際して，そこで生じた利益が，どの時点で誰に帰属ないし移転したと解釈するかが問題となる。これは，信託関係に対する課税の伝統的な問題であり，特に，信託関係が信託関係当事者との関係でどの程度の独立性を有しているかによって，当該信託関係を独立の課税対象とすべきか否かが，解釈上争われることとなる。

　第3に，受益者に対する信託財産からの利益享受に対する課税において，受益者の主体としての特性をどの程度考慮すべきかも問題となる。これは，当該受益者が信託以外の法律関係に基づいて利益を享受した場合との比較における課税の均衡と，同一ないし類似した信託目的を有する他の信託関係と

49　（信託財産に属する財産の対抗要件）
　　第14条　登記又は登録をしなければ権利の得喪及び変更を第三者に対抗することができない財産については，信託の登記又は登録をしなければ，当該財産が信託財産に属することを第三者に対抗することができない。

の比較における課税の均衡との間に，解釈指針のずれが生ずることがあるほか，受益者の主体としての特性においては，法人格の有無や内国外国の区別などが複雑に関係してくるため，明快な基準を導くことが極めて困難なものということができる。

　もっとも，これらの問題が生ずる最大の原因は，前記のとおり，信託関係の理論構成が単一でなく，同一ないし類似した目的の信託関係が多様な法律構成により設定しうることにあるから，実務上望ましい信託税制としては，信託関係の多様性に関わらない一貫した課税上の標準を設けると同時に，同一ないし類似した目的を有する信託関係ないし他の法律関係との均衡を図る必要が生ずるわけである。このような信託関係に対する課税のあり方については，多様な考え方がありうるが，信託の基本構造との関係では，次のような整理が可能である。

　まず，信託財産が受託者の財産であるとの考え方の下では，信託関係に対する課税は，専ら受託者の属性を標準として行われ，信託財産の管理処分によって得られた利益についても，原則として受託者の収入として考え，受託者に課税することとなる。ただし，受益者が信託行為の定めるところに従って財産から享受した利益については，受託者から受益者に利益が移転しているから，受益者の収入として課税の対象となると共に，受託者は当該利益に相当する部分の課税を免れる。なお，受託者に対して行われた課税については，受託者が信託財産の管理処分に伴って受けた負担の一種であるから，受託者が費用補償請求権を信託財産に対して行使することにより，信託財産の管理処分に対する課税は，結局，信託財産が経済的に負担することとなる。この考え方は，信託財産が受託者の名義となっていることから，課税対象を明確に把握できる点で極めて優れており，また，受益者が信託関係から現に享受する利益の範囲でのみ受益者に対して課税がなされ，利益が信託財産に留まっている間は受託者に対して課税がなされる点において，現実に利益を管理ないし把握している主体と課税対象との均衡が完全に図られている。

　しかしながら，この考え方の下における課税は，第1次的に受託者の属性を標準とする以上，課税対象とならない主体が受託者として選任された場合には，信託財産の管理処分による利益自体に課税できなくなる恐れがある。このような主体は，多くの場合，財産管理能力の点で受託者としての適格性

を実務上備えていない場合も少なくないが、課税対象とならない主体が受託者として選任され、当該受託者が、信託行為の定めるところに従い、課税対象となる主体を事実上の管理者として選任した場合には、信託財産の管理処分を現実に行っている者が受託者自身でない以上、受託者が課税対象とならない事実を否認することが困難となるため、受託者段階における課税を回避することが不可能でなくなってくる。そうすると、受益権による現実の利益享受に応じて受益者に対して課税するほかなくなるわけであるが、受益者は、信託行為の定めるところに従い、受益権の行使時期を調整することが不可能でないから、受益者における他の収支との合算によって、実質的に受益権を行使して得られた利益についての課税を回避する可能性が生じてくる。要するに、この考え方の下では、信託財産の管理処分権限の委託と受益権の行使時期とが信託行為により調整されることによって、信託財産の管理処分によって得られた収益に対して、適切な時期に適切な課税が行われない結果が生ずる恐れが高い点が、問題として無視できない。

　次に、受益者が信託財産の実質所有者であると考えた場合には、信託財産の管理処分によって生じた利益は、全て財産の実質所有者である受益者に対して課税されることとなり、受託者は課税対象とならない。また、この考え方の下では、受益者が受益権を取得したことが、信託財産自体を取得したものと課税上同視されるから、課税の時期は、受益者により受益権が行使された時ではなく、受益者が受益権を取得した時からとなる。この考え方は、信託関係における経済的な利益が最終的に受益者に帰属することに着目するものであり、経済的な課税関係の衡平感に基本的に合致しているほか、前述したような信託財産の管理処分権限の配分や、受益権の行使時期を信託行為により調整することによる課税の回避が事実上効果を生じなくなるため、他の法律関係と比べた場合における課税の衡平性も極めて優れている。

　しかしながら、この考え方は、受益者が現に信託財産から利益を享受していない段階で、受益者に信託財産の管理処分による利益が生じたものとして課税を行うこととなるから、受益者が現に管理ないし把握していない利益について予め課税することの妥当性を、どのように説明すべきかが問題となる。また、受益権の種類や構成が多種多様であり、受益者相互間の権利関係が複雑となる信託関係については、具体的な課税対象として、どの受益者に対し

てどの収益に相当する部分を課税すべきかが，極めて複雑となる可能性が避けられない。このような場合における実務上の対処としては，受益権の具体的内容に着目し，信託財産全体の収益との関係を割合的に計算することによって，個々の受益権の課税対象を判断するほかないわけであるが，信託行為により定められる受益権の内容によっては，全ての受益権の有する具体的な権利内容を合算しても，信託財産の「所有権」と同一内容となるとは限らない場合がある。また，権利内容の次元が異なっていたり，収益時期が異なっている受益権の内容を，同時的かつ割合的に構成し直すことが，かなり困難な場合も生じうる。要するに，この考え方の下では，受益権の内容が極めて複雑であった場合に，課税上の困難や混乱が避けられない恐れがある点が，大きな問題となるわけである。

　他方，信託財産が信託関係当事者から独立した財産であるとの考え方の下では，信託財産の管理処分による利益に対する課税は，信託財産自体に対して行われ，受託者個人や受益者は，信託財産に対する課税とは無関係となる。また，受益権による信託財産からの利益享受は，信託財産の管理処分によって得られた利益とは別の財産であるから，受益権による利益享受は，受益者の収入として，受益者に対して課税される。なお，受益権による利益享受が行われた分については，信託財産は必要な支出をしている以上，課税対象から控除されることになる。この考え方は，信託財産の管理処分によって得られる利益の存在を，信託関係当事者の個人的属性から完全に切り離すものであり，また，受益者に対しては，現に利益を享受した分について個別に課税を行うことから，具体的な利益の管理ないし把握状況と課税対象とがほぼ合致しており，税制としての衡平性に極めて優れたものである。

　しかしながら，この考え方の下では，課税対象となるべき信託財産の範囲を特定することが最重要課題となるところ，信託財産の範囲は，信託条項によって自由に定めることができるほか，当該財産の内容，所在等について，課税対象とすることが可能か否かの判断が，極めて困難な場合も生じうる。典型的には，信託財産の一部が国外に所在しており，当該信託財産の管理処分と信託財産からの受益権による利益享受が国内で行われたような場合，受益権による利益享受に対して課税できることは確実であるものの，当該信託財産の管理処分による収益自体について課税することが可能か否かは，信託

財産の所在国における課税権限との関係で，極めて判断が複雑となる。また，全ての主体や財産が国内に存在していた場合でも，信託財産の範囲を信託行為により調整し，複数の信託関係を受益権や管理権限を複雑に交錯させることによって，信託財産の管理処分による利益の配分が複雑になったり，課税標準となる財産が分散したりすることも，常に行われる可能性がある。要するに，この考え方は，信託財産の範囲と具体的内容について信託行為による調整が行われた場合，課税対象の解釈について混乱が生ずる結果，課税実務に相当の負担がかかる恐れがあることが，最も大きな問題である。

以上のとおり，信託税制に関しては，どのような考え方に基づいて課税を行う場合でも，相当の解釈上の困難が伴うことが避けられない。また，信託課税のあり方について検討する場合には，信託関係と経済的にほぼ同一の効果を生じさせる他の法律関係との比較において，課税の均衡を図る必要があることも，制度設計のあり方を難しくさせる原因となっている。

(2) 現在および今後における信託税制のあり方

現行の信託税制は，基本的には，受益者が信託財産の所有者であるとみなし，信託財産の管理処分によって生じた利益や損失は全て受益者の利益および損失とみなしている[50]。したがって，現行の信託税制の下では，受託者の権限や，受益権の行使時期が信託行為で調整されることによって課税回避の

---

50 （信託財産に属する資産及び負債並びに信託財産に帰せられる収益及び費用の帰属）〔抄〕

所得税法第13条① 信託の受益者（受益者としての権利を現に有するものに限る。）は当該信託の信託財産に属する資産及び負債を有するものとみなし，かつ，当該信託財産に帰せられる収益及び費用は当該受益者の収益及び費用とみなして，この法律の規定を適用する。

（信託財産に属する資産及び負債並びに信託財産に帰せられる収益及び費用の帰属）〔抄〕

法人税法第12条① 信託の受益者（受益者としての権利を現に有するものに限る。）は当該信託の信託財産に属する資産及び負債を有するものとみなし，かつ，当該信託財産に帰せられる収益及び費用は当該受益者の収益及び費用とみなして，この法律の規定を適用する。

問題が生ずることはないが，受益権の内容が極めて複雑となっていたり，同時または順次に信託財産から利益享受を行うことを定めたりしている信託行為の解釈をどのようにすべきかが，実務上問題となることは避けられない。

　もっとも，信託関係に関する一般的な状況における解釈と比べて，課税時における信託関係の解釈については，多少性格が異なる部分がないではない。すなわち，一般的な状況における信託行為の解釈については，信託行為が信託関係当事者の自由な意思によって定められるものである以上，信託関係当事者が設定した権利義務関係の表示に則った解釈を行うことが原則となると考えられるのに対し，信託関係に対して課税を行う場合における信託行為の解釈については，信託関係当事者の設定した具体的な権利義務関係の表示に課税当局が必ずしも拘束されることなく，当該信託関係における経済的な利益の配分に直接着目した解釈を行うことも，課税という公益的観点から許容される可能性があるためである。

　いずれにせよ，今後における信託税制のあり方としては，信託関係当事者にとっても，課税当局にとっても，解釈の紛れる余地ができる限り少ないような制度設計を行うことが望ましい。しかしながら，これまで述べてきたとおり，信託税制の基準や標準が明確になればなるほど，信託行為の内容が「工夫」されることによって，経済的にほぼ同一の関係相互間で課税の格差が生ずることは，事実上避けられなくなってしまう。

　もっとも，信託関係は，そもそも課税を免れることを目的として設定されてきたという歴史的側面もないわけではないため，信託行為により課税対象や課税回避の問題が生じうることは，半ば宿命的なものとも考えられる。その意味で，現在の信託税制は，基本的に受益者が信託財産を所有しているものとみなすと共に，受益権の具体的内容が，信託財産からの配当の受領に基本的に限られていると考えられるものについては取扱いを変えたり[51]，信託の変更の権限を有する将来受益者を課税上の受益者とみなし[52]，一定の類型の信託関係については法人と同様に扱い受託者に対して課税する[53]等，理論的に複合的な標準を設けることによって，理論的な明快さと実務上の妥当性とを同時に追求しようとするものであり，この基本的な方向性は，肯定的に評価できるように思われる。また，今後において，社会的に悪質と評価されるような課税回避が信託関係を利用して行われた場合には，かかる利用を抑

制するために，課税制度を新設ないし改正することも，課税の公益的観点から支持されるべきである。ただ，それにしても，課税制度の設計者と信託関係当事者との「創意工夫」による闘争が，事実上永遠に続くことは，避けられないものと思われる。

---

51 （信託財産に属する資産及び負債並びに信託財産に帰せられる収益及び費用の帰属）〔抄〕
　所得税法第13条① 信託の受益者（受益者としての権利を現に有するものに限る。）は当該信託の信託財産に属する資産及び負債を有するものとみなし，かつ，当該信託財産に帰せられる収益及び費用は当該受益者の収益及び費用とみなして，この法律の規定を適用する。ただし，集団投資信託，退職年金等信託又は法人課税信託の信託財産に属する資産及び負債並びに当該信託財産に帰せられる収益及び費用については，この限りでない。
　（信託財産に属する資産及び負債並びに信託財産に帰せられる収益及び費用の帰属）〔抄〕
　法人税法第12条① 信託の受益者（受益者としての権利を現に有するものに限る。）は当該信託の信託財産に属する資産及び負債を有するものとみなし，かつ，当該信託財産に帰せられる収益及び費用は当該受益者の収益及び費用とみなして，この法律の規定を適用する。ただし，集団投資信託，退職年金等信託，特定公益信託等又は法人課税信託の信託財産に属する資産及び負債並びに当該信託財産に帰せられる収益及び費用については，この限りでない。

52 （信託財産に属する資産及び負債並びに信託財産に帰せられる収益及び費用の帰属）〔抄〕
　所得税法第13条② 信託の変更をする権限（軽微な変更をする権限として政令で定めるものを除く。）を現に有し，かつ，当該信託の信託財産の給付を受けることとされている者（受益者を除く。）は，前項に規定する受益者とみなして，同項の規定を適用する。
　（信託財産に属する資産及び負債並びに信託財産に帰せられる収益及び費用の帰属）〔抄〕
　法人税法第12条② 信託の変更をする権限（軽微な変更をする権限として政令で定めるものを除く。）を現に有し，かつ，当該信託の信託財産の給付を受けることとされている者（受益者を除く。）は，前項に規定する受益者とみなして，同項の規定を適用する。

53 （定義）〔抄〕
　所得税法第2条① この法律において，次の各号に掲げる用語の意義は，当該各号に定めるところによる。

八の三　法人課税信託　法人税法（昭和40年法律第34号）第2条第29号の2（定義）に規定する法人課税信託をいう。
（法人課税信託の受託者に関するこの法律の適用）
所得税法第6条の2①　法人課税信託の受託者は，各法人課税信託の信託資産等（信託財産に属する資産及び負債並びに当該信託財産に帰せられる収益及び費用をいう。以下この章において同じ。）及び固有資産等（法人課税信託の信託資産等以外の資産及び負債並びに収益及び費用をいう。次項において同じ。）ごとに，それぞれ別の者とみなして，この法律（前章（納税義務）及び第5章（納税地）並びに第6編（罰則）を除く。次条において同じ。）の規定を適用する。
②　前項の場合において，各法人課税信託の信託資産等及び固有資産等は，同項の規定によりみなされた各別の者にそれぞれ帰属するものとする。
（定義）〔抄〕
法人税法第2条　この法律において，次の各号に掲げる用語の意義は，当該各号に定めるところによる。
二十九の二　法人課税信託　次に掲げる信託（集団投資信託並びに第12条第4項第1号（信託財産に属する資産及び負債並びに信託財産に帰せられる収益及び費用の帰属）に規定する退職年金等信託及び同項第2号に規定する特定公益信託等を除く。）をいう。
　イ　受益権を表示する証券を発行する旨の定めのある信託
　ロ　第12条第1項に規定する受益者（同条第2項の規定により同条第1項に規定する受益者とみなされる者を含む。）が存しない信託
　ハ　法人（公共法人及び公益法人等を除く。）が委託者となる信託（信託財産に属する資産のみを信託するものを除く。）で，次に掲げる要件のいずれかに該当するもの
　(1)　当該法人の事業の全部又は重要な一部（その譲渡につき当該法人の会社法（平成17年法律第86号）第467条第1項（第1号又は第2号に係る部分に限る。）（事業譲渡等の承認等）の株主総会の決議（これに準ずるものを含む。）を要するものに限る。）を信託し，かつ，その信託の効力が生じた時において，当該法人の株主等が取得する受益権のその信託に係るすべての受益権に対する割合が100分の50を超えるものとして政令で定めるものに該当することが見込まれていたこと（その信託財産に属する金銭以外の資産の種類がおおむね同一である場合として政令で定める場合を除く。）。
　(2)　その信託の効力が生じた時又はその存続期間（その信託行為において定められた存続期間をいう。(2)において同じ。）の定めの変更の効力が生じた時（(2)において「効力発生時等」という。）において当該法人又は当該法人との間に政令で定める特殊の関係のある者（(2)及び(3)において「特殊関係者」と

　　　　いう。）が受託者であり，かつ，当該効力発生時等において当該効力発生時
　　　　等以後のその存続期間が20年を超えるものとされていたこと（当該法人又
　　　　は当該法人の特殊関係者のいずれもがその受託者でなかつた場合において当
　　　　該法人又は当該法人の特殊関係者がその受託者に就任することとなり，かつ，
　　　　その就任の時においてその時以後のその存続期間が20年を超えるものとさ
　　　　れていたときを含むものとし，その信託財産の性質上その信託財産の管理又
　　　　は処分に長期間を要する場合として政令で定める場合を除く。）。
　　⑶　その信託の効力が生じた時において当該法人又は当該法人の特殊関係者を
　　　　その受託者と，当該法人の特殊関係者をその受益者とし，かつ，その時にお
　　　　いて当該特殊関係者に対する収益の分配の割合の変更が可能である場合とし
　　　　て政令で定める場合に該当したこと。
　ニ　投資信託及び投資法人に関する法律第2条第3項に規定する投資信託
　ホ　資産の流動化に関する法律（平成10年法律第105号）第2条第13項（定
　　義）に規定する特定目的信託
　（法人課税信託の受託者に関するこの法律の適用）
法人税法第4条の6①　法人課税信託の受託者は，各法人課税信託の信託資産等（信
　託財産に属する資産及び負債並びに当該信託財産に帰せられる収益及び費用をいう。
　以下この章において同じ。）及び固有資産等（法人課税信託の信託資産等以外の資
　産及び負債並びに収益及び費用をいう。次項において同じ。）ごとに，それぞれ別
　の者とみなして，この法律（第2条第29号の2（定義），第4条（納税義務者）及
　び第12条（信託財産に属する資産及び負債並びに信託財産に帰せられる収益及び
　費用の帰属）並びに第6章（納税地）並びに第5編（罰則）を除く。以下この章に
　おいて同じ。）の規定を適用する。
②　前項の場合において，各法人課税信託の信託資産等及び固有資産等は，同項の規
　定によりみなされた各別の者にそれぞれ帰属するものとする。

第5章　信託と第三者の関係

　信託財産の管理処分は，信託関係当事者間のみで完結することは稀であり，むしろ信託関係当事者以外の第三者を相手方として行われることが通常である。したがって，信託関係当事者，特に受益者と第三者との利害対立が生じた場合における解釈は，信託に関する議論の中で，避けて通ることのできない最も重要な部分である。本章では，このような利害対立構造について一般的に論じた後，特に深刻な問題が生じうる状況として，信託違反処分によって受益者と第三者との利害が衝突した場合と，受益者に対して第三者が信託財産の管理処分に関する責任を追及してきた場合とを取り上げ，信託の基本構造に関する理論構成や，受益権の法的性質に関する議論が，受益者と第三者との利害対立の中で，どのように機能するかについて考察する。

第1節　信託関係に対する第三者の地位

(1)　信託関係当事者と第三者との関係

　信託財産の管理処分権限は，原則として受託者が有しており，信託行為等で特に合意されていない限り，委託者や受益者が信託財産の管理処分に直接関与することはない。したがって，信託関係の相手方となった第三者の立場から見ると，当該第三者が法律関係の相手方として直接相対するのは受託者のみであり，受益者は信託関係の背後における存在である。このように，信託財産の管理処分が正常に行われている場合には，受益者と第三者とが直接の法律関係に立つことはないはずであるから，受益者と第三者との間の法律関係が議論の対象となるということは，何らかの理由により，信託財産の管

第1節　信託関係に対する第三者の地位

理処分に異常事態が生じた場合であると考えて差し支えない。

　信託財産の管理処分において生ずる異常事態としては、2つの状況が考えられる。第1に、受託者の行った信託財産の管理処分が、信託目的や受託者に与えられた権限に違反しており、それによって信託目的達成のために必要な信託財産が第三者に帰属した場合、すなわち、第三者に対する受益者の責任追及が問題となる場合である。第2に、信託財産の管理処分の過程で第三者に損害が生じ、あるいは第三者が取得した請求権に対して、信託財産がかかる請求を満足させるために必要な財産を有していなかった際に、当該第三者が、信託財産に対する責任追及に加え、信託財産の管理処分に基づく利益を享受していた受益者に対して責任を追及してくる場合、すなわち、第三者の受益者に対する責任追及が問題となる場合である。

　このうち、第1の状況については、信託法は明文の規定により、受益者の権利と第三者の権利との間に一定の利害調整基準を設けているが、その理論構成については、信託の基本構造や受益者の権利の性質によって大きく議論の内容が異なっている。かつ、この受益者と第三者との利害調整基準については、信託法理の原点に遡って理論的に分析してみると、各時代および各法体系における権利概念や財産概念の基本構造、さらには法体系における信託の役割の違いが、密接な影響を及ぼしている。したがって、信託法の条文が提示する利害調整基準を表面的に分析するだけでは議論として不十分であり、条文の提示する利害調整基準が、信託の基本構造に関する理論構成との関係でどのような位置づけにあるかについて、検討を加える必要がある。

　他方、第2の状況については、信託法はかかる事態に関する規定を設けておらず、そもそも受益者に対する直接的な責任追及を第三者が行うことは許されない、とする議論も存在しないわけではない。実際、信託財産の管理処分が正常に行われている限り、受益者と第三者とが直接の法律関係に立つことはないはずであるから、第三者が受益者に対して直接法律上の請求ができるとするためには、信託関係の基本構造から理論的に解釈を行う必要がある。しかしながら、これまで多くの局面において議論してきたとおり、信託関係の基本構造については複数の理論構成があるうえ、現行信託法はどの理論構成との関係でも不整合を生じさせない構造となっているから、受益者の第三者に対する責任について議論する場合にも、どの理論構成を基盤とするかに

よって，解釈の方向性が大きく異なってくる。

以上を要するに，信託関係当事者と第三者との法律関係，特に受益者と第三者との利害調整の解釈においては，信託の基本構造に関する理論構成の違いによる影響が極めて大きい。そして，信託関係が，基本的に信託関係当事者の合意によって成立しており，第三者がかかる合意の当事者でないにもかかわらず，なぜかかる法律関係の影響を受けることとなるかについて明確な説明を行うことが，利害調整基準の理論的正当性と実務的妥当性の確保のために，極めて重要となるわけである。

(2) 信託関係の明確化と第三者との関係

信託関係当事者と第三者との利害調整に関して，もう1つ問題が生じうる状況としては，法律関係の相手方である第三者の立場から見て，信託関係の存在自体が明らかでない場合が挙げられる。この場合において第三者は，受託者個人と法律関係に立っているとの認識でいたところ，信託関係が存在していることが後に判明するわけであり，このような認識の違いが，当該第三者と信託関係当事者，特に受益者との利害調整に関して，どのような影響を受けると考えるべきかが問題となる。なお，前述した受託者の信託違反に関して受益者が第三者に対して責任追及を行う場合や，第三者が受益者に対して責任追及を行う場合については，第三者の側は，受託者の義務違反等に対する認識についてはともかく，信託関係が存在すること自体の認識はあることが通常であるから，第三者の立場から見た責任追及の可能性に関する予測の点で，議論の前提が大きく異なっている。

この問題に対する考え方としては，第三者の立場からの権利関係の予測を基盤とする考え方と，客観的な法律関係の存在を基盤とする考え方とがある。

すなわち，第三者の立場から見た権利関係の予測についての考え方を基盤とすると，信託関係の存在が明らかでなかった段階では，第三者は受託者個人のみを法律関係の相手方として認識していたわけであり，したがって，受託者個人に対する責任追及のみを行うことをもって，自己の権利を全うすべき状態に置かれていると予測していた以上，現実には信託関係が存在し，理論上受益者との法律関係が生じうる状況にあることが後に判明したとしても，

第1節　信託関係に対する第三者の地位

かかる状況において第三者と信託関係当事者との間に直接的な法律関係を認めることは，当該第三者に対して，当初の予測以上の権利行使の可能性を与えるに等しく，原則として許されない，という考え方が導かれる。この考え方は，法律関係の当事者の現実の認識を重視するものであるから，逆に，信託関係が存在していると第三者が認識しており，当該認識を有することにつき正当な理由があった場合には，仮に信託関係が存在しなかったとしても，かかる認識に基づく法律上の効果を認めるべきであるとの議論に連動していくものである。

これに対して，客観的な法律関係の存在を基盤とすると，第三者が自己の法律上の権利関係の一部を当初認識していなかったとしても，当該第三者の法律上の権利は現実に存在していたわけであり，当該第三者が有していた誤った認識に権利関係が影響される理由はないところ，当該第三者が後に自己の権利関係に関して正確な認識を有するに到った以上，当該第三者が自己の権利を本来行われるべき相手方に対して主張することに何ら問題はなく，したがって信託関係当事者に対して第三者が自己の権利を行使することは当然許されるべきである，との考え方が導かれる。この考え方は，当事者の有していた認識よりも，客観的な事実関係を重視するわけであるから，逆に，第三者が信託関係があるものと認識していたにもかかわらず，信託関係が現実には存在しなかった場合については，かかる誤った認識が相手方当事者の言動により形成された場合等，相手方当事者にかかる権利関係がないことを主張することに信義則上問題があるような場合を除き，存在しない法律関係に従った権利主張を行うことは許されない，と考えることになる。

他方，このような信託関係の存在自体が第三者の立場から判然としない状況の解釈については，信託関係の対抗の問題として処理する，という考え方も成り立ちうる。特に，信託関係の存在が判然としない状況が，信託関係当事者の側によって作出され，信託財産の管理処分の具体的状況に応じて信託関係の存在を明示したりしなかったり，ということが行われていた場合には，かかる管理処分の相手方である第三者に対して当該信託関係を対抗することは許されず，当該第三者は当該信託関係の存在を認めることも認めないこともできる，との結論を導くことは，直感的には理解しやすい。しかしながら，現行法上，信託に関する対抗要件として条文で明定されているものは，信託

財産が登記登録を要する財産であった場合のみであり、その他の財産については、特に対抗要件として規定されたものがない以上、第三者に対して信託関係が「対抗できない」場合とは、信託財産である不動産に関して信託の登記がされていない場合等に限られざるを得ないこととなる。

　当事者間の紛争を審理判断する裁判所等の観点からすると、信託関係に限らず、法律関係は明確である方が望ましいことは言うまでもなく、法律関係をあえて明確にしない当事者に対して消極的な態度をもって臨むべきであるとされることも、十分理解可能なものである。しかしながら、法律関係の当事者が置かれている利害状況は、必ずしも単一のものでなく、信託関係に関しても、その存在を明示するか否かによって、関係者の利害状況が複雑に交錯することが生ずる以上、信託関係当事者が信託関係の存在自体を明確にしないことは、事実上避けられないと考えられる。したがって、このような場合における相手方の「保護」をどのように図るべきかの基準に関する議論は、その必要性が増すことはあっても、減ることはないものと思われる。

第2節　信託違反と第三者の責任

(1)　信託違反行為と第三者の関係

　受託者が信託行為により与えられた権限に違反したり、あるいは信託目的に反した信託財産の管理処分を行った場合に、当該信託違反行為の相手方となった第三者側の状況としては、いくつかの場合が考えられる。第1に、当該第三者が、信託関係の存在をそもそも知らず、当該財産が受託者の財産であると認識して、信託違反行為の相手方となっていた場合がある。第2に、当該第三者が、信託関係の存在については知っており、ただ、受託者の行為が信託違反であるとは知らずに行為の相手方となった場合がある。第3に、当該第三者が、信託関係の存在はもとより、受託者の行為が信託違反であることをも知ったうえで、行為の相手方となっていた場合がある。なお、当該第三者が過失ないしは重過失によって、信託関係の存在や信託違反行為であることを知らなかった場合について、その分類を上記の各場合のどれに該当すると考えるべきかが、現実にはさらに問題となる。

第2節　信託違反と第三者の責任

　上記の第1の場合，すなわち，当該第三者が信託関係の存在についてそもそも知らなかった場合には，当該第三者としては，受託者が信託財産の所有者であり，受託者個人との間で法律関係を形成している，と認識しているわけである。したがって，この場合における受益者と第三者の利害調整においてまず問題となるのは，第三者がかかる認識を有しているにもかかわらず，当該第三者に対して信託関係の存在およびその効果を強制することが可能か否かであり，この問題は，実質上，信託関係をどの範囲の第三者に対して対抗することが可能かという問題と類似してくる。

　信託の公示に関して既に議論したとおり，現行法の下では，登記登録すべき財産については，信託の登記登録が第三者に対する信託関係の対抗要件とされている以上，第三者が信託関係の存在を知っていたか否かに関わらず，登記登録の有無により対抗の可否が定められる。これに対して，登記登録制度のない財産については，現行法に信託の対抗に関する規定がない以上，信託関係の存在とその効果とを第三者に対して強制することができるための要件としては，第三者が信託関係の存在を知っていたか，あるいは知らなかったことについて正当な理由がない場合，すなわち，当該第三者が過失ないしは重過失によって信託関係の存在を知らなかった場合に限られるものと考えられる。なお，この利害調整基準の説明において，信託関係が誰に対しても主張可能であることが原則であり，ただ第三者が信託関係の存在を知らず，かつ過失がなかった場合には主張できないと考えるべきか，あるいは，信託関係は第三者が信託関係の存在を知っており，あるいは過失によって知らなかった場合にのみ主張できると考えるべきかは，信託の基本構造に関する考え方の違いによって，原則論が異なってくる。

　次に，上記の第2の場合，すなわち，第三者が信託違反の存在を知らなかった場合には，当該第三者が受託者の行為を権限の範囲内にあるものとして認識していたことに対する評価，言い換えれば，受託者の行為が権限の範囲内であると当該第三者が認識したことに正当な理由があると考えられるか否かが問題となる。ただし，この場合における第三者の認識に正当な理由があるか否かの判断においては，信託関係の存在自体に対する認識の場合と異なり，当該第三者が信託関係の存在について知っている以上，受託者が信託関係上与えられている権限の内容について，当該第三者が調査することは可能

であるから，第三者による調査が不十分であった結果，信託違反であることが認識できなかった場合には，重過失ないし過失があったと評価されることになるであろう。このように，第三者にとっては，信託関係の存在が明らかになった段階で，受託者の権限内容について調査を行うことが求められるわけであるが，他方で，受託者の側としても，行為の相手方である第三者から受託者の権限の範囲内にあることや信託目的に反しないことの確認を求められた場合には，これに応ずる必要が生じてくる。

以上に対して，第3の場合，すなわち，第三者が信託関係の存在についてはもとより，受託者の信託違反をも知っていた場合については，当該第三者に対して信託関係に基づく効果を強制すること自体は，理論上も実務上も問題がない。ただ，この場合，当該第三者に対して，どのような理論構成に基づいて，どのような内容の措置を要求することができるかについては，信託の基本構造に関する考え方の違いによって，大きく原則論が異なってくる。

このように，受託者の信託違反が行われた場合における第三者の地位については，当該第三者の認識がどのようなものであったか，さらに，当該第三者が，信託関係の存在ないし受託者に与えられた権限の内容，さらに信託目的について，どの程度調査を行うことが可能であったかによって結論が分かれる。そして，この結論を導くための理論構成や，当該第三者が負うべき責任の具体的内容については，信託の基本構造に関する議論との関係について，改めて考察を加えることが必要となってくる。

(2) 信託の基本構造と受益者の追及権

前述のとおり，受託者の信託違反が行われた場合における受益者と第三者との利害調整については，信託関係の存在および受託者の信託違反に関する第三者の知不知によって，原則的に妥当な基準を導くことが可能である。したがって，次に問題となるのは，この利害調整基準の理論構成であるが，これについては信託の基本構造に関する理論構成が密接な関係を有している。

まず，受託者が信託財産の所有者であり，受益権は受託者に対する債権であると考えた場合には，受益権が受託者に対する債権であって，信託財産に対する権利でない以上，受益権の効果を強制できる相手方は，原則として受

第2節　信託違反と第三者の責任

託者に限られる。しかしながら，信託関係の存在と受託者の信託違反を知って行為の相手方となった第三者については，受託者と共に信託違反を行ったのと同様であり，実質的に受託者と同一視することが可能であるから，当該第三者に対しても受益権の効果が及ぶと考えるべきである。

　したがって，この考え方の下における信託違反に対する具体的な救済手段としては，受託者に対してのみ行使可能であった受益権の効果が原則として第三者に対しても及び，当該第三者は，信託違反によって譲渡された信託財産について，受託者と同一の義務と責任を受益者に対して負うこととなる。要するに，この考え方の下では，受託者の信託違反を知っていた第三者について，受益者との関係で，擬制的な信託関係が生ずると考えるわけである。

　ただし，この擬制信託関係上の義務と責任は，受託者の信託違反により第三者に譲渡された信託財産について，信託違反の効果を是正するために存在するものであるから，受託者が受益者に対して負っている義務や責任とは，「信託目的」が異なる以上，具体的内容が異なってくる。したがって，例えば，当該第三者には，譲渡された財産について利益追求目的の管理処分を行う権限等はないし，他方において，受益者の請求に応じて譲渡された信託財産を返還する義務と責任は生ずることとなる。

　次に，受益者が信託財産の実質所有者であり，受益権は信託財産の実質所有権であると考えた場合には，受益権の効果は実質所有権の効果として，信託違反の相手方である第三者に対しても原則として及ぶ。しかしながら，第三者が受託者との取引等における外観を信頼し，信託関係の存在や受託者の信託違反について知らなかったことに正当な理由がある場合には，当該第三者の信頼を保護すべきであり，受益権の効果は当該第三者に対して及ばなくなる。要するに，この考え方の下における受益者と第三者との利害調整基準は，受益権が信託財産の実質所有権であることの原則的効果を基盤としつつ，取引の外観に対する第三者の信頼を保護しようとするものである。

　したがって，この考え方の下においては，信託違反が行われた具体的状況における受益者側の事情を考慮することは原則としてなく，専ら第三者の側について，取引の外観を信じたことに正当な理由があったか否かで利害調整を行うほか，第三者が有していた信頼が保護に値すると考えられるか否かによって，実質所有権としての受益権の効果が譲渡された財産に対して及ぶか

否かが判断される以上，受益者と第三者との利害調整結果については，受益権の効果が認められて第三者は当該財産に対する権利を失うか，あるいは第三者の権利が保護される結果として受益権の効果が当該財産に対して及ばなくなるか，いずれか一方が必ず生ずることとなる。

　また，受益者の第三者に対する権利行使の具体的内容としては，信託違反によって譲渡された財産が受益権の効果をなお受け続けていること，すなわち，当該財産が信託財産の範囲になお属していることを前提とする以上，当該財産を信託財産に対して取り戻すことが原則として求められる。なお，この場合の理論構成としては，受益者により信託違反行為が取り消されると考えることも，第三者が譲渡された財産について当該財産の返還を目的とした擬制信託受託者となると考えることも可能である。

　以上に対して，信託財産が信託関係当事者から独立した財産であり，受益権は信託財産に対する債権であると考えた場合には，信託違反により第三者に譲渡された信託財産については，信託違反が受託者の権限外行為である以上，受益権の効果がなお及んでいると共に，第三者の側も，権利者としての外形を有している受託者から財産を譲り受けた以上，当該財産に対する権利を有している。したがって，この場合における受益者と第三者との利害調整は，受益者と第三者とが共に当該財産に対して有する権利を比較衡量し，どちらの権利を優先させるべきかによって行われる。そして，一般に妥当性を支持されるであろう具体的な利害調整基準としては，当該第三者が信託関係の存在または受託者の信託違反について知っておらず，かつ知らなかったことにつき正当な理由がある場合には，当該第三者の権利を受益者の権利よりも優先させるべきであり，それ以外の場合，すなわち当該第三者が信託関係の存在および受託者の信託違反について知っており，あるいは知らなかったことにつき正当な理由がない場合については，受益者の権利を第三者の権利よりも優先させるべきであろう。要するに，この考え方の下では，受託者の信託違反によって信託財産が第三者に譲渡された場合には，受益者と第三者とが当該財産に対して共に権利を有し，両者の権利を比較衡量することによって，権利相互間の優先劣後関係が判断される。

　したがって，この考え方の下では，受益権と第三者の権利との比較衡量において，あらゆる事情を考慮すべきである関係上，受託者の信託違反が行わ

第2節　信託違反と第三者の責任

れた場合における第三者の側の事情のみならず、受益者側の事情についても考慮の対象とされることとなる。また、具体的な利害調整結果としても、受益者と第三者とのいずれか一方の権利が完全に認められる結果のみならず、両者の権利の間に優先劣後関係を設定したり、あるいは、受益者による当該財産の取戻しを認める代償として受益者から第三者に対して相当の補償を行わせる等、多様な結論を導くことが理論的に不可能でない。要するに、他の2つの考え方と異なり、この考え方は、信託関係当事者や第三者という「人」が信託財産という「物」を支配している、との発想を議論の前提するのではなく、信託関係当事者から独立した「財産」としての信託財産に対して、誰がどのような権利を有しているか、との発想を議論の前提とするものであり、信託財産に関して各自の有する権利関係を所有権を中心として考えないことと相まって、従来の考え方では導くことが理論的に困難であるような結果についても、考慮の対象とすることができるわけである。

　なお、この考え方において、受益権の効果が第三者に対して及ぶとされた場合、すなわち、信託財産に対する受益者の権利が第三者の権利よりも優先するとされた場合における、受益権の行使方法の原則としては、当該財産がなお信託財産の範囲に属していることを前提とする以上、当該財産を信託財産に取り戻すことが理論上の原則となる。もっとも、受益者と第三者との間における具体的な利害調整結果によっては、当該第三者に信託財産を擬制信託受託者として管理させつつ、受益権による当該財産からの利益享受を行うことが、むしろ必要となる可能性もある。ちなみに、この場合における擬制信託関係は、他の考え方において成立する擬制信託関係と異なり、単に信託財産に対して譲渡された財産を返還すべきことのみを目的とするとは限らず、受益者と当該第三者との間で、相互の権利の優先劣後関係を実現させるために設定される場合もある。したがって、この場合における擬制信託受託者としての第三者に与えられる信託財産の管理処分権限の具体的な内容としては、当該財産に関して、利益追求を目的とした管理処分を行うことが認められる場合があるほか、かかる管理処分を受益者から要求される場合さえ、理論上ありうるものと考えられる。さらに、以上の考え方と異なり、当該第三者の取得した権利についても、これを受益権の一種として捉え、受益者の権利との優先劣後関係を調整することも、実務上妥当な場合があるであろう。

(3) 受益者の追及権に関する議論の理論史的背景

　これまで述べてきたとおり，信託の基本構造に関する理論構成と，受託者の信託違反が行われた場合における受益者と第三者との利害調整基準に関する議論との間には，密接な連動関係があり，利害調整基準の具体的な内容が結論としてそれほど大きな違いをもたらさないとしても，かかる利害調整基準を導くための理論構成について，質的な議論の違いがあるため，受益者と第三者との利害調整基準に関する議論の対立に関しては，その理論史的背景についても，注意しておく必要がある[1]。

　すなわち，これまでの議論において前提としてきた法体系は，日本の法体系を含めた，基本的に一貫した価値基準で成り立っているものであり，複数の次元における「正義」が社会的政治的のみならず法理論的にも拮抗している状況が念頭に置かれているわけではない。また，「信託関係」の本質的要素が何であるかについて，未だ明らかでない部分が残されているとしても，例えば，「信託財産」「信託違反」「受益権」といった議論の前提となる基本的な概念については，特に法理論的に対立が生じていないため，どのような信託関係を具体的に念頭に置くべきかという実務的観点から整理の必要があるものの，議論の基本的な理論的前提について，常に歴史的論証や理論的検討の必要が生じているわけではない。

　もっとも，このような議論の前提について，ほとんど争いがない状態で議論が行われている状況は，受託者の信託違反が行われた場合における受益者と第三者との利害調整に関する議論に限らず，信託の基本構造に関する議論を筆頭とした，信託に関する議論全体について，共通している現象とも考えられる。実際，日本の信託法の母法とされる英米の信託法理において，歴史的には裁判所の権威を前提として成立していた判例法理が，19世紀後半の英国における裁判所制度改革の中で理論的前提について議論する必要に迫られ，債権説を典型とする信託の基本構造に関する理論構成が提唱されていったことや，20世紀前半の米国における「財産」概念ないしは「権利」概念

---

[1] 以下の議論の詳細については，星野・信託法理論参照。

の変容の中で，新たな信託法理論の可能性が模索されていったことと比較すると，日本における信託の基本構造に関する議論は，日本に信託概念が導入されて以来現在に到るまで，事実上，日本の単一の法体系を前提とし，日本の既存の契約法体系の中に，信託をどのように整合的に位置づけるかをめぐって行われてきたものということができる。

したがって，日本における信託の基本構造に関する議論は，議論の前提となる基本的な概念について理論的な争いが生じていない状況の下で，既存の法体系との関係で理論的に不整合を来さない，言い換えれば，他の法律関係との実務的な均衡を適切に図ることが可能となるような理論構成を目指してきたものと考えて差し支えない。すなわち，日本における信託に関する議論においては，議論の前提となる基本的な概念について理論的基盤の一致が見られており，かつ，法的な「正義」の概念についても正面から理論的な対立があるわけでない以上，かかる基本的な概念や正義の感覚を最終的な拠り所として，個別具体的な局面ごとの妥当性を追求することや，かかる結論を導くために最も明快な理論構成が何かについて，理論的な一貫性とは別の次元で議論を行うことの方が，むしろ日本における実務の状況に合致していたものと考えられる。

しかしながら，現に発生する問題点に対して，法的のみならず社会的にも妥当な結論を導くために，理論的一貫性と別の次元で様々な理論構成を模索することに合理性が認められることと，信託に関する理論的観点を，議論の前提となる基本的な概念や法体系全体の構造のあり方についてまで遡って議論する必要性があることとは，明確に区別されるべきである。日本における「信託」は，その概念が導入されて以来現在に到るまで，少なくとも実務の中心的関心としては，財産管理の技術的手段としていかにこれを活用するかという試みにより進歩発展を遂げてきた。このため，信託に関する議論は，一般的な法律学の議論以上に，実務上の問題点に対する具体的な結論を重視する傾向があるのみならず，近年に到っては，結論を理論的解釈によって導くこと自体が徐々に軽視され，新たな問題の発生や議論の交錯については全て立法により解決すべきであるとの見解も，相当有力になりつつある。このような傾向に単純に従うと，解釈の前提ないし理論的基盤が不明確となり，解釈自体が意味を持たないものとなりかねない。

信託をもって財産管理の技術的手段と位置づけること自体は，企業実務の目的に照らして合理的なものであり，実務上の問題点を解決する際に具体的な結果が重視されることは当然であるが，そのような解釈自体の効用と影響とについては，慎重に検討する必要があるように思われる。

(4) 信託法上の受益者の追及権

信託法は，これまで議論してきた受託者の信託違反処分に対する受益者の追及権について，受益者に当該処分の取消権を認めている[2]。受益者の取消権については，旧法にも同旨の規定があるが[3]，現行法は，旧法では必ずしも明確に規定されていなかった，信託関係の存在に対する第三者の知不知と，受託者の行為が信託違反であることに対する知不知とを要件として明確に区分したうえで，受益者と第三者との利害調整基準を定めている。

受益者による信託違反処分の取消しが行われた場合，当該処分は遡って効力を失うから，取消権行使を受けた第三者は，譲渡された財産を信託財産に対して返還する義務を負う。なお，受益者による信託違反処分の取消しは，受益者個人の利益のために行われるものというよりも，受託者による信託違反処分を是正し，信託目的を達成させるために行われるものと考えられるから，取消権を行使する受益者は，実質的には，当該信託関係において受託者が本来有している信託財産の管理処分権限の一部を行使しているのと同様の地位にある。したがって，取消権を行使した受益者は，第三者に対して，譲渡された財産を信託財産に対して返還するよう請求する際，信託財産の管理者である受託者に対して当該財産を引き渡すべき旨のほか，自己に対して当該財産を直接引き渡すべき旨を請求することもできると考えられる。

ただし，民法上の債権者取消権が行使される際，取消債権者が自己に財産を直接引き渡すべき旨を請求できるとされている場合と異なり，信託違反処分に対する取消権を行使する受益者は，その限りでは当該信託関係における受託者と同様の地位にある以上，取消権行使に伴う実質的な「義務」として，第三者から返還された財産を信託財産に対して引き渡さなければならない。したがって，取消権を行使した受益者が，第三者から直接引き渡された財産に関して，自己の受益権に基づく利益享受を他の受益者との関係で事実上優

第2節　信託違反と第三者の責任

先して行うことや，信託財産に対して有する受益権と，第三者から返還された財産を信託財産に対して引き渡す債務とを相殺したりすることは，自己の利益のみを図る行為として許されないというべきである。

　以上のとおり，現行法は，受託者の信託違反処分が行われた場合における受益者と第三者との利害調整に関して，相当明確な規定を設けているわけで

2　(受託者の権限違反行為の取消し)
　第27条①　受託者が信託財産のためにした行為がその権限に属しない場合において，次のいずれにも該当するときは，受益者は，当該行為を取り消すことができる。
　　一　当該行為の相手方が，当該行為の当時，当該行為が信託財産のためにされたものであることを知っていたこと。
　　二　当該行為の相手方が，当該行為の当時，当該行為が受託者の権限に属しないことを知っていたこと又は知らなかったことにつき重大な過失があったこと。
　②　前項の規定にかかわらず，受託者が信託財産に属する財産（第14条の信託の登記又は登録をすることができるものに限る。）について権利を設定し又は移転した行為がその権限に属しない場合には，次のいずれにも該当するときに限り，受益者は，当該行為を取り消すことができる。
　　一　当該行為の当時，当該信託財産に属する財産について第14条の信託の登記又は登録がされていたこと。
　　二　当該行為の相手方が，当該行為の当時，当該行為が受託者の権限に属しないことを知っていたこと又は知らなかったことにつき重大な過失があったこと。
　③　2人以上の受益者のうちの1人が前2項の規定による取消権を行使したときは，その取消しは，他の受益者のためにも，その効力を生ずる。
　④　第1項又は第2項の規定による取消権は，受益者（信託管理人が現に存する場合にあっては，信託管理人）が取消しの原因があることを知った時から3箇月間行使しないときは，時効によって消滅する。行為の時から1年を経過したときも，同様とする。
3　旧法第31条　受託者カ信託ノ本旨ニ反シテ信託財産ヲ処分シタルトキハ受益者ハ相手方又ハ転得者ニ対シ其ノ処分ヲ取消スコトヲ得但シ信託ノ登記若ハ登録アリタルトキ又ハ登記若ハ登録スヘカラサル信託財産ニ付テハ相手方及転得者ニ於テ其ノ処分カ信託ノ本旨ニ反スルコトヲ知リタルトキ若ハ重大ナル過失ニ因リテ知ラサリシトキニ限ル
　旧法第32条　受益者数人アル場合ニ於テ其ノ1人カ前条ノ規定ニ依リテ為シタル取消ハ他ノ受益者ノ為ニ其ノ効力ヲ生ス
　旧法第33条　第31条ニ規定スル取消権ハ受益者又ハ信託管理人カ取消ノ原因アルコトヲ知リタル時ヨリ1月内ニ之ヲ行ハサルトキハ消滅ス処分ノ時ヨリ1年ヲ経過シタルトキ亦同シ

あるが，次に問題となるのは，この現行法の規定する利害調整基準と，これまで検討してきた信託の基本構造に関する理論構成から導かれた利害調整基準とが，どのような関係にあるかである。

まず，受託者が信託財産の所有者であるとの考え方の下では，受益者と第三者との利害調整は，第三者が実質的に受託者と同一視できるか否かの判断に依るものであり，受益者に与えられるべき原則的な救済手段は，当該第三者を擬制信託受託者として，当該財産を信託財産に返還させるべき義務と責任を負わせる，というものであった。そうすると，現行法の規定する受益者による信託違反処分の取消しは，信託違反処分の効果を失わせることにより，第三者が譲渡された財産を自己のために保持しておくことを不可能とさせ，受益者の請求に従って，譲渡された財産を信託財産に対して返還すべきことを求めるものであるが，当該第三者を擬制信託受託者として，譲渡された財産の管理処分を行わせるという法律構成は採用されていない。したがって，現行法は，受益者に対して理論的に与えられるべき救済手段の1つである信託違反処分の取消権について，明文をもって規定したものと考えられる。

次に，受益者が信託財産の実質所有者であると考えた場合には，受益者と第三者との利害調整基準は，信託違反処分が受託者の権限外行為であることを前提とし，取引の外観に対する第三者の信頼をも考慮して，その効果を考えるものであり，受益者に対して与えられるべき原則的な救済手段は，譲渡された財産を信託財産の実質所有権に基づいて取り戻す，というものであった。そうすると，現行法の規定する受益者の取消権は，信託違反処分が無効であることを改めて関係者間において明確にしたうえで，譲渡された財産に対する受益者による取戻請求を正当化させるものであるが，当該第三者を擬制信託受託者として当該財産の管理処分をさせることは法律構成として採用されていない。したがって，現行法はこの考え方の下でも，受益者に対して理論的に与えられるべき救済手段の1つである信託違反処分の取消権について，明文をもって規定したものと考えられる。

さらに，信託財産が信託関係当事者から独立した財産であると考えた場合における受益者と第三者との利害調整基準は，受益者と当該第三者とが共に信託財産に関して有している権利について，諸般の事情を総合的に比較衡量し，両者の権利の優先劣後関係を定めることによって行われるものであった。

第2節 信託違反と第三者の責任

そして，この場合，受益者に対して与えられるべき救済手段は，第三者の有する権利の具体的な取扱いによって若干異なる部分があるものの，原則としては，受益権としての利益享受を具体的に可能とさせる一切の手段であり，信託違反処分を取り消して譲渡された財産を信託財産に対して返還することを当該第三者に対して請求することも，当該第三者を擬制信託受託者として譲渡された財産の管理処分を行わせることも，譲渡された財産の価値の変動を考慮して損害賠償を支払わせることも，いずれも認められるべきである。そうすると，現行法の規定する受益者の取消権が，受益者に対して与えられるべき具体的な救済手段の1つであることは疑いないが，理論的な他の救済手段の可能性について，現行法の規定から直接導くことが困難であることも明らかである。したがって，この考え方の下においても，現行法の規定する受益者の取消権は，理論上受益者に対して与えられるべき救済手段の1つについて，明文をもって規定したものと考えられる。

以上述べてきたことから明らかなとおり，現行法の規定する受益者と第三者との利害調整基準や，受益者に対して与えられる信託違反処分に対する救済手段は，信託の基本構造に関してどのような考え方を採用した場合でも，理論的に導かれるべき救済手段の1つである受益者の取消権について明文をもって規定しており，同時に，その他の理論上の救済手段については，特に規定を置いていないものということができる。すなわち，受託者の信託違反処分が行われた場合における受益者と第三者との利害調整に関しては，現行法は，信託の基本構造に関する理論構成としてどのような考え方に立ったとしても，理論的な不整合を生ずることがなく，しかしながら同時に，どれか1つの理論構成に忠実に従って利害調整基準が定められているわけでもない。したがって，現行法の規定は，信託の定義に関して述べたことと同様，信託の基本構造に関する理論構成の対立との関係では，完全に無色中立の立場を貫いているということができるし，逆に，現行法がこのような理論的性格を有するものであるがために，日本における信託の基本構造に関する理論構成の対立は，最もその理論的対立が明確な結論の差異となって生ずることが一般に予測される，信託違反処分が行われた場合における受益者と第三者との利害調整に関して，1つの理論構成が他の理論構成に対して優越する結果を生じさせないわけである。このようなことからすれば，日本における信託の

基本構造に関する理論構成の対立については，少なくとも信託違反処分に対する受益者と第三者との利害調整に関しては，「説明の違い」と考える余地がないではなく，かかる理論構成の対立の意義自体を疑問視する見解が生ずるに到ることも，ある意味ではやむを得ないものと考えられる。

もっとも，既に多くの局面で論じてきたとおり，信託の基本構造に関する理論構成の対立は，かなり重要な局面で結論の差異を現実に導いている。そして，その最も典型的な局面は，この後節を改めて論ずる，第三者に対する受益者の責任の議論であると考えて差し支えない。

第3節　第三者に対する受益者の責任

(1) 受益者に対する第三者の権利

信託財産の管理処分によって第三者と信託財産との間に生じた法律関係における責任を，受益者が負うべきか否かについては，かなり最近に到るまで，理論上の問題点としても議論されることがなかった。この理由としては，第1に，実務上，第三者との関係で受託者が第1次的な義務と責任を負うことが支障なく行われ，受益者に対する第三者からの直接請求が問題となる必要性がほとんど生じてこなかったこと，第2に，信託関係における理論上の原則として，受益者が第三者との関係で直接の法律関係に立つことがなく，信託関係の存在が，受益者の責任にとっていわゆる「防波堤」としての機能を有することが，信託関係を利用した投資活動における「長所」「特長」として，業として受託者となる信託銀行実務によって強調されてきたことを，それぞれ挙げることができる。

この議論で言われている「信託関係の特長」とは，要するに，受益者として投資活動を行う者が，具体的な投資活動の結果によっては，実質的な取引の相手方となる第三者に対し，信託財産の範囲内でしか責任を負わないことを意味するものにほかならない。このような考え方は，投資活動における損失の危険と利益の獲得との均衡という観点からすると，相当問題を含むように思われる。しかしながら，受益者と第三者とが直接の法律関係に立たないとの信託関係の原則それ自体は，信託目的達成のため，あるいは信託関係当

事者間に形成されている具体的な法律関係の効果から、理論的に導くことができるものであり、かつ、そのような法律関係の存在は、取引の相手方となる第三者にとっても、認識可能なことが通常である。したがって、第三者が信託関係の存在を知らずに取引の相手方となったような場合についてはともかく、信託関係の存在を知って取引に応じた以上、自己が受益者に対して直接の法律関係に立たず、受益者に対する責任追及も原則として行うことができないことは、当該第三者にとって予測の範囲内であるはずだ、という主張も、相当の説得力があることとなる。

これに対し、第三者からの受益者に対する責任追及を行うための法律構成として、受益者が信託財産から利益を享受していたことを捉えることにより、受益者の利得と第三者の損失との間に不当利得としての因果関係があるとの解釈や、受益者の指図した投資の失敗が取引の相手方である第三者に対する不法行為となるとの解釈、あるいは当該利益享受が債権者詐害行為であるとする解釈は、直感的には成り立ち得ないではないが、いずれも現実に裁判等で認められるかは確実でない。

以上のとおり、信託関係の原則それ自体を、投資活動における損失の危険と利益の獲得の均衡という観点のみで変更することは必ずしも容易でなく、受益者が「信託関係」における「受益者」である限り、第三者に対する責任が生ずる可能性は、かなり小さいものと予測される。

しかしながら、このような予測は、あくまで、信託関係当事者が形成した具体的な法律関係が、「信託」であると裁判所等から解釈されることを前提とするものである。したがって、信託関係当事者が「信託関係」と認識し、あるいは「信託関係」である旨を表示して形成していた法律関係が、信託以外の法律関係、例えば、「受益者」を「本人」とし、「受託者」を「代理人」であるとする「代理関係」と解釈されたような場合には、「受益者」の当該第三者に対する責任は、当該財産の「所有者」ないし代理関係における「本人」の責任として、極めて容易に導かれることとなる。

さらに、仮に信託関係当事者が形成した法律関係が、「信託」であると解釈された場合であっても、当該法律関係について、同時に「代理関係」が併存していると解釈された結果、「受益者」が「受益者兼本人」であり、「受託者」が「受託者兼代理人」であるとして、当該法律関係の解釈につき、信託

法理と代理法理とが共に適用されるという場合も生じうる[4]。従来の一般的な考え方に従うならば，信託関係と代理関係とでは，管理処分の対象となる財産の所有権の帰属が，信託関係であれば受託者，代理関係であれば本人と，それぞれ異なっている以上，信託関係と代理関係の双方が同一の法律関係の中に同時に併存することはないはずであるが，米国の信託法理の中では，事業としての利益追求を目的とするビジネス・トラスト（Business Trust）や，土地の管理処分権限を実質的に受益者が保持しているイリノイ型土地信託（Illinois Land Trust）において，受益者が受託者に対する指図権等の権限を行使することにより，実質的に受託者を自己の判断の下に「支配（control）」していたと判断される場合には，かかる「信託関係」には同時に「代理関係」が存在しているとされ，第三者に対する責任の関係では代理法理が適用されることにより，当該第三者に対する「受益者の責任」が，判例上認められる場合がある。そして，第三者に対する受益者の責任を認めた判例の判示によれば，ビジネス・トラストあるいはイリノイ型土地信託に関する議論として受益者の責任を認めたものというよりも，むしろ，信託関係一般において，受益者が受託者を，信託財産の管理処分に関して，自己の判断の下に支配している場合については，当該受益者を代理関係の本人とみなして，受益者の第三者に対する責任を，一般論として認めるものと考えられる。

　実際，ある法律関係の解釈として，当該法律関係が信託関係であるか否かの解釈の基準は，信託関係の本質的要素が何であるかによって理論的に定まるものであり，これまで議論してきたことからすれば，関係当事者や財産が「信託目的」によって拘束されていることが，最も重要なものと考えられる。したがって，代理関係の本質的要素を，代理人による行為の効果を本人に帰属させること，と考えた場合には，かかる代理関係の本質的要素と前述した信託関係の本質的要素とは矛盾しないから，同一の法律関係の中で，信託関係と代理関係とが併存する状況は，理論的に生ずるというべきである。

　なお，受益者の責任を認めるための理論構成としては，上記に述べた信託関係と代理関係の併存状況のほか，受託者に対して指図権等を行使し，信託

---

[4] この議論の詳細については，星野豊「『信託関係』における『受益者』の責任(1)〜(3・完)」NBL673号〜675号（1999）参照。

財産の管理処分に関して自己の意思を反映させていた受益者を，受託者の一種とみなすことにより，受託者の責任から類推した「受益者の責任」を認める，という考え方も成り立ちうる。この考え方は，信託関係に関する一般論の範囲内で全ての議論が完結しており，受益者が具体的局面において負うべき責任の内容についても，受託者の責任から類推して考えていくことができる分，実務上結論の予測がしやすくなる。もっとも，この考え方は，複数の受益者が各々指図権を行使した場合や，受益者の責任を追及する訴訟の当事者を誰にすべきかという点で，事実関係を全体で画一的に処理できない可能性がある。これに対して，ある「受益者」が「受益者兼本人」であり，「受託者」が「受託者兼代理人」であるか否かの判断は，原則として当該「受益者」と「受託者」との間の関係によって定まり，他の受益者との関係に係る解釈と切り離して判断することができるから，個別の当事者間のみで訴訟を完結させることが可能となる。このように，信託関係と代理関係の併存という考え方には，訴訟における現実的な解決の容易性という点から見ても，一定の合理性があることとなる。

いずれにせよ，以上に述べたような法律関係の柔軟な解釈方法について議論を行う必要性は，今後ますます高まっていくように思われる。

(2) 信託の基本構造と受益者の責任

前述した受益者の第三者に対する責任に関する議論は，当該信託関係の目的が投資活動による経済的利益の追求にあると前提した場合における，投資活動の行為と結果との帰属の均衡を議論の根拠とするもの，すなわち，当該信託関係における信託目的を基に議論を展開するものである。したがって，この議論は，当該信託関係における信託目的が投資活動に基づく経済的利益の追求にある限り，信託の基本構造に関してどのような考え方に立ったとしても，原則として妥当する反面，信託目的が投資活動による経済的利益の追求以外のものであった場合には，当該信託関係の目的との関係で逐一受益者の第三者に対する責任の合理性と妥当性とを考えていく必要がある。

これに対して，信託の基本構造に関する考え方によっては，当該信託関係における信託目的がどのようなものであるかを問わず，受益者の第三者に対

する責任を肯定すべき場合が，前述の議論と別の次元で生ずることがある。

　すなわち，受益権を信託財産の実質所有権と考える立場の下では，信託財産の管理処分の過程で生じた第三者に対する債務や責任については，第1次的には信託財産が負うものとしても，信託財産が全ての債務や責任を履行するに足りる財産を有していなかった場合，受益者は，信託財産の実質所有者として，第三者に対する債務や責任を直接負うべきである，との主張が，第三者の側から行われる可能性は否定できない。また，信託関係が終了するなどして信託財産を債権者や信託関係当事者間で清算する必要が生じた場合，受益権が信託財産の実質所有権であると考える限り，財産の清算時における所有者の権利は，債権者に対する債務や責任を全うした後に行使されるべきものと考えられるから，信託財産に対する関係で，受益者は一般債権者に後れて自己の権利を行使せざるを得ないこととなる。

　他方，受益権を受託者に対する債権と考えた場合や，信託財産に関する債権と考えた場合には，信託財産との関係で受益者は債権者としての地位を有しているわけであるから，受益者と債権者とは，原則として同等の立場で共に権利を行使すべきであり，一方が他方に対して優先することは，その旨の個別の合意があるか，法律の規定があるか，いずれかの場合に限られる。なお，信託財産が信託関係当事者から独立した財産であると考える立場において，受益権は信託財産に対する単なる債権ではなく，信託財産に関する物的権利の一種であるとの主張がされる場合があるが，受益権が信託財産との関係で第三者に対して権利を行使できるのは，受託者の信託違反が行われた場合における第三者との利害調整のように，信託目的の達成との関係で，受益者の有する監督権限が行使される場合であるから，信託財産から利益を享受するという点に限定して受益権の性質を考えた場合には，信託財産に関する債権として一般債権者と比べて特別の地位を有していると考えることは困難である。したがって，受益権が受託者に対する債権であると考えた場合でも，信託財産に対する債権であると考えた場合でも，受益者の立場は原則として一般債権者であり，ただ，受益権の具体的内容や，受益権の行使時期によって，信託財産の清算時における権利としての評価が実務上異なるものと考えるべきである。また，債権者相互間で，対象財産に関する債務や責任を負担すべき状況は，一方の債権者が他方の債権者を不当に害するような方法によ

り自己の利益を実現させたような例外的な場合に限られるから，受益者が第三者に対する債務や責任を負うことは，受益権の行使により第三者の利益が不当に害されたような場合を除いて，原則としてないこととなる。

　このように，受益権を信託財産の実質所有権と考えるか，あるいは受託者ないし信託財産に対する債権と考えるかによって，当該信託関係における信託目的がどのようなものであるかに関わらず，受益者の第三者に対する責任の成否は，原則として異なってくる。また，この議論は，信託関係における受益者の地位と権利の実務上の性格に関して，大きな発想の転換を迫るものである。すなわち，従来の議論では，ある財産に関する権利関係を全て合算すると当該財産の完全権，すなわち所有権が成立し，したがって，権利をより確実に保護するためには，当該権利の性格を可能な限り所有権に近づけて考えることが，必要かつ有益であるとされてきた。実際，条文上における信託の基本構造として債権説が明確に採用されていた旧法の下で，受益権が信託財産の実質所有権であるとの考え方が主張されてきた背景には，受益権を受託者に対する債権と考えるよりも，信託財産の実質所有権と考える方が，受益者の権利をより確実に保護することができる，との一般的な確信が存在していたためである。しかしながら，これまでの議論から明らかなとおり，受益者と第三者とが置かれた利害状況によっては，受益権が信託財産の実質所有権でない場合でも，受益者の権利を同様に保護することは可能であり，逆に，受益権が信託財産の実質所有権であると考えることによって，一般論として受益者の第三者に対する責任が認められる場合が生ずることからすれば，「受益者の利益保護」の理論的実質について改めて考え直す必要は，極めて高いものと考えられる。

　ちなみに，旧法においては，受益者と第三者との優先劣後関係に関する明文の規定は置かれていなかったため，上記のような受益権の性質に関する議論と受益者の第三者に対する債務や責任の成否に関する議論は，理論上も実務上も大きな違いを生じさせるものであり，信託行為の解釈に際しても，「債権者」「受益者」の文言の取扱いが，問題となる可能性があった。これに対して，現行法では，信託財産に対する権利行使一般について，受益者の有する受益権は債権者の有する債権に後れる旨の規定が設けられたため[5]，少なくとも実務上の問題が現に生じた場合における具体的な結論に関しては，

信託の基本構造に関してどのような考え方に立った場合でも，明確な差異が生ずることはなくなった。

しかしながら，同時に，現行法の規定は，信託の基本構造に関してどのような考え方に立った場合でも，その結論について理論的な不整合を来すものでないことも，注意しておく必要がある。

すなわち，同規定は，受益者の権利が債権者の権利に後れることを規定するのみで，受益権の性質それ自体について何ら述べているわけではない。むしろ，「受益債権」との文言が用いられていることを強調するならば，同条は債権者の債権と競合する関係に立つ受益権が債権の一種であると考えているとの解釈も，十分成り立つものである。また，同条の結論を見ても，受益権が債権者の権利に後れることは，直感的には受益権が信託財産の実質所有権であると考えた場合の結論と合致しているが，受益権を受託者あるいは信託財産に対する債権であると考えた場合でも，同条の規定によって受益権と一般債権との間に優先劣後関係が初めて生じたと解釈する余地は十分にある。さらに，関係者間で受益者と債権者との権利関係の優劣につき，別の合意を行うことを，同条が禁止していると考える理由もないから，同条の存在は，受益権が債権であると考えることを，理論上否定するものとはならないわけである。むしろ，同条に基づく受益者と債権者との権利の優劣関係を，信託財産に関する受益者と第三者との利害調整基準の一環として解釈することも，必ずしも不合理であるとは言い難い。例えば，第2節で検討してきた，受託者による信託違反処分が行われた場合における受益者と第三者との利害調整基準の場合との理論的整合性をも考えて，同条が適用されるべき射程を検討することは，理論上も実務上も意味のあることである。

要するに，この点においても，現行法は信託の基本構造に関して無色中立の立場を貫いていると考えられ，信託の基本構造に関する理論的観点から，柔軟な解釈を導くことが必要である。また，信託関係の目的と状況に応じて，受益者と債権者との権利関係の優劣につき個別に合意することも，実務上有益であると考えられる。

---

5 （受益債権と信託債権との関係）
　第101条　受益債権は，信託債権に後れる。

(3) 受託者の免責と受益者の責任

　第三者に対する受益者の責任が問題となる具体的な状況として，信託行為による特別の規定や，信託関係当事者間の個別の合意により，受託者の第三者に対する義務と責任につき，受託者からの求償により最終的に受益者がこれを引き受けるとされていた場合における，第三者からの受益者に対する直接請求の可否が挙げられる。

　信託財産の管理処分に伴って第三者が信託関係当事者に対して権利を有する理論上の順序は，まず，信託財産の管理処分の過程で第三者が信託財産ないしその管理処分権限を有する受託者に対する権利を取得し，次に，受託者が当該義務ないし責任を当該第三者に対する関係で履行し，その後，受託者が信託行為ないし信託関係当事者間の合意に基づく免責の効果を主張して，受益者に対する求償を行うこととなる。これは，信託行為にせよ，信託関係当事者間の合意にせよ，その効力を直接受けるのは信託関係当事者のみであり，第三者は信託行為の効果も信託関係当事者による合意の効果も原則として受けないわけであるから，信託関係当事者間において受託者の第三者に対する免責が規定ないし合意されていたとしても，第三者としては，信託関係における第三者に対する義務と責任の帰属に関する原則論に則り，信託財産ないしその管理処分権限を有する受託者に対して，自己の権利を請求するものと考えられるためである。

　もっとも，実務上は，信託財産ないし受託者に第三者に対する義務や責任を果たすべき十分な資産がない一方，受益者には相応の資産が存在する場合があるため，第三者としては，信託財産や受託者に対して請求するよりも，最終的に責任を負うべき受益者に対して直接請求を行う方が，自己の権利をより確実かつ効率的に実現できる可能性が高いこととなる。ただし，このような第三者の受益者に対する直接請求を認めるべき理論的根拠は，信託の基本構造に関する理論構成によって異なる。

　まず，受託者が信託財産の所有者であると考えた場合には，信託財産の管理処分に伴って生ずる債務や責任は原則として受託者のみに帰属することとなり，受益者は受託者に対する債権者の一種であるから，信託の基本構造か

ら，第三者の受益者に対する直接請求の可能性を根拠づけることは難しい。もっとも，この考え方の下で，受託者が第三者との関係で信託財産の管理処分に伴う債務や責任を受益者から免責されていることは，受託者が原則として第三者に対して負うはずである債務や責任について，受益者が免責的に引き受けているものと考えられる。したがって，第三者は，この受益者による債務や責任の引受けの効果に基づいて，受益者に対して直接請求を行うことができる。ただし，第三者がこの根拠に基づいて受益者に対して直接請求を行うことは，当該第三者においても，受託者に対する免責の効果を承認したものと解釈できるから，当該第三者が受益者に対して直接請求すると同時に，受託者に対しても責任追及を行うことは，原則として許されない。

　これに対して，受益者が信託財産の所有者であると考えた場合には，第三者の受益者に対する直接請求の理論的根拠は，正に受益者が信託財産の実質所有者であるという信託の基本構造に関する理論構成自体から導かれるから，受託者が第三者との関係で受益者から免責されていることは，第三者から受益者に対する直接請求の可否には理論的に影響を及ぼさない。

　他方，信託財産が信託関係当事者から独立した財産であると考えた場合には，第三者の受益者に対する直接請求を認めるために，やや複雑な議論が必要となる。すなわち，この考え方の下では，受託者は，信託財産の管理者に過ぎず，信託財産の管理処分に関する債務や責任を最終的には負わない立場にある以上，受益者から免責を受けたとしても，そのことによって，当該受益者が受託者の義務や責任を直接引き受けたものと考えることができるかは，議論が紛れる可能性がある。また，この考え方の下では，受益者も信託財産に対する債権者の一種である以上，債権者相互間における責任追及を行うことが可能か否かは，受益者が受託者に対して免責を与えたことを第三者が承認するか否かによって結論が分かれるわけであり，信託財産の実質所有者に対する責任追及とは性格の異なる議論を展開する必要がある。

　以上のことから明らかなとおり，信託財産の「所有権」が帰属することは，第三者に対する信託関係当事者の責任を理論的に発生しやすくするものである。したがって，受益権の性格を「所有権」に可能な限り近づけて考えることの効果や妥当性については，問題となる局面ごとに，信託関係当事者や第三者の利益状況を，慎重に検討する必要があると考えられる。

第6章　信託の変更と終了

本章では，信託目的ないし信託条項が変更され，あるいは信託関係が終了することにより，信託財産に関する状況が変化する場合について検討する。信託の終了に際しては，信託関係として形成されていた法律関係が全て解消され，財産関係の清算も行われるのに対し，信託の変更の場合には，信託関係は理論的には終了していないため，法律関係は解消せず，財産の清算も原則として行われない。信託目的に信託関係の本質的特徴を求める考え方からすれば，信託の変更であれ信託の終了であれ，それまで継続してきた信託目的が消滅するという点では同様の理論的変化を生じさせるものであるが，どちらの法律構成を採用するかによって，第三者との関係を含む法律関係の状況や，信託財産の清算の必要性に違いが生ずることに注意すべきである。

第1節　信託の変更

(1)　信託条項の変更

信託行為で定められた条項，すなわち信託条項は，信託財産の管理処分に関する基本的事項を定めたものであるが，信託関係の成立が，契約を典型とする関係者の意思により形成される以上，原則として，信託関係当事者の合意に基づき，信託目的の部分まで含めて変更することができる[1]。この場合における合意の当事者の中に，直接的な法律上の影響を受ける受託者と受益者とが入ることは明らかであり，委託者も，信託行為で合意の当事者となることから排除されているのでない限り，信託関係の形成について自己の意思を反映させた者である以上，合意の当事者となると考えられる。

1　（関係当事者の合意等）
第149条①　信託の変更は，委託者，受託者及び受益者の合意によってすることができる。この場合においては，変更後の信託行為の内容を明らかにしてしなければならない。
②　前項の規定にかかわらず，信託の変更は，次の各号に掲げる場合には，当該各号に定めるものによりすることができる。この場合において，受託者は，第1号に掲げるときは委託者に対し，第2号に掲げるときは委託者及び受益者に対し，遅滞なく，変更後の信託行為の内容を通知しなければならない。
　一　信託の目的に反しないことが明らかであるとき　受託者及び受益者の合意
　二　信託の目的に反しないこと及び受益者の利益に適合することが明らかであるとき　受託者の書面又は電磁的記録によってする意思表示
③　前2項の規定にかかわらず，信託の変更は，次の各号に掲げる場合には，当該各号に定める者による受託者に対する意思表示によってすることができる。この場合において，第2号に掲げるときは，受託者は，委託者に対し，遅滞なく，変更後の信託行為の内容を通知しなければならない。
　一　受託者の利益を害しないことが明らかであるとき　委託者及び受益者
　二　信託の目的に反しないこと及び受託者の利益を害しないことが明らかであるとき　受益者
④　前3項の規定にかかわらず，信託行為に別段の定めがあるときは，その定めるところによる。
⑤　委託者が現に存しない場合においては，第1項及び第3項第1号の規定は適用せず，第2項中「第1号に掲げるときは委託者に対し，第2号に掲げるときは委託者及び受益者に対し」とあるのは，「第2号に掲げるときは，受益者に対し」とする。

（特別の事情による信託の変更を命ずる裁判）
第150条①　信託行為の当時予見することのできなかった特別の事情により，信託事務の処理の方法に係る信託行為の定めが信託の目的及び信託財産の状況その他の事情に照らして受益者の利益に適合しなくなるに至ったときは，裁判所は，委託者，受託者又は受益者の申立てにより，信託の変更を命ずることができる。
②　前項の申立ては，当該申立てに係る変更後の信託行為の定めを明らかにしてしなければならない。
③　裁判所は，第1項の申立てについての裁判をする場合には，受託者の陳述を聴かなければならない。
④　第1項の申立てについての裁判には，理由の要旨を付さなければならない。
⑤　第1項の申立てについての裁判に対しては，委託者，受託者又は受益者は，即時抗告をすることができる。
⑥　前項の即時抗告は，執行停止の効力を有する。

第1節　信託の変更

　なお，ここでいう受益者に，信託財産から利益を現に享受している現受益者と，将来利益を享受する予定である将来受益者が含まれることは疑いないが，受益者となる可能性のある受益者の候補者や，既に信託財産からの利益享受を終了した元受益者，さらに帰属権利者がこれに含まれるか否かは，実務上かなり問題となる。原則論を述べるならば，受益者の候補者については現時点で受益者でない以上，信託条項の変更について合意の当事者となることはできないものと考えられるし，元受益者については，受益権の本質部分をどのように考えるか，すなわち，信託財産からの利益享受の部分を本質部分と考えるか，あるいは信託財産の管理処分に対する監督権限をもって本質部分と考えるかによって，当事者となるか否かの判断が分かれる。他方，帰属権利者については，信託関係が終了した後に利害関係者となるものであり，信託条項の変更において信託が終了することは念頭に置かれていないから，合意の当事者とならないと考えて差し支えない。

　もっとも，受益者の候補者が原則として信託条項の変更について合意の当事者とならないと考えると，現受益者と受託者とが合意することにより，受益者の候補者の利益を損なう結果となるような信託条項の変更が行われる可能性が避けられない。しかしながら，受益者の候補者の有している，将来において受益者となることの期待に対して，現受益者の有する利益と同等の法律上の保護を与えるべきかは，やや困難な問題である。実際，当該受益者の候補者が結果として受益者とならなかった場合における過去の合意の効果への影響まで考慮すると，受益者の候補者を信託条項の変更についての合意の当事者とすることには，消極的に考えざるを得ないように思われる。もっとも，例えば従業員年金の支給を目的とする信託関係に関して，定年退職直前の現職従業員など，相当高い確率で近い将来において受益者となることが期待されている者がいる場合，当該候補者の利益を害することを事実上の目的として信託条項の変更が行われた場合には，当該候補者に対する期待権侵害に基づく不法行為が成立すると考える余地はあるであろう。したがって，実務上は，受益者の候補者自身を合意の当事者とできないとしても，受益者の候補者の利益を代表する者を信託管理人として選任し，受益者の候補者の利益を実質的に保護することが望ましいように思われる。

　このように，信託条項が信託目的まで含めて信託関係当事者の合意により

変更可能であることは，信託目的による拘束をもって信託関係の本質的特徴とするとの観点からすれば，信託目的が不安定化するとの懸念が生じないではない。しかしながら，信託目的が信託関係当事者の合意により変更された場合でも，変更された後の信託目的に信託財産や信託関係当事者が拘束されることに変わりはなく，そもそも，信託目的自体，信託関係の形成に際して信託関係当事者の意思により成立したものである以上，信託関係当事者の一致した合意により，自由に変更できることは，理論上当然であると考えられる。ちなみに，実務上，信託目的や信託条項を一定の期間や状況の下で維持しておくための方法としては，信託行為の中で，信託条項の変更についての合意の当事者を制限したり，特定の信託関係当事者については信託条項の変更を行うことができないものとしたりすることが可能であるため，信託関係が殊更不安定化することにはならないものと思われる。

(2) 信託の併合

「信託の変更」には，理論上２つの意味がある。第１に，信託財産の範囲を変えないまま，信託行為で定めた信託目的や信託条項を変更することにより，信託財産を従来と異なる考え方に従って管理処分を行うことが挙げられる。これに対して第２に，複数の信託財産を１個の信託財産に併合したり，１個の信託財産を複数の信託財産に分割したりすることによって，信託財産の範囲を変える過程で，信託目的や信託条項の変更ないし調整を行うことにより，従来と異なる考え方に従って信託財産の管理処分を行うことが挙げられる。この２つの「信託の変更」は，理論的には次元の異なるものであるが，信託目的を含む信託条項の変更ないし調整に関して生ずる問題や，信託財産に関する第三者を含む法律関係の変化の状況については類似した点が多いため，両者の違いに注意しながら，議論を進めることとする。

「信託の併合」とは，複数の信託財産を１個の信託財産にすることにより，信託関係に変更を加えることをいう。旧法においては，信託の併合について明文の規定がなく，当時の一般的な考え方においては，後述する信託の分割も含めて，いったん信託関係を終了させ，その後に併合ないし分割後の信託関係を新たに成立させることにより，信託の併合ないし分割を行うものと考

第1節　信託の変更

えていた。この考え方の下では，信託の併合ないし分割に必要な要件は，事実上，既存の信託関係を終了させるための要件と同一であり，併合ないし分割後の信託関係は，新たに成立するものである以上，既存の信託関係との整合は問題となる余地がないため，理論的には極めて明快なものであった。

しかしながら，この考え方の下では，実務上の問題点として，信託関係がいったん終了する際に，信託財産の清算を行う必要が生ずることから，信託財産に含まれていた利益や損失がその時点で顕在化し，受益者の利益にとって必ずしも望ましくない場合があること，また，信託財産に対する債権者に対しても，その時点でいったん債権関係を清算しなければならず，受益者にとっても債権者にとっても，必ずしも望ましくない場合があることから，信託関係を終了させることなく「信託の併合」としての効果を挙げる法律構成が，理論上模索されることとなった。そして，このような方法としては，以下に述べる3つのものが考えられる。

第1に，複数の信託財産を，法律上信託を併合させることなく，事実上同一の管理処分方針に従って，並行して管理処分し，かかる管理処分によって得られた利益や被った損失については，各信託財産に所定の割合に基づいて配分することにより，信託の併合と同様の効果を挙げる方法がある。この方法は，要するに，「信託の併合」を法律上行わないわけであるから，信託の併合に伴って生ずる法律上の問題が生じないことは当然であり，既存の信託関係相互間の法律関係についても全く変化が生じない以上，信託条項を変更したり調整したりする必要も原則として存在しない。ただし，各信託財産は，事実上「併合」した後の管理処分方針に基づいて各々管理処分されていくこととなるから，かかる管理処分に関する方針が，従来の管理処分に関する方針と異なっていた場合や，既存の信託関係において制限ないし禁止されているような管理処分を行う場合には，個別に信託条項を変更する必要がある。また，この方法の下では，見方によっては，複数の信託財産が合同運用されているのと実務上等しい関係が形成されているため，ある信託財産の信託目的や信託条項との関係で，他の信託財産と事実上合同運用を行うことや，合同運用先として不適切と考えられる信託財産が存在した場合には，かかる「併合」ないし「合同運用」が，受託者の忠実義務や善管注意義務に抵触する可能性も生ずることとなる。なお，この方法の下では，各信託関係におけ

る信託財産の管理処分について既存の法律関係に変化が生じない以上，債権者との清算を行う必要はないこととなる。

　第2に，ある信託財産を構成する具体的な財産を，他の信託財産の受益権と交換することにより，複数の信託財産を構成する具体的な財産を，ある信託関係の中に全て集中させると共に，他の信託財産については，具体的な財産を擁する信託財産の受益権のみをもって信託財産を構成させ，具体的な財産を擁する信託財産の管理処分によって得られた利益や被った損失については，受益権を通じて他の信託財産に配分することで，事実上，信託の併合と同様の効果を挙げる方法がある。この方法の下では，既存の信託財産は，当該信託財産を構成していた具体的な財産と他の信託財産の受益権とを交換するわけであるが，この交換については，信託財産相互間の合意により具体的な価値が決定されることとなるから，信託財産に含まれる利益や損失が顕在化することを，事実上回避することができる。また，既存の信託関係相互間の関係は，一方の信託財産が他方の信託財産の受益者となったということ以外は変化しないため，各信託財産の信託条項を変更する必要は原則として生じない。ただし，他の信託財産の受益権を取得する側の信託財産にとっては，具体的な財産を取得する側の信託財産に対して，一種の「投資」を行うことになるから，受益権を取得する側の信託財産の信託条項との関係で，かかる投資が不適切であると判断される可能性があり，かかる「投資」により損失が生じた場合には，受託者の善管注意義務の問題が生ずるものと考えられる。なお，この方法は，各信託財産における既存の法律関係に変化を生じさせないため，債権者との清算は原則として必要でないが，ただ，他の信託財産の受益権を取得する側の信託財産に対する債権者にとっては，責任財産が具体的な財産から全て他の信託財産の受益権に変化することを意味しており，この変化が信託財産の価値を下落させるものと判断された場合には，債権者取消権等が行使される可能性がある。

　第3に，新たな信託関係を形成して，既存の各信託財産を構成している具体的な財産を全て新たな信託財産に移転し，既存の各信託財産については，全て新たな信託財産の受益権を取得するものとして，新たな信託財産の管理処分によって得られた利益や被った損失を，受益権を通じて既存の各信託財産に配分することで，事実上，信託の併合と同様の効果を挙げる方法がある。

この方法は，既存の各信託関係と無関係に併合後の新たな信託関係を成立させ，既存の各信託財産に含まれる具体的な財産を全て引き受け，代わりに受益権を各信託財産に取得させるものであるから，具体的な財産を擁することとなる新たな信託財産と，既存の各信託関係との間で信託条項を調整する必要はない。また，既存の各信託関係の側も，新たな信託財産に対して自己の財産を投資することが信託条項において制限ないし禁止されているのでない限り，新たな信託関係に合わせて信託条項を逐一変更する必要はない。さらに，債権者との関係においても，既存の各信託関係における債権関係は，基本的に変化しないから，既存の各信託財産を構成している財産が，新たな信託財産の受益権となったことに対して，債権者取消権等が行使されるのでない限り，債権者との清算は問題とならない。

　もっとも，上記の第2および第3の方法については，信託の「併合」後の法律関係において，二重信託関係を形成させることとなるから，原信託関係である既存の信託関係相互間，あるいは，再信託関係である新たな信託関係と原信託関係である既存の信託関係とで，受託者が同一であった場合には，かかる二重信託関係において，受託者と受益者とが事実上完全に一致する場合が生ずることとなり，信託関係の存続に関する理論的な効力が問題となる。また，二重信託関係が形成される状況の下では，原信託関係における受益者は，原信託関係および原信託財産に含まれる再信託関係の受益権に対してしか原信託関係における監督権限を行使できないから，再信託関係である新たな信託関係における信託財産の管理処分状況の詳細については，情報開示の対象とならない可能性が生ずる。また，一方の信託関係が他方の信託関係から信託財産を構成する具体的な財産を全て引き受け，代わりに自己の信託財産の受益権を取得させた場合には，上記のような二重信託関係相互の問題点に加えて，再信託関係となった側の信託財産については，その具体的な財産に関し，管理処分状況が全て情報開示の対象となるほか，債権者としても，執行対象となるべき具体的な財産が増加するのに対し，原信託関係となる側の信託財産については，再信託関係における信託財産の管理処分状況については情報開示の対象とならず，かつ，債権者が強制執行していく財産は全て再信託関係の受益権であるという，信託関係相互間の置かれた状況に，事実上格差が生ずる結果となる。

現行法は，信託の併合に関して，複数の信託財産の全てを1つの新たな信託財産とすることとの定義を設け[2]，原則として信託関係当事者の合意に基づいて，信託の併合が可能であることを明らかにしたうえで[3]，上記の定義との関係で，信託の併合が行われた場合には，従前の信託関係は終了する旨を定めている[4]。また，現行法は，債権者との関係についても明文の規定を設けており，信託の併合によって権利が害される恐れのある債権者は，信託の併合に対して異議を述べることができること[5]，および，信託の併合前から存在する既存の信託関係に対する債権関係は，原則として併合後の信託関

---

[2] （定義）〔抄〕
　第2条⑩　この法律において「信託の併合」とは，受託者を同一とする2以上の信託の信託財産の全部を1の新たな信託の信託財産とすることをいう。
[3] （関係当事者の合意等）
　第151条①　信託の併合は，従前の各信託の委託者，受託者及び受益者の合意によってすることができる。この場合においては，次に掲げる事項を明らかにしてしなければならない。
　　一　信託の併合後の信託行為の内容
　　二　信託行為において定める受益権の内容に変更があるときは，その内容及び変更の理由
　　三　信託の併合に際して受益者に対し金銭その他の財産を交付するときは，当該財産の内容及びその価額
　　四　信託の併合がその効力を生ずる日
　　五　その他法務省令で定める事項
　②　前項の規定にかかわらず，信託の併合は，次の各号に掲げる場合には，当該各号に定めるものによってすることができる。この場合において，受託者は，第1号に掲げるときは委託者に対し，第2号に掲げるときは委託者及び受益者に対し，遅滞なく，同項各号に掲げる事項を通知しなければならない。
　　一　信託の目的に反しないことが明らかであるとき　受託者及び受益者の合意
　　二　信託の目的に反しないこと及び受益者の利益に適合することが明らかであるとき　受託者の書面又は電磁的記録によってする意思表示
　③　前2項の規定にかかわらず，各信託行為に別段の定めがあるときは，その定めるところによる。
　④　委託者が現に存しない場合においては，第1項の規定は適用せず，第2項中「第1号に掲げるときは委託者に対し，第2号に掲げるときは委託者及び受益者に対し」とあるのは，「第2号に掲げるときは，受益者に対し」とする。

第1節　信託の変更

係に引き継がれること[6]をそれぞれ明らかにしている。

　要するに，現行法は，信託の併合が信託関係当事者の合意により可能である旨と，信託の併合に関する理論構成として，信託関係をいったん終了させる考え方を事実上採用したものであるから，債権者との権利関係のように明

4　（信託の終了事由）〔抄〕
　第163条　信託は，次条の規定によるほか，次に掲げる場合に終了する。
　　五　信託の併合がされたとき。
5　（債権者の異議）
　第152条①　信託の併合をする場合には，従前の信託の信託財産責任負担債務に係る債権を有する債権者は，受託者に対し，信託の併合について異議を述べることができる。ただし，信託の併合をしても当該債権者を害するおそれのないことが明らかであるときは，この限りでない。
　②　前項の規定により同項の債権者の全部又は一部が異議を述べることができる場合には，受託者は，次に掲げる事項を官報に公告し，かつ，同項の債権者で知れているものには，各別にこれを催告しなければならない。ただし，第2号の期間は，1箇月を下ることができない。
　　一　信託の併合をする旨
　　二　前項の債権者が一定の期間内に異議を述べることができる旨
　　三　その他法務省令で定める事項
　③　前項の規定にかかわらず，法人である受託者は，公告（次に掲げる方法によるものに限る。）をもって同項の規定による各別の催告に代えることができる。
　　一　時事に関する事項を掲載する日刊新聞紙に掲載する方法
　　二　電子公告（公告の方法のうち，電磁的方法（会社法（平成17年法律第86号）第2条第34号に規定する電磁的方法をいう。）により不特定多数の者が公告すべき内容である情報の提供を受けることができる状態に置く措置であって同号に規定するものをとる方法をいう。次節において同じ。）
　④　第1項の債権者が第2項第2号の期間内に異議を述べなかったときは，当該債権者は，当該信託の併合について承認をしたものとみなす。
　⑤　第1項の債権者が第2項第2号の期間内に異議を述べたときは，受託者は，当該債権者に対し，弁済し，若しくは相当の担保を提供し，又は当該債権者に弁済を受けさせることを目的として信託会社等（信託会社及び信託業務を営む金融機関（金融機関の信託業務の兼営等に関する法律（昭和18年法律第43号）第1条第1項の認可を受けた金融機関をいう。）をいう。次節において同じ。）に相当の財産を信託しなければならない。ただし，当該信託の併合をしても当該債権者を害するおそれがないときは，この限りでない。

文化されたものを除いた，信託財産の利益や損失の顕在化等の実務上の問題は，現行法の下でも同様に生ずるわけであり，これを避けるためには，上記に述べた他の方法を利用するほかない。したがって，上記の各方法に関して述べた理論上および実務上の問題も，現行法の下でなお存続すると考えざるを得ない。ただ，信託の併合により生ずることのある二重信託関係については，新たな信託関係の受益者が，既存の信託関係の信託財産ないしはその管理者としての受託者である以上，受託者は新たな信託関係における受益権を，信託財産として保持していることが明らかである。これに対して，現行法の規定する，受託者と受益者とが一致する場合における信託の終了事由は，受託者が固有財産において全部の受益権を保持していた場合とされているから[7]，信託の併合時に生ずる二重信託関係は，少なくとも現行法の定めた終了事由には該当せず，信託関係として有効に存続するものと考えられる。

(3) 信託の分割

信託の分割とは，1つの信託関係を複数の信託関係に分割し，それぞれについて異なる考え方の下に信託財産の管理処分を行うことである。信託の分割に関しても，これまで述べてきた信託の併合と同様，信託条項の変更ないし調整や，債権者との利害調整が問題となるが，このうち，信託の分割で特に議論する必要があるのは，債権者との利害調整に関してである。

すなわち，信託の併合と異なり，信託の分割においては，分割後の各信託

6　(信託の併合後の信託の信託財産責任負担債務の範囲等)
　第153条　信託の併合がされた場合において，従前の信託の信託財産責任負担債務であった債務は，信託の併合後の信託の信託財産責任負担債務となる。
　第154条　信託の併合がされた場合において，前条に規定する従前の信託の信託財産責任負担債務のうち信託財産限定責任負担債務（受託者が信託財産に属する財産のみをもって履行する責任を負う信託財産責任負担債務をいう。以下この章において同じ。）であるものは，信託の併合後の信託の信託財産限定責任負担債務となる。
7　(信託の終了事由)〔抄〕
　第163条　信託は，次条の規定によるほか，次に掲げる場合に終了する。
　二　受託者が受益権の全部を固有財産で有する状態が1年間継続したとき。

第1節　信託の変更

財産は，もともと同一の信託財産であったものの一部であり，複数の異なる信託関係において管理処分されていたものでないから，信託の分割により信託財産の性質に変化が生じ，従前の信託関係と同一の管理処分方針に依ることができなくなった場合を除いて，信託条項の変更や調整の問題は，ほとんど生じないことが予測される。これに対して，債権者との利害調整に関しては，信託の分割は信託の併合と異なり，従前よりも信託財産を構成する具体的な財産の部分について，必ず減少する結果が生ずるため，債権者が信託の分割の前後を通じて，信託財産に対してどのような権利関係に立ち，かつ，どのような権利行使が可能であるかが，理論上も実務上も問題となる。

　旧法は，信託の分割に関しても，明文の規定を設けていなかったため，信託の併合の場合と同様，信託関係をいったん終了させて，分割後の信託関係を新たに設定するとの考え方が，一般的に主張されていた。そして，この考え方に対しては，実務上の問題点として，信託関係がいったん終了する際に，信託財産の利益ないし損失が顕在化し，受益者にとって必ずしも望ましくない場合があること，および，債権者との清算を行う必要が生じ，受益者にとっても債権者にとっても必ずしも望ましくない場合があることも，信託の併合の場合と同様に指摘されていた。さらに，信託関係を終了させることなく信託を分割する方法としては，以下に述べる3つの方法があり，信託の併合の場合と比べて法律構成はほぼ同様であるが，問題の性質については，上記のとおり若干重点が異なっている。

　第1に，信託財産を法律上分割することなく，同一の信託財産の中で，事実上，異なる方針の下に各々財産を管理処分し，信託の分割と同様の効果を挙げる方法がある。この方法は，法律上信託を分割しないため，「信託の分割」に関する問題が全く生じないが，ただ，同一の信託財産の中で，事実上のものといえども，異なる管理処分方針の下に財産の一部分を独立して管理処分することが果たして可能であるかは，疑問の余地がないではない。また，この方法の下では，信託財産は事実上分割されていたとしても法律上は同一であり，したがって，情報開示の対象となる範囲についても，従前の信託財産全体に及ぶこととなるし，信託財産の管理処分によって生じた利益や損失の帰属についても，信託関係当事者との間においてはともかく，第三者との関係では，信託財産全体に通算される可能性が排除できない。さらに，債権

者との関係についても，法律上従前の信託財産と同一の範囲において，債権者に対する責任が生ずると考えざるを得ず，個別に債権者が同意しない限り，信託財産を内部的に事実上分割したことの具体的な効果，すなわち信託財産のうちある部分について特定の債権者に対する責任を免れる，と解釈することは不可能である。仮に，かかる責任の範囲の限定について個別に債権者と合意することができたとしても，信託財産を構成するどの財産がどの債権者との関係で責任財産となり，あるいは責任財産とならないのかを明確に区分する必要があるため，受託者に膨大な事務処理負担が生ずる恐れがある。

　第2に，信託財産の一部について「再信託」を行って階層的な信託関係を設定し，再信託関係の受益権を具体的な財産に代えて取得したうえで，事実上当該受益権を行使せず，あるいは受益権を放棄することにより，信託の分割と同様の効果を挙げる方法がある。この考え方は，再信託関係を設定する形式をとることにより，信託関係の一部が「終了」したとする解釈の可能性を否定すると共に，再信託関係における受益権を事実上行使せず，あるいは放棄することによって，再信託関係と従前の信託関係との事実上の分割を図ろうとするものである。なお，この方法の下では，再信託関係は新たに設定される信託関係であるから，従前の信託関係との間で信託条項を調整する必要はなく，ただ，従前の信託関係が，再信託関係の設定を制限ないし禁止していた場合に，従前の信託関係における信託条項の変更が必要となるのみである。しかしながら，この方法の下では，債権者との関係において，かなり複雑な考慮を行うことが必要である。すなわち，再信託関係が設定されて，受益権が取得されたが，これを事実上行使せず，あるいは放棄することによって信託の分割と同様の効果を挙げる，ということは，信託関係当事者に対する関係でのみ正当化されるものである。これに対して，債権者の立場からすれば，従前の信託財産の一部が再信託関係の設定によって減少している以上，取得された再信託関係の受益権は，再信託関係の設定の対象となった財産の代わりとなる重要な責任財産であるから，これを事実上行使せず，あるいは放棄することは，債権者の利益を害する以外の何者でもない。したがって，債権者が再信託関係の受益権について債権者代位権を行使したり，受益権が放棄されたことに対して債権者取消権を行使する可能性は，極めて高いものと考えられる。なお，債権者の利益を確保するため，再信託関係に対し

ても，従前の信託関係に対する債権者の権利行使を可能とさせること自体は，再信託関係が当該債権者に対する債務について重畳的債務引受けを行うことにより不可能ではないが，その場合には，当該債権者は，従前の信託財産に対しても再信託関係の信託財産に対しても権利行使が可能となるため，分割後に新たに生ずる債権者との関係をどのように調整すべきかがさらに問題となってしまう。実際，そのような場合には，債権者が権利行使できる対象財産として，再信託関係における信託財産と，再信託関係の受益権とに共に権利行使が可能となるわけであり，この財産と受益権との関係をどのように考えるかについても，明快な結論は導けない。

　第3に，再信託関係を複数設定し，各々について受益権を取得した後，これらを事実上行使せず，あるいは放棄することによって，信託の分割と同様の効果を挙げる方法がある。この方法は，前述した第2の方法をより徹底したものであり，従前の信託条項の影響を受けることなく，再信託関係の信託条項を自由に設定することができる。しかしながら，債権者との関係については，第2の方法について述べたような問題点がさらに深刻な形で生ずるわけであり，債権者からの債権者代位権の行使や債権者取消権の行使を避けることは，事実上困難であると考えて差し支えない。

　このように，信託の分割においては，信託の併合と異なり，信託条項の変更ないし調整という問題はほとんど生じないものの，逆に，債権者との利害調整については，極めて困難な問題が生ずることが避けられない。したがって，実務上，信託の分割を行う場合には，全ての債権者との関係でいったん清算を行うか，債権者との間で個別に責任財産の範囲について合意を取り付けるか，いずれかの手段をとる必要があるであろう。

　現行法は，信託の分割について，分割先の信託財産の形態によって，「吸収信託分割」と「新規信託分割」とに定義を区分したうえで[8]，それぞれに

8　（定義）〔抄〕
　　第2条⑪　この法律において「吸収信託分割」とは，ある信託の信託財産の一部を受託者を同一とする他の信託の信託財産として移転することをいい，「新規信託分割」とは，ある信託の信託財産の一部を受託者を同一とする新たな信託の信託財産として移転することをいい，「信託の分割」とは，吸収信託分割又は新規信託分割をいう。

ついて，原則として信託関係当事者の合意により行うことができる旨を明文の規定をもって認めている[9]。また，債権者との利害調整についても，信託の分割に対する債権者の異議を認め[10]，債権者の権利行使の対象と範囲について規定している[11]。しかしながら，これらの現行法の規定は，旧法下における信託の分割に関する一般的な考え方をほぼそのまま採用したものである

---

9 （関係当事者の合意等）
第155条① 吸収信託分割は，委託者，受託者及び受益者の合意によってすることができる。この場合においては，次に掲げる事項を明らかにしてしなければならない。
一 吸収信託分割後の信託行為の内容
二 信託行為において定める受益権の内容に変更があるときは，その内容及び変更の理由
三 吸収信託分割に際して受益者に対し金銭その他の財産を交付するときは，当該財産の内容及びその価額
四 吸収信託分割がその効力を生ずる日
五 移転する財産の内容
六 吸収信託分割によりその信託財産の一部を他の信託に移転する信託（以下この款において「分割信託」という。）の信託財産責任負担債務でなくなり，分割信託からその信託財産の一部の移転を受ける信託（以下「承継信託」という。）の信託財産責任負担債務となる債務があるときは，当該債務に係る事項
七 その他法務省令で定める事項
② 前項の規定にかかわらず，吸収信託分割は，次の各号に掲げる場合には，当該各号に定めるものによってすることができる。この場合において，受託者は，第1号に掲げるときは委託者に対し，第2号に掲げるときは委託者及び受益者に対し，遅滞なく，同項各号に掲げる事項を通知しなければならない。
一 信託の目的に反しないことが明らかであるとき 受託者及び受益者の合意
二 信託の目的に反しないこと及び受益者の利益に適合することが明らかであるとき 受託者の書面又は電磁的記録によってする意思表示
③ 前2項の規定にかかわらず，各信託行為に別段の定めがあるときは，その定めるところによる。
④ 委託者が現に存しない場合においては，第1項の規定は適用せず，第2項中「第1号に掲げるときは委託者に対し，第2号に掲げるときは委託者及び受益者に対し」とあるのは，「第2号に掲げるときは，受益者に対し」とする。
（関係当事者の合意等）
第159条① 新規信託分割は，委託者，受託者及び受益者の合意によってすることができる。この場合においては，次に掲げる事項を明らかにしてしなければならない。

第1節　信託の変更

から，かかる法律構成をとることに基づく問題が旧法下と同様に生ずることが避けられない。また，信託の分割と同様の効果を挙げる他の方法がなお存在していることに基づく理論上実務上の問題が，旧法下と同様に生ずる可能性についても，考える必要があることとなる。

　　一　新規信託分割後の信託行為の内容
　　二　信託行為において定める受益権の内容に変更があるときは，その内容及び変更の理由
　　三　新規信託分割に際して受益者に対し金銭その他の財産を交付するときは，当該財産の内容及びその価額
　　四　新規信託分割がその効力を生ずる日
　　五　移転する財産の内容
　　六　新規信託分割により従前の信託の信託財産責任負担債務でなくなり，新たな信託の信託財産責任負担債務となる債務があるときは，当該債務に係る事項
　　七　その他法務省令で定める事項
　②　前項の規定にかかわらず，新規信託分割は，次の各号に掲げる場合には，当該各号に定めるものによってすることができる。この場合において，受託者は，第1号に掲げるときは委託者に対し，第2号に掲げるときは委託者及び受益者に対し，遅滞なく，同項各号に掲げる事項を通知しなければならない。
　　一　信託の目的に反しないことが明らかであるとき　受託者及び受益者の合意
　　二　信託の目的に反しないこと及び受益者の利益に適合することが明らかであるとき　受託者の書面又は電磁的記録によってする意思表示
　③　前2項の規定にかかわらず，各信託行為に別段の定めがあるときは，その定めるところによる。
　④　委託者が現に存しない場合においては，第1項の規定は適用せず，第2項中「第1号に掲げるときは委託者に対し，第2号に掲げるときは委託者及び受益者に対し」とあるのは，「第2号に掲げるときは，受益者に対し」とする。

10　（債権者の異議）
　第156条①　吸収信託分割をする場合には，分割信託又は承継信託の信託財産責任負担債務に係る債権を有する債権者は，受託者に対し，吸収信託分割について異議を述べることができる。ただし，吸収信託分割をしても当該債権者を害するおそれのないことが明らかであるときは，この限りでない。
　②　前項の規定により同項の債権者の全部又は一部が異議を述べることができる場合には，受託者は，次に掲げる事項を官報に公告し，かつ，同項の債権者で知れているものには，各別にこれを催告しなければならない。ただし，第2号の期間は，1箇月を下ることができない。

一　吸収信託分割をする旨
　二　前項の債権者が一定の期間内に異議を述べることができる旨
　三　その他法務省令で定める事項
③　前項の規定にかかわらず，法人である受託者は，公告（次に掲げる方法によるものに限る。）をもって同項の規定による各別の催告に代えることができる。
　一　時事に関する事項を掲載する日刊新聞紙に掲載する方法
　二　電子公告
④　第1項の債権者が第2項第2号の期間内に異議を述べなかったときは，当該債権者は，当該吸収信託分割について承認をしたものとみなす。
⑤　第1項の債権者が第2項第2号の期間内に異議を述べたときは，受託者は，当該債権者に対し，弁済し，若しくは相当の担保を提供し，又は当該債権者に弁済を受けさせることを目的として信託会社等に相当の財産を信託しなければならない。ただし，当該吸収信託分割をしても当該債権者を害するおそれがないときは，この限りでない。
（債権者の異議）
第160条①　新規信託分割をする場合には，従前の信託の信託財産責任負担債務に係る債権を有する債権者は，受託者に対し，新規信託分割について異議を述べることができる。ただし，新規信託分割をしても当該債権者を害するおそれのないことが明らかであるときは，この限りでない。
②　前項の規定により同項の債権者の全部又は一部が異議を述べることができる場合には，受託者は，次に掲げる事項を官報に公告し，かつ，同項の債権者で知れているものには，各別に催告しなければならない。ただし，第2号の期間は，1箇月を下ることができない。
　一　新規信託分割をする旨
　二　前項の債権者が一定の期間内に異議を述べることができる旨
　三　その他法務省令で定める事項
③　前項の規定にかかわらず，法人である受託者は，公告（次に掲げる方法によるものに限る。）をもって同項の規定による各別の催告に代えることができる。
　一　時事に関する事項を掲載する日刊新聞紙に掲載する方法
　二　電子公告
④　第1項の債権者が第2項第2号の期間内に異議を述べなかったときは，当該債権者は，当該新規信託分割について承認をしたものとみなす。
⑤　第1項の債権者が第2項第2号の期間内に異議を述べたときは，受託者は，当該債権者に対し，弁済し，若しくは相当の担保を提供し，又は当該債権者に弁済を受けさせることを目的として信託会社等に相当の財産を信託しなければならない。ただし，当該新規信託分割をしても当該債権者を害するおそれがないときは，この限

第 1 節　信託の変更

りでない。
11　（吸収信託分割後の分割信託及び承継信託の信託財産責任負担債務の範囲等）
　第 157 条　吸収信託分割がされた場合において，第 155 条第 1 項第 6 号の債務は，吸収信託分割後の分割信託の信託財産責任負担債務でなくなり，吸収信託分割後の承継信託の信託財産責任負担債務となる。この場合において，分割信託の信託財産限定責任負担債務であった債務は，承継信託の信託財産限定責任負担債務となる。
　第 158 条　第 156 条第 1 項の規定により異議を述べることができる債権者（同条第 2 項の規定により各別の催告をしなければならないものに限る。）は，同条第 2 項の催告を受けなかった場合には，吸収信託分割前から有する次の各号に掲げる債権に基づき，受託者に対し，当該各号に定める財産をもって当該債権に係る債務を履行することを請求することもできる。ただし，第 1 号に定める財産に対しては吸収信託分割がその効力を生ずる日における承継信託の移転を受ける財産の価額を，第 2 号に定める財産に対しては当該日における分割信託の信託財産の価額を限度とする。
　　一　分割信託の信託財産責任負担債務に係る債権（第 155 条第 1 項第 6 号の債務に係る債権を除く。）　吸収信託分割後の承継信託の信託財産に属する財産
　　二　承継信託の信託財産責任負担債務に係る債権（第 155 条第 1 項第 6 号の債務に係る債権に限る。）　吸収信託分割後の分割信託の信託財産に属する財産
（新規信託分割後の従前の信託及び新たな信託の信託財産責任負担債務の範囲等）
　第 161 条　新規信託分割がされた場合において，第 159 条第 1 項第 6 号の債務は，新規信託分割後の従前の信託の信託財産責任負担債務でなくなり，新規信託分割後の新たな信託の信託財産責任負担債務となる。この場合において，従前の信託の信託財産限定責任負担債務であった債務は，新たな信託の信託財産限定責任負担債務となる。
　第 162 条　第 160 条第 1 項の規定により異議を述べることができる債権者（同条第 2 項の規定により各別の催告をしなければならないものに限る。）は，同条第 2 項の催告を受けなかった場合には，新規信託分割前から有する次の各号に掲げる債権に基づき，受託者に対し，当該各号に定める財産をもって当該債権に係る債務を履行することを請求することもできる。ただし，第 1 号に定める財産に対しては新規信託分割がその効力を生ずる日における新たな信託の信託財産の価額を，第 2 号に定める財産に対しては当該日における従前の信託の信託財産の価額を限度とする。
　　一　従前の信託の信託財産責任負担債務に係る債権（第 159 条第 1 項第 6 号の債務に係る債権を除く。）　新規信託分割後の新たな信託の信託財産に属する財産
　　二　新たな信託の信託財産責任負担債務に係る債権となった債権（第 159 条第 1 項第 6 号の債務に係る債権に限る。）　新規信託分割後の従前の信託の信託財産に属する財産

第2節　信託の終了と継続

(1) 信託の終了

「信託の終了」とは，信託関係当事者および信託財産が，当該信託関係における信託目的による拘束を受けなくなることである。信託関係の終了事由としては，信託関係当事者間の合意があった場合や[12]，信託行為で定めた事由が発生した場合のほか，信託目的が達成された場合や，信託目的の達成が不可能であることが明らかになった場合，さらに，信託関係が併合により消滅した場合や，信託財産が倒産状態となった場合等が挙げられ[13]，さらに，特別の事情ないし公益的理由に基づく事由も法定されているが[14]，これらの事由が信託関係を終了させる根拠は，事由ごとに異なっている。

例えば，信託関係当事者の合意や信託行為で定められた事由に基づく信託の終了は，言うまでもなく信託関係当事者の合意を尊重したものであるし，信託目的の達成または不達成による信託の終了は，信託関係の本質的特徴が信託目的による拘束を受けることから，論理必然的に導かれるものである。これに対して，信託関係が併合された場合における従前の信託関係の終了は，信託関係を不必要に複雑にしないとする政策的意図が考えられるほか，旧法下における信託の併合に関する一般的な法律構成に，事実上従ったものである。さらに，信託財産が倒産状態となった場合における当該信託関係の終了は，信託関係に対する経済的ないし社会的な信頼を確保するための政策的な

12　(委託者及び受益者の合意等による信託の終了)
　第164条①　委託者及び受益者は，いつでも，その合意により，信託を終了することができる。
　②　委託者及び受益者が受託者に不利な時期に信託を終了したときは，委託者及び受益者は，受託者の損害を賠償しなければならない。ただし，やむを得ない事由があったときは，この限りでない。
　③　前2項の規定にかかわらず，信託行為に別段の定めがあるときは，その定めるところによる。
　④　委託者が現に存しない場合には，第1項及び第2項の規定は，適用しない。

意味が強いものと考えられる。
　このように，信託の終了事由の根拠が必ずしも単一でないとすると，信託の終了時点の解釈についても，事由ごとに異なる解釈を行う必要がある。例えば，信託関係当事者の合意や信託行為による定めに基づく終了については，原則として当該合意の時ないしは信託行為において定められた時に信託は終了し，明文の合意ないし定めがなかった場合には，信託関係当事者間の合意の解釈の問題となる。また，信託の併合ないし信託財産の倒産等に基づく終了の場合には，当該併合が効力を生じた時ないし倒産手続等が開始した時と考えて差し支えない。裁判所の命令による終了に際しては，当該命令において終了時点が明確に示されるはずである。以上に対して，信託目的の達成ないし不達成に基づく終了については，信託目的の解釈が終了時点の判断に当たって不可欠となり，かつ，類似した他の目的による信託関係の継続の可能性についても検討がなされたうえで具体的な判断が行われるため，解釈が一貫しなくなる恐れが生ずることに注意しなければならない。

13　（信託の終了事由）
　　第163条　信託は，次条の規定によるほか，次に掲げる場合に終了する。
　　　一　信託の目的を達成したとき，又は信託の目的を達成することができなくなったとき。
　　　二　受託者が受益権の全部を固有財産で有する状態が1年間継続したとき。
　　　三　受託者が欠けた場合であって，新受託者が就任しない状態が1年間継続したとき。
　　　四　受託者が第52条（第53条第2項及び第54条第4項において準用する場合を含む。）の規定により信託を終了させたとき。
　　　五　信託の併合がされたとき。
　　　六　第165条又は第166条の規定により信託の終了を命ずる裁判があったとき。
　　　七　信託財産についての破産手続開始の決定があったとき。
　　　八　委託者が破産手続開始の決定，再生手続開始の決定又は更生手続開始の決定を受けた場合において，破産法第53条第1項，民事再生法第49条第1項又は会社更生法第61条第1項（金融機関等の更生手続の特例等に関する法律第41条第1項及び第206条第1項において準用する場合を含む。）の規定による信託契約の解除がされたとき。
　　　九　信託行為において定めた事由が生じたとき。

(2) 信託の清算

信託関係が終了すると，信託財産は信託目的による拘束から解放され，信

14　（特別の事情による信託の終了を命ずる裁判）
　第165条①　信託行為の当時予見することのできなかった特別の事情により，信託を終了することが信託の目的及び信託財産の状況その他の事情に照らして受益者の利益に適合するに至ったことが明らかであるときは，裁判所は，委託者，受託者又は受益者の申立てにより，信託の終了を命ずることができる。
　②　裁判所は，前項の申立てについての裁判をする場合には，受託者の陳述を聴かなければならない。
　③　第1項の申立てについての裁判には，理由を付さなければならない。
　④　第1項の申立てについての裁判に対しては，委託者，受託者又は受益者は，即時抗告をすることができる。
　⑤　前項の即時抗告は，執行停止の効力を有する。
　（公益の確保のための信託の終了を命ずる裁判）
　第166条①　裁判所は，次に掲げる場合において，公益を確保するため信託の存立を許すことができないと認めるときは，法務大臣又は委託者，受益者，信託債権者その他の利害関係人の申立てにより，信託の終了を命ずることができる。
　　一　不法な目的に基づいて信託がされたとき。
　　二　受託者が，法令若しくは信託行為で定めるその権限を逸脱し若しくは濫用する行為又は刑罰法令に触れる行為をした場合において，法務大臣から書面による警告を受けたにもかかわらず，なお継続的に又は反覆して当該行為をしたとき。
　②　裁判所は，前項の申立てについての裁判をする場合には，受託者の陳述を聴かなければならない。
　③　第1項の申立てについての裁判には，理由を付さなければならない。
　④　第1項の申立てについての裁判に対しては，同項の申立てをした者又は委託者，受託者若しくは受益者は，即時抗告をすることができる。
　⑤　前項の即時抗告は，執行停止の効力を有する。
　⑥　委託者，受益者，信託債権者その他の利害関係人が第1項の申立てをしたときは，裁判所は，受託者の申立てにより，同項の申立てをした者に対し，相当の担保を立てるべきことを命ずることができる。
　⑦　受託者は，前項の規定による申立てをするには，第1項の申立てが悪意によるものであることを疎明しなければならない。
　⑧　民事訴訟法（平成8年法律第109号）第75条第5項及び第7項並びに第76条から第80条までの規定は，第6項の規定により第1項の申立てについて立てるべき担保について準用する。

第2節 信託の終了と継続

託関係当事者に関する権利関係も，第三者との関係を含めて，原則として解消される。この際，実務上最も問題となるのは，信託財産のうち終了時に残存していた財産，すなわち「残余財産」を，関係当事者にどのように配分すべきかであり，これが「信託の清算」と呼ばれる問題である。

信託の清算が行われる場合における原則的な判断基準については，信託が存続している間と異なり，信託目的を中心とした解釈を行うことができない。むしろ，信託の清算に関しては，関係者に元本償還後の残余財産を合理的かつ妥当に配分することが唯一の目的であり，受託者の権限や義務もこのためにのみ存在していると言って差し支えない。また，受益者の監督権限についても，信託関係存続時の信託目的達成のためでなく，信託の清算が合理的かつ妥当に行われるよう受託者の権限行使を監督するものとなるから，第三者から見た場合の立場と実質的な差異はなくなる。このような観点からすれば，信託関係は，信託の清算が完了することによって「終了」するのではなく，むしろ，「信託の終了」と共にいったん消滅したうえで，その後，「信託の清算」を目的とした別次元の信託関係として復活し，信託の清算が完了することによって最終的に法律関係として消滅する，と考える方が理論的に妥当である。なお，旧法においても現行法においても，信託の終了後の信託関係について，法律上清算を目的として存続するとの擬制を行っており[15]，上記の考え方に実質的に従って信託の清算を位置づけている。

信託財産の清算の基本的な順序としては，優先的な権利関係がある場合にはそれを先に弁済し，続いて一般債権者に対する弁済を行ったうえで，さらに残った財産を，信託行為ないし信託法で定める帰属権利者に帰属させることとなる。この際に最も理論上問題となるのは，やはり受益権の取扱いであり，信託の基本構造をどのように考えるかによって，理論上の地位が異なってくる。すなわち，受益者が信託財産の実質所有者であると考えた場合には，受益者に対する残余財産の引渡しは当然のことながら債権者に対する弁済が

---

15 旧法第63条〔抄〕 信託終了ノ場合ニ於テ信託財産カ其ノ帰属権利者ニ移転スル迄ハ仍信託ハ存続スルモノト看做ス
（信託の存続の擬制）
第176条 信託は，当該信託が終了した場合においても，清算が結了するまではなお存続するものとみなす。

完了した後であり，この考え方からすると，帰属権利者は，受益者の実質所有権が及ばない範囲の残余財産についてのみ，取得することが可能となる。これに対して，受益権を受託者に対する債権ないし信託財産に対する債権と考えた場合には，受益者は理論上債権者の一種ということになり，原則として一般債権者と同等の立場により弁済を受ける地位にあると考えられる。なお，この点について，旧法では受益者の清算時の地位について明文の規定が置かれていなかったが，現行法は，受益者の権利を一般債権者の権利より後れるものと規定したため[16]，実務上は，受益権を実質所有権と考えた場合でも債権と考えた場合でも，具体的な清算時の優先順位については変わらない結論が導かれるものとなっている。

信託の清算に関して，以上と別に実務上問題となることが多いのは，信託関係当事者のほかに取引に関する仲介者等が存在した場合，具体的などの時点で，信託の清算に基づく弁済ないし財産の引渡しがあったと考えられるかである。これは，個々の関係者との間における信託の清算の終了時点，すなわち，信託の清算を行う受託者がどの時点まで各関係者に対する義務と責任を負うべきか，という問題に関して，決定的な影響を持つこととなる。

この問題に対する解釈基準は，理論上は比較的明快であり，要するに，各関係者本人ないし代理人に対して弁済ないし財産の引渡しを行い，当該財産が各関係者の支配領域に属した時点で，信託の清算がその者との関係では完了した，と考えられる。したがって，各関係者との間に合意ないし約定がある場合にはそれに従い，合意ないし約定がない場合には，各関係者と仲介者等との関係を個別に解釈して，仲介者等の法的地位を考えることとなる。しかしながら，具体的な取引仲介者等の事業者としての性格や，当該信託関係において果たすべき役割の解釈によっては，当該仲介者等が果たして信託関係当事者のうち誰の「代理人」ないし「関係者」であるかが明らかでない場合が少なからずあり，同一の信託関係の中において関係者ごとに解釈が分かれる可能性すらないではない。実際，受託者と資本関係のある仲介者等が，顧客である受益者の代理人である旨信託行為等に定められていたとしても，

---

[16] （受益債権と信託債権との関係）
第101条　受益債権は，信託債権に後れる。

当該記述どおりに仲介者の法的地位を解釈し，受託者と仲介者とが「受託者」と「受益者の代理人」としての地位に立って取引等を行うことが，果たして問題ないと言えるかは，慎重に検討すべきであるように思われる。

　信託の清算において，信託財産が債権者に対する弁済を行うための十分な財産を有していなかった場合，受益者が債権者に対して直接責任を負うこととなるかについては，受益者の責任に関して既に述べた（第5章第3節）。また，帰属権利者の法的地位についても既に述べたとおりであるが（第3章第2節(4)），現行法の規定の中でやや注意が必要であるのは，信託の清算によって残余財産の帰属権利者が定まらなかった場合，受託者が当該財産を取得できるとされている点である[17]。清算後の信託財産が無主物となった場合における理論上の原則としては，不動産であれば国庫に帰属し，動産であれば，占有者に事実上帰属することとなるが（民法239条），清算時に財産を占有しているのは通常の場合受託者であるから，このような対処が実務上の慣行として一定の妥当性を有していることは明らかである。ただし，この規定は，清算後といえども，受託者が信託財産を自己の固有財産とすることを明文をもって認めることを意味しているわけであり，信託財産の清算における各財産の帰属先の決定に関して，受託者に不当な意図が介在する恐れのないよう，慎重に観察することが必要である。

17　（残余財産の帰属）
　第182条①　残余財産は，次に掲げる者に帰属する。
　　一　信託行為において残余財産の給付を内容とする受益債権に係る受益者（次項において「残余財産受益者」という。）となるべき者として指定された者
　　二　信託行為において残余財産の帰属すべき者（以下この節において「帰属権利者」という。）となるべき者として指定された者
　②　信託行為に残余財産受益者若しくは帰属権利者（以下この項において「残余財産受益者等」と総称する。）の指定に関する定めがない場合又は信託行為の定めにより残余財産受益者等として指定を受けた者のすべてがその権利を放棄した場合には，信託行為に委託者又はその相続人その他の一般承継人を帰属権利者として指定する旨の定めがあったものとみなす。
　③　前2項の規定により残余財産の帰属が定まらないときは，残余財産は，清算受託者に帰属する。

(3) 信託の継続

　信託関係が目的を達成し，あるいは達成できなくなったことに基づく信託の終了に際しては，信託目的の解釈が必要となるが，この解釈においては，「信託目的」をどの程度抽象的に捉えるかによって，当該信託目的が果たして達成されたか否か，あるいは達成できなくなったか否かの判断が異なってくる。また，信託目的が達成されたと解釈できる場合でも，信託目的と当該信託関係の設定者の意思の解釈によっては，信託関係を終了させて信託財産を清算させることよりも，従前と類似した目的をもって再度信託関係を存続させることの方が社会的に有益である場合もないではない。これが，「信託の継続」と呼ばれる問題であり，実務上，公益目的の信託関係においてしばしば生ずることとなる。

　すなわち，公益目的の信託関係においては，具体的な信託目的が各信託関係において定められていたとしても，その具体的な目的の前提として共通しているものは，「公益の達成」という大目的であり，具体的な信託目的が達成し，あるいは達成できなくなったとしても，類似した他の具体的な目的をもって当該信託関係を存続させる方が，大目的としての「公益の達成」を図ることとなる可能性が高い。また，公益目的の信託関係を設定した委託者の一般的な意思としても，当該具体的な目的の達成だけを意図して当該信託関係を設定したという場合はむしろ少なく，「公益の達成」という大目的が前提となり，そのための具体的手段として，具体的な信託目的を定めたものと考える方が合理的である。実際，信託関係が終了してしまえば，当該信託関係について清算が行われ，清算の結果として残余財産を取得するのは，帰属権利者または受託者個人であり，その後当該財産によって再度「公益の達成」が図られる可能性はかなり小さいと考えざるを得ないから，信託を終了させるべきでないとの解釈は，現実的な妥当性をも備えている。

　もっとも，上記のような解釈は，信託関係を継続すべきであるという結論から出発した，循環論的な性格を有していることも否定できない。すなわち，信託関係が信託目的により拘束される関係である以上，当該目的が達成され，あるいは達成できなくなった場合に，信託が終了することは理論上当然であり，類似した他の目的を新たに設定することは，少なくとも従前の信託関係

第2節　信託の終了と継続

における「信託目的」の達成から直接導かれるものではない。したがって，信託の継続の合理性や妥当性について議論する際に，信託関係の本質論から結論を導くことは，困難であると言わざるを得ない。また，信託目的の達成や不達成以外の終了事由について考えてみると，例えば，信託行為において明確に定められた終了事由が生じた場合，信託行為の定めを無視して当該信託関係を継続させることは，少なくとも従前の信託関係に関する原則論からは合理性や妥当性を論証することができず，事実上，新たな信託目的に基づいて再度信託関係当事者の「合意」自体を擬制するほかない。まして，信託財産が破産した場合や，公益的観点から裁判所の命令により信託関係が終了した場合には，信託を継続させることの合理的理由が存在しない以上，信託の継続を論ずることは，事実上不可能であると考えられる。

　以上を要するに，信託の継続に関する合理性と妥当性とは，要するに，従前の信託関係に類似した信託目的を有する新たな信託関係を設定することの合理性と妥当性とにほかならない。したがって，私人の財産権が権利者の権利の範囲内で自由に行使できることを大原則とする現行法体系の下では，従前の信託関係当事者の意思や，その意思を具体化させた信託行為の定めに明確に反する形で，信託の継続を行うことは困難である。したがって，「公益の達成」という前提としての大目的を信託関係当事者が共有している，と考えるか，あるいは，公益目的の信託において，監督権限を有する行政官庁が裁量権を行使するのでない限り，信託の継続が信託の終了よりも結論として望ましいことを，理論的に説明することはできないものと考えられる。

　なお，公益目的以外に，かかる大目的として考えられるものとしては，「経済的利益の追求」を目的とする信託関係が，具体的な投資手段や投資対象をもって「信託目的」としている場合が挙げられる。しかしながら，この場合には，経済的利益の追求にかかる行為を，いつまで継続させるべきかの判断自体も，信託関係当事者の合意によって定められるべきであるから，信託関係当事者以外の者の判断により，信託関係当事者が合意し，あるいは信託行為において定めた終了事由を覆して当該信託関係を継続させることは，望ましいとは言い難い。信託関係当事者が具体的な目的を変えて信託関係を継続させることを望む場合には，新たな信託関係を新たな信託目的をもって改めて設定することが，合理的かつ妥当と考えられるからである。

第7章　応用的信託の特徴

　本章では，これまで議論してきた信託に関する一般的な特徴と問題点とを念頭に置きつつ，応用的な信託関係として，公益信託，商事信託，国際信託，および知財信託の4つの信託関係について，それぞれの特徴を概観する。これらの信託関係は，いずれも，理論上実務上双方の観点から極めて重要であり，本格的な検討を必要とするものであるが，信託に関する一般理論の特徴と実務上の問題点とを検討するという本書の目的との関係で，最小限度の特徴と問題点とを指摘するに留まることを，予めお断りしておきたい。

第1節　公　益　信　託

(1)　公益目的の意義と監督官庁の権限

　公益信託とは，公益の実現を目的とする信託関係であるが，ここでいう「公益」の意味するものは，一義的に明らかとは言い難い。公益信託について規定している公益信託ニ関スル法律（公益信託法，大正11年法62号）では，公益信託の定義として，現行信託法258条1項の規定する受益者の定めのない信託のうち，学術，技芸，慈善，祭祀，宗教その他公益を目的とするもので，主務官庁の許可を得たもの，と定義し[1]，公益信託として認められるべき信託目的を，具体的に列挙しているが，厳密に考えていくと，「学術，

1　公益信託法第1条　信託法（平成18年法律第108号）第258条第1項ニ規定スル受益者ノ定ナキ信託ノ内学術，技芸，慈善，祭祀，宗教其ノ他公益ヲ目的トスルモノニシテ次条ノ許可ヲ受ケタルモノ（以下公益信託ト謂フ）ニ付テハ本法ノ定ムル所ニ依ル

第 1 節 公 益 信 託

技芸，慈善」は，公益達成のための具体的行為であるのに対し，「祭祀，宗教」については，それらを司る主体が，前記の学術等の振興に関して社会的な役割を担ってきた歴史的経緯から挙げられているわけであり，理論的には次元の異なるものが並記されていることに注意すべきである。

公益信託については，現行信託法に直接の規定は設けられておらず，前述した公益信託法が，公益信託に関する特別法として存在している。しかしながら，この公益信託法は，旧信託法の中に規定されていた公益信託に関する規定の部分を，現行信託法成立時に「公益信託法」と法律名を変えて最小限の調整規定を加えたものであり，旧信託法と基本的に同一の規定である。したがって，将来において，公益信託法の改正が行われるまでの間は，公益信託に関する解釈は，基本的には旧信託法の下における解釈と同一であることを，念頭に置いておく必要がある。

一般的な信託関係，すなわち私益信託と比較した場合における公益信託の特徴は，信託目的となりうるものが，公益目的達成のためとして限定されていることに加え，主務官庁の許可を得て初めて信託関係が成立することである[2]。また，主務官庁の権限として，公益信託に関する全般的な監督権限のほか[3]，信託の変更[4]，信託の併合もしくは分割[5]，受託者の辞任[6]についての許可権限が，それぞれ規定されているほか，信託法において裁判所の権限

---

 2 公益信託法第2条① 信託法第258条第1項ニ規定スル受益者ノ定ナキ信託ノ内学術，技芸，慈善，祭祀，宗教其ノ他公益ヲ目的トスルモノニ付テハ受託者ニ於テ主務官庁ノ許可ヲ受クルニ非ザレバ其ノ効力ヲ生ゼズ

  ② 公益信託ノ存続期間ニ付テハ信託法第259条ノ規定ハ之ヲ適用セズ

 3 公益信託法第3条 公益信託ハ主務官庁ノ監督ニ属ス

  公益信託法第4条① 主務官庁ハ何時ニテモ公益信託事務ノ処理ニ付検査ヲ為シ且財産ノ供託其ノ他必要ナル処分ヲ命スルコトヲ得

  ② 公益信託ノ受託者ハ毎年1回一定ノ時期ニ於テ信託事務及財産ノ状況ヲ公告スルコトヲ要ス

 4 公益信託法第5条① 公益信託ニ付信託行為ノ当時予見スルコトヲ得サリシ特別ノ事情ヲ生シタルトキハ主務官庁ハ信託ノ本旨ニ反セサル限リ信託ノ変更ヲ命ズルコトヲ得

  ② 公益信託ニ付テハ信託法第150条ノ規定ハ之ヲ適用セズ

 5 公益信託法第6条 公益信託ニ付信託ノ変更（前条ノ規定ニ依ルモノヲ除ク）又ハ信託ノ併合若ハ信託ノ分割ヲ為スニハ主務官庁ノ許可ヲ受クルコトヲ要ス

に属する事項についても，原則として主務官庁の権限に含まれる[7]。さらに，公益信託が終了した際，帰属権利者の定めがなく，あるいは帰属権利者が権利を放棄した場合には，主務官庁の判断により，信託の本旨に従い類似した目的のために信託関係を継続できるとされている[8]ことも特徴の1つである。さらに，公益信託の場合には，信託財産につき生じた所得に対して課税されないことが原則であり[9]，私益信託との大きな差異となっている。

　要するに，公益信託については，主務官庁の監督権限が極めて強く，事実上，主務官庁の指導と監督の下に公益信託の運営がなされるという性格が強くならざるを得ない。その意味では，公益信託においては，どのような手段で「公益」を達成するかについて，信託関係当事者の自由な発想に全てが委ねられているわけでは必ずしもなく，かつ，監督権限を有する主務官庁が明確であることが，公益信託の成立に当たって事実上求められるから，公益信託法が，公益信託としての信託目的を限定的に列挙していることについても，管轄する主務官庁を不明確にさせないための効用と，一応考えることができる。また，具体的な信託財産の管理処分方針や，設定される受益権の具体的内容，さらに受益者となる候補者に対する選抜過程等において，信託関係当事者の有する判断の自由度がかなり小さく，その意味で，信託に関する一般論と別に考えるべきであるとの見解も，一定の合理性がある。

　6　公益信託法第7条　公益信託ノ受託者ハ已ムコトヲ得サル事由アル場合ニ限リ主務官庁ノ許可ヲ受ケ其ノ任務ヲ辞スルコトヲ得

　7　公益信託法第8条〔抄〕①　公益信託ニ付テハ信託法第258条第1項ニ規定スル受益者ノ定ナキ信託ニ関スル同法ニ規定スル裁判所ノ権限（次ニ掲グル裁判ニ関スルモノヲ除ク）ハ主務官庁ニ属ス

　8　公益信託法第9条　公益信託ノ終了ノ場合ニ於テ帰属権利者ノ指定ニ関スル定ナキトキ又ハ帰属権利者ガ其ノ権利ヲ放棄シタルトキハ主務官庁ハ其ノ信託ノ本旨ニ従ヒ類似ノ目的ノ為ニ信託ヲ継続セシムルコトヲ得

　9　（公共法人等及び公益信託等に係る非課税）〔抄〕

　　所得税法第11条②　公益信託ニ関スル法律（大正11年法律第62号）第1条（公益信託）に規定する公益信託又は社債，株式等の振替に関する法律第2条第11項（定義）に規定する加入者保護信託の信託財産につき生ずる所得（公社債等の利子等に係るものにあつては，当該公社債等が当該公益信託又は当該加入者保護信託の信託財産に引き続き属していた期間に対応する部分の額として政令で定めるところにより計算した金額に相当する部分に限る。）については，所得税を課さない。

しかしながら、公益信託も信託関係の一種である以上、公益信託として成立しなかった場合でも、私益信託として成立し、現行信託法の適用を受けることとなる。また、信託関係当事者は、成立させる信託関係を「公益信託」とするか否か自体については、選択の自由を保持している。要するに、公益信託と私益信託との差異は、信託関係の理論的性質に基づくものというよりも、専ら実務的観点、特に政策的観点に基づくものと考えることが妥当である。したがって、公益信託においても、理論上は一般的な信託関係と同様、信託目的に信託財産および信託関係当事者が拘束されることをもって本質的特徴と考えるべきであり、監督官庁の権限行使においても、この特徴を尊重すべきことが、解釈の基本的観点として必要であると考えられる。

(2) 公益信託における受益権の性格

前述のとおり、公益信託では、「公益の達成」が大目的とされている関係で、受益者や受益権の性格についても、一般の信託関係とは異なる部分がある。すなわち、公益信託においては、特定の受益者に対して利益を享受させることが最終的な目的ではなく、公益の実現のために、所定の基準により選抜された「受益者」に対して、信託財産から所定の利益享受を行わせるものであるから、公益信託における受益者は、信託関係設定当初においては、具体的に定まっていないことが通常である。また、これも前述のとおり、公益信託に対する監督は、主務官庁が専らこれを行使することが制度の前提となっており、受益者による監督権限の行使は、実質上主務官庁の権限と重複するものであるため、私益信託の場合と異なり、受益者が受託者に対する監督権限を行使することが制度の中心となるわけではない。

したがって、公益信託における受益権の理論的性格としては、信託財産からの利益享受を信託行為に従って受けることを主な内容とするものであり、かつ、信託財産の管理処分に対する監督権限の行使は監督官庁に専ら委ねられているものである。したがって、公益信託の受益権は、信託財産の実質所有権ということはできず、また、受託者との信頼関係が基盤となっていない以上、受託者に対する債権ということもできないから、結局のところ、公益の達成を目的とした独立した財産である信託財産に対する債権と考えること

が，最も合理的である。また，このように，公益信託における受益権の性格を，制度趣旨との関係で限定して考えると，受益者となっていない受益者の候補者の有する権利についても，候補者独自の権利を認めるよりも，むしろ，主務官庁による監督権限の適正な行使が行われることを期待する方が，公益信託の制度趣旨との関係では，議論の整合性がある。

しかしながら，以上の議論においては，主務官庁の権限行使が常に公益目的達成のために適正に行われる，という制度に対する信頼が絶対的な前提となっていることは明らかであるから，この制度に対する信頼をどのような手段によって確保すべきか，あるいは，信頼が失われるような行為が受託者ないし主務官庁の権限行使において生じた場合に，その是正をどのように行うべきかが，常に問題となる余地がある。その意味では，やや複雑な関係が生ずる可能性は否定できないものの，公益信託の場合でも，私益信託における受益者の監督権限にかかる規定を適用ないし類推適用することにより，受益者ないしその候補者が，主務官庁と異なる角度から監督権限を行使することによって，制度運営上の適正さを図る方が，望ましいように思われる。

(3) 公益信託の現代的活用

従来の一般的な考え方では，公益信託と財団法人とは同じく公益の達成を目指すものとして，ほぼ同じ次元での財産管理制度であると捉えられており，ただ，財団法人が独立の法人格を有し，公益信託は法形式上独立の法人格を有しないことから，事実上，財産の規模の大小によって，公益法人と公益信託との選択が行われてきたものということができる。したがって，公益信託の目的における「公益の達成」は，財団法人の場合と同様，ある程度長期間にわたって存続することが事実上前提となっており，前述した信託の継続に関する議論も，そのような前提の延長線上にあるものと考えることができる。また，当該公益信託から利益を享受することができる者についても，財団法人の場合と同様，相当程度広い範囲に候補者が及ぶことが事実上前提となるわけであり，かつ，かかる受益者の選抜に際しては，「公益の達成」という目的との関係上，社会的な意味における客観性かつ公平性が，半ば必然的に要請されるものと考えて差し支えない。このような従来の考え方の下では，

第 1 節　公益信託

公益信託の設定について，設定のために必要な財産の規模から見ても，設定に際して法律上要求される手続から見ても，事実上財団法人と異ならないものが要求されることとなる。

　しかしながら，以上のような従来の考え方の下では，個人が自己の処分可能な財産の範囲内で，公益達成のために有益であると考える具体的な目的を実現するために公益信託を設定することが，事実上困難となる恐れが否定できない。例えば，震災により被害を受けた地域に居住する住民や，同被災地において事業を営む企業等に対し，個人が自己の処分可能な財産の範囲で経済的に支援を行うことは，当該被災地域のみならず，社会全体の復興の一助となる点において「公益の達成」につながることは明らかであるが，個人が信託財産として設定可能である財産がある程度小規模のものに留まらざるを得ない以上，具体的な経済的支援の地域的範囲や人的範囲についても，全ての被災地の全ての住民ないし企業等を対象として設定することには無理があり，公益信託を設定しようとする個人の具体的な知見の範囲で，具体的な支援先を選択するほかないのが実情である。

　このようないわゆる「個人型の公益信託」は，上述した従来の公益信託に関する前提と相容れない部分があるため，従来の考え方に従う限り，公益信託としての許可に際してある程度の困難が伴うことが予測されるが，公益の達成につながることが明らかな個人の善意に基づく信託設定の意思を，公益信託の範疇に加えないことは，理論上も実務上も，妥当性に欠けるものと言うべきである。実際，震災による被害が大規模であればあるほど，被災状況の全貌および個々的な被災状況を正確に把握するためには，相当の時間と手数を要することになるから，全ての被災地域における全ての被災者・被災企業を対象とした公益的団体ないし公共機関の活動には，同団体ないし機関に要請される客観性ないし公平性の観点からして，迅速な個々的対応が難しくなる部分がある。したがって，大震災後の被災地支援を目的とした公益的活動に関しては，個人の知見の範囲における具体的な支援を目的とした「個人型の公益信託」の集積に，ある程度の部分を委ねたうえで，全体的観点から支援が不足している地域に対して従来の公益的団体ないし公共機関が援助をするような複合的な体制を調えることが，必要かつ有益であると思われる。なお，個人の資産を従来から存在する公益的団体に対して寄附させる方法は，

前述した被災地域への支援に対して迅速な個々的対応を可能とさせるものでないうえ，寄附された具体的な財産の使途について，寄附の受入先における管理運営上の判断が優先される構造となっている以上，寄附者の具体的な意思に沿った使用が常に行われるとは限らない点に，大きな問題があると言わざるを得ない。

以上のとおり，公益信託と財団法人とで制度趣旨を一致させることは，理論上も実務上も妥当ではない。むしろ，今後における公益信託については，個人が自己の処分可能な財産の範囲内で「公益の達成」を具体的に実現させることが可能となるような柔軟性を，制度として持つように運用されるべきであり，各分野における監督官庁の合理的な裁量権行使と，法制度の合理的整備とが，強く期待されるところである。

第2節　商 事 信 託

(1)　商事信託の定義と特徴

商事信託の定義には，次元の異なる2つのものがある。第1に，受託者が商人，すなわち営利目的の事業者である信託関係をもって，「商事信託」という場合である[10]。第2に，継続反復する利益追求を目的とする信託関係を「商事信託」と呼ぶ場合があり，現在行われている商事信託に関する議論の多くは，こちらの意味で言葉が用いられている。

もっとも，継続反復する利益追求目的の信託関係は，多くの場合，商人である事業者が受託者となることが通常である。さらに，「継続反復する利益追求目的」であるか否かの判断は，信託行為における信託目的の表現や，現実に行われる信託財産の管理処分の内容だけからでは明確に判断できない場合も少なくないから，「商事信託」であるか否かの外形的な判断を行うための現実的な指標としては，受託者の属性に着目することが合理的である。

旧信託法の立法以来，現在に到るまで，日本には「商事信託法」が存在せず，信託法の規定をもって，民事信託に関する議論と商事信託に関する議論

10　旧法第6条　信託ノ引受ハ営業トシテ之ヲ為ストキハ之ヲ商行為トス

とが事実上並行して行われてきた。また，実務において行われてきた信託関係の圧倒的多数は，信託銀行が受託者となる商事信託であった。したがって，日本で「信託」と言った場合，その中心となっていたものは「商事信託」だったわけであり，民事信託と商事信託とを厳密に区分して定義を行う必要性自体が，強く感じられてこなかったことも否定できない。さらに，旧信託法の改正と現行信託法の成立は，旧信託法が実務上の合理性に欠けるとの信託銀行実務からの強い主張が，その原動力となったものであるが，そこで言われていた「実務上の合理性」が，「商事信託としての実務上の合理性」を意味していたことも，改めて論ずるまでもない。

したがって，現行信託法に関する議論においても，現実の問題点に対する解釈としては，事実上，当該信託関係が「商事信託」であることを念頭において議論すべきであり，これまで本書で議論してきた信託に関する一般論も，その例外ではあり得ないことに，注意しておく必要がある。

以上の議論とは別に，理論上，「商事信託」としての特徴を「民事信託」との対比においてどのように考えるべきかは，極めて重要な問題であるが，明快な結論を直ちに出すことは困難である。これは，結局のところ，信託関係に限らず，取引関係一般において，「商事」の取引と「民事」の取引とを区別する理論上の観点を抽出する議論にほかならないが，日本の現行法体系が形成されて以来，現在に到るまで，両取引の違いについては，商法学から，商事取引は営利追求を目的とした企業が事業として行うもの，という説明が，最も説得力があるものとして示されているに留まっているのが実情である。

このように，商事信託に関する理論上の特徴については，取引関係全体についての従来の議論から考えようとしても，結局のところ，信託財産の管理処分を具体的に行う受託者の属性に着目するほかないように思われる。もっとも，論証が不十分であることを承知のうえで，あえて信託目的の側面から議論を試みてみると，次のような特徴を考えることは不可能でない。

第1に，商事信託において，「営利追求」という大目的が存在している場合には，具体的な信託関係における具体的な「信託目的」は，かかる大目的達成のための具体的手段として位置づけられる。したがって，信託財産の管理処分における信託目的との整合性の解釈に際して，当該信託関係における具体的な信託目的との整合性だけでなく，当該管理処分が「利益追求」のた

めの合理性を有しているかをも考慮することが必要となる。このような考え方は，受託者の権限行使のあり方や受託者の義務および責任，さらには受益者による監督権限の行使についても，解釈上の影響が及ぶものである。

第2に，商事信託においては，その理論的な把握について議論の余地が多々あるものの，具体的な財産の存在というより，むしろ経済的価値の集積として，信託財産が構成されていると考えられる。もとより，特定企業に対する支配権の確保など，具体的な財産の存在が信託目的達成のために不可欠な場合も少なくないが，そのような場合でも，結局のところ，経済的価値の効率的増加のための具体的手段としての性格から，合理性が説明されることとなる。このように，商事信託において，経済的価値の集積として信託財産の構成を把握することは，具体的な財産の管理処分における合理性の判断や，信託目的との適合性の解釈に際して，重要な影響を及ぼすものである。

もとより，以上の議論は，試論の域を出るものでなく，また，結論として目新しいものを含んでいるわけでもないが，今後における議論の必要性と有益性は，明らかであると思われる。

(2) 商事信託と現行信託法

前述のとおり，現行信託法は，実質的には，商事信託における実務的合理性の観点から，旧信託法を改正した側面があるため，現行信託法の規定は，基本的に，商事信託としての性格に整合するものと考えて差し支えない。

現行信託法と旧信託法との規定を比較した場合における，現行信託法の一般的な特徴としては，第1に，信託関係当事者による合意を中心に信託関係が構成され，具体的な内容が信託関係当事者により自由に定められること，第2に，信託関係を設定した委託者の地位に必ずしも重きを置かず，むしろ信託関係形成後における受託者と受益者との信頼関係を重視していること，第3に，受託者の義務と責任を合理的な範囲に留め，受益者の利益との調整を図っていることが挙げられるが，これらの特徴は，いずれも，商事信託における利益追求目的との関係で，合理性と妥当性とを有するものである。

以上の一般的な特徴のほか，現行信託法が，特に規定を設けているものとしては，以下で項を改めて説明する，受益権の証券化に関する規定と，受託

者の責任限定に関する規定とが挙げられる。これらの規定は，いずれも，信託関係全般に関する議論というよりも，むしろ利益追求目的の商事信託における管理処分の合理性から制度設計がなされているということができる。

(a) 受益権の証券化

　受益権を証券化し，市場に流通させることについて，旧法には明文の規定がなかったが，現行法は，明文の規定をもって，「受益証券発行信託」の成立を認めた[11]。一般論として，受益権が証券化されることは，信託関係当事者間において，次のような法律関係の変化がもたらされる可能性が高い。

　第1に，受益者の地位が移転することが，証券化されていない受益権の場合よりも容易に行われる分，受託者の側から見ると，誰が受益者であるかの把握が困難となる可能性がある。この点は，例えば，受託者と受益者との間に利益相反行為が生ずる可能性について，受託者が把握しきれない場合がありうることを意味しており，受託者の忠実義務違反の有無の解釈に対して，大きな影響を及ぼす可能性が高い。

　第2に，受益権の譲渡が比較的容易に行われることは，具体的な受益者が常に交代する可能性があることを意味するから，受託者と個別の受益者との合意の効果をどのように考えるべきかが問題となる。すなわち，ある時点における受託者と受益者との合意は，常識的には当該受益者の利益のために行われるものであり，後に受益権を譲り受ける者の利益を専ら図るために合意がなされることは想定し難いため，受託者と受益者との合意による信託条項の変更や，義務違反の免責等を安易に認めることは，事実上，後の受益者に

11　(受益証券の発行に関する信託行為の定め)
　　第185条① 信託行為においては，この章の定めるところにより，1又は2以上の受益権を表示する証券（以下「受益証券」という。）を発行する旨を定めることができる。
　　② 前項の規定は，当該信託行為において特定の内容の受益権については受益証券を発行しない旨を定めることを妨げない。
　　③ 第1項の定めのある信託（以下「受益証券発行信託」という。）においては，信託の変更によって前2項の定めを変更することはできない。
　　④ 第1項の定めのない信託においては，信託の変更によって同項又は第2項の定めを設けることはできない。

対する不利益となることが少なからずありうる。したがって，受益権が証券化された信託関係においては，受託者と受益者との個別の合意による効果を基本的に抑制し，信託条項ができる限り変化しないように制度設計を行う方が，受益権の流通を安定的に行うために有益である可能性が高い。

上記の第1の問題について，現行法は，受託者から見た場合における受益者の把握について，受託者に受益権原簿の作成を命じているほか[12]，一定の基準日に受益権原簿に記載されていた者を受益者として扱うことを認めている[13]。また，受益権が証券化された信託関係においては，受益証券が交付さ

---

12 （受益権原簿）
第186条 受益証券発行信託の受託者は，遅滞なく，受益権原簿を作成し，これに次に掲げる事項（以下この章において「受益権原簿記載事項」という。）を記載し，又は記録しなければならない。
一 各受益権に係る受益債権の内容その他の受益権の内容を特定するものとして法務省令で定める事項
二 各受益権に係る受益証券の番号，発行の日，受益証券が記名式か又は無記名式かの別及び無記名式の受益証券の数
三 各受益権に係る受益者（無記名受益権の受益者を除く。）の氏名又は名称及び住所
四 前号の受益者が各受益権を取得した日
五 前各号に掲げるもののほか，法務省令で定める事項

13 （基準日）
第189条① 受益証券発行信託の受託者は，一定の日（以下この条において「基準日」という。）を定めて，基準日において受益権原簿に記載され，又は記録されている受益者（以下この条において「基準日受益者」という。）をその権利を行使することができる者と定めることができる。
② 前項の規定は，無記名受益権の受益者については，適用しない。
③ 基準日を定める場合には，受益証券発行信託の受託者は，基準日受益者が行使することができる権利（基準日から3箇月以内に行使するものに限る。）の内容を定めなければならない。
④ 受益証券発行信託の受託者は，基準日を定めたときは，当該基準日の2週間前までに，当該基準日及び前項の規定により定めた事項を官報に公告しなければならない。ただし，信託行為に当該基準日及び基準日受益者が行使することができる権利の内容について定めがあるときは，この限りでない。
⑤ 第1項，第3項及び前項本文の規定にかかわらず，信託行為に別段の定めがあるときは，その定めるところによる。

第2節　商事信託

れない限り，受益権の譲渡は効力を生ぜず[14]，かつ，受益権原簿に譲受人の必要な情報が記載されない限り，受託者に対抗することができない[15]旨を定めている。要するに，現行法は，受益証券発行信託においても，受益者および受益権に関する情報を受託者に集中させており，したがって，受託者は，受益者が誰であるかを常に把握することが可能である分，受益者に対する義務や責任の有無が容易に判断できる構造になっている。

　次に，上記の第2の問題について，現行法は，受益証券発行信託については，信託行為による善管注意義務の軽減や，第三者に信託事務の処理を委託する場合の通知義務の変更を認めていない[16]。また，現行法は，受益者の権限のうち，信託違反処分の取消権等一定のものについて，一定割合以上の受益権を有する者でなければ行使できない旨を信託行為で定めることを認めている[17]。これらの規定は，要するに，信託財産の管理処分方針を安定させ，個別の受益者の判断が分かれることによる混乱を，一定の範囲で防止しようとするものである。もっとも，一般論として考えるならば，受益証券発行信託においては，受益者が比較的容易に交代する可能性がある以上，信託財産の管理処分方針に多少の変動が生じうることはやむを得ないものであり，このような点を含めて投資対象とするか否かを投資家において判断すべきものとする方が，制度として望ましいように思われる。

14　（受益証券の発行された受益権の譲渡）

　　第194条　受益証券発行信託の受益権（第185条第2項の定めのある受益権を除く。）の譲渡は，当該受益権に係る受益証券を交付しなければ，その効力を生じない。

15　（受益証券発行信託における受益権の譲渡の対抗要件）

　　第195条①　受益証券発行信託の受益権の譲渡は，その受益権を取得した者の氏名又は名称及び住所を受益権原簿に記載し，又は記録しなければ，受益証券発行信託の受託者に対抗することができない。

　　②　第185条第2項の定めのある受益権に関する前項の規定の適用については，同項中「受託者」とあるのは，「受託者その他の第三者」とする。

　　③　第1項の規定は，無記名受益権については，適用しない。

16　（受益証券発行信託の受託者の義務の特例）

　　第212条①　受益証券発行信託においては，第29条第2項ただし書の規定にかかわらず，信託行為の定めにより同項本文の義務を軽減することはできない。

　　②　受益証券発行信託においては，第35条第4項の規定は，適用しない。

今後の実務で受益証券発行信託がどの程度盛んに行われるかは，市場において受益証券に投資価値があると判断されるかに依るところが大きいわけであるが，理論的観点からすれば，信託関係のあり方をより大きく変化させる可能性を含むものであるから，実験的な性格があるにせよ，これを制度化したことは，肯定的に評価すべきである。

(b) 受託者の責任限定

受託者は，信託財産の管理処分権限を有する以上，かかる管理処分によって生じた義務や責任を，少なくとも第1次的には引き受けるべきであるとす

---

17 （受益者の権利行使の制限に関する信託行為の定めの特例）

第213条① 受益証券発行信託においては，第92条第1号，第5号，第6号及び第8号の規定にかかわらず，次に掲げる権利の全部又は一部について，総受益者の議決権の100分の3（これを下回る割合を信託行為において定めた場合にあっては，その割合。以下この項において同じ。）以上の割合の受益権を有する受益者又は現に存する受益権の総数の100分の3以上の数の受益権を有する受益者に限り当該権利を行使することができる旨の信託行為の定めを設けることができる。
　一　第27条第1項又は第2項（これらの規定を第75条第4項において準用する場合を含む。）の規定による取消権
　二　第31条第6項又は第7項の規定による取消権
　三　第38条第1項の規定による閲覧又は謄写の請求権
　四　第46条第1項の規定による検査役の選任の申立権
② 受益証券発行信託においては，第92条第1号の規定にかかわらず，次に掲げる権利の全部又は一部について，総受益者の議決権の10分の1（これを下回る割合を信託行為において定めた場合にあっては，その割合。以下この項において同じ。）以上の割合の受益権を有する受益者又は現に存する受益権の総数の10分の1以上の数の受益権を有する受益者に限り当該権利を行使することができる旨の信託行為の定めを設けることができる。
　一　第150条第1項の規定による信託の変更を命ずる裁判の申立権
　二　第165条第1項の規定による信託の終了を命ずる裁判の申立権
③ 受益証券発行信託において，第39条第1項の規定による開示が同条第3項の信託行為の定めにより制限されているときは，前2項の規定は，適用しない。
④ 受益証券発行信託においては，第92条第11号の規定にかかわらず，6箇月（これを下回る期間を信託行為において定めた場合にあっては，その期間）前から引き続き受益権を有する受益者に限り第44条第1項の規定による差止めの請求権を行使することができる旨の信託行為の定めを設けることができる。

第 2 節　商 事 信 託

るのが，これまでの通説的理解であった。しかしながら，信託財産が独立した財産として投資活動を行う以上，当該投資に関して生ずる損失の危険は，原則として当該投資により利益を受ける立場にある者が負うべきであるとの観点から，かかる危険を受託者の固有財産において全て引き受けるとすることが，果たして投資活動における衡平の感覚に合致するかについて，近年強い疑問が投げかけられるに到っている。また，信託財産との取引の相手方となる第三者の立場からしても，特に投資活動を行う目的で設定されている信託関係については，受託者に損失を負担させるよりも，むしろ当該投資活動に基づく利益を享受する受益者に対して，当該投資によって生じた権利に関する直接請求の可能性を見出す方が，第三者側から見て合理的な場合も少なくない。要するに，信託財産の管理処分により生じた債務や責任について，受託者の責任を信託財産の範囲に限定する考え方の背景には，投資活動を行っているのは受益者および信託財産であって受託者ではない，という前提が，受託者および第三者の双方に共有されているわけである。

現行法は，上記のような受託者の責任制限を行う信託関係を「限定責任信託」として，明文の規定をもって認めた[18]。すなわち，信託行為により受託者の責任を信託財産の範囲に限定する旨定めた場合には，限定責任信託である旨の登記を行い[19]，かつ，取引の相手方に対して限定責任信託であることを明示することにより[20]，信託財産の管理処分に関する受託者の責任は，信

18　（限定責任信託の要件）
　　第 216 条①　限定責任信託は，信託行為においてそのすべての信託財産責任負担債務について受託者が信託財産に属する財産のみをもってその履行の責任を負う旨の定めをし，第 232 条の定めるところにより登記をすることによって，限定責任信託としての効力を生ずる。
　　②　前項の信託行為においては，次に掲げる事項を定めなければならない。
　　　一　限定責任信託の目的
　　　二　限定責任信託の名称
　　　三　委託者及び受託者の氏名又は名称及び住所
　　　四　限定責任信託の主たる信託事務の処理を行うべき場所（第 3 節において「事務処理地」という。）
　　　五　信託財産に属する財産の管理又は処分の方法
　　　六　その他法務省令で定める事項

託財産の範囲に限定され，受託者の悪意または重過失による責任[21]を除くほか，受託者の固有財産に対する強制執行は行われない[22]。なお，限定責任信託では，受益者に対する給付についても，所定の額に制限される[23]。

信託財産に関する取引が，第三者との合意により自由に行われるべきもの

19　（限定責任信託の定めの登記）

　第232条　信託行為において第216条第1項の定めがされたときは，限定責任信託の定めの登記は，2週間以内に，次に掲げる事項を登記してしなければならない。

　一　限定責任信託の目的
　二　限定責任信託の名称
　三　受託者の氏名又は名称及び住所
　四　限定責任信託の事務処理地
　五　第64条第1項（第74条第6項において準用する場合を含む。）の規定により信託財産管理者又は信託財産法人管理人が選任されたときは，その氏名又は名称及び住所
　六　第163条第9号の規定による信託の終了についての信託行為の定めがあるときは，その定め
　七　会計監査人設置信託（第248条第3項に規定する会計監査人設置信託をいう。第240条第3号において同じ。）であるときは，その旨及び会計監査人の氏名又は名称

20　（取引の相手方に対する明示義務）

　第219条　受託者は，限定責任信託の受託者として取引をするに当たっては，その旨を取引の相手方に示さなければ，これを当該取引の相手方に対し主張することができない。

21　（受託者の第三者に対する責任）

　第224条①　限定責任信託において，受託者が信託事務を行うについて悪意又は重大な過失があったときは，当該受託者は，これによって第三者に生じた損害を賠償する責任を負う。

　②　限定責任信託の受託者が，次に掲げる行為をしたときも，前項と同様とする。ただし，受託者が当該行為をすることについて注意を怠らなかったことを証明したときは，この限りでない。

　一　貸借対照表等に記載し，又は記録すべき重要な事項についての虚偽の記載又は記録
　二　虚偽の登記
　三　虚偽の公告

　③　前2項の場合において，当該損害を賠償する責任を負う他の受託者があるときは，これらの者は，連帯債務者とする。

である以上，上記のような登記や明示に基づいて受託者の責任制限を第三者が認めた場合には，その効力が当該第三者に及ぶことは当然である。しかしながら，例えば，契約上の責任と不法行為責任との請求権競合が生じた場合における解釈として，契約上の合意であることが明らかな受託者の責任限定の定めにより，受託者の第三者に対する不法行為責任が果たして免責されるか否かについては見解が分かれうるため，この制度により受託者が完全に「保護」されるかは，何とも言えないように思われる。

(3) 商事信託法制のあり方

前述のとおり，旧信託法の制定以来現在に到るまで，日本における商事信託に関する特別法は，特定の種類の信託関係について存在するのみであり，商事信託に関する一般的な解釈は，民事信託に関する解釈と共に，全て信託法によって行われてきた。この状況は，現行法の下でも基本的に変化しておらず，現行信託法は，民事信託にも商事信託にも共に適用される。

このような状況下で，果たして「商事信託法」を現行信託法と別にさらに制定する必要があるかは，見解が分かれうるところである。実際，旧信託法

---

22 （固有財産に属する財産に対する強制執行等の制限）
　第217条① 限定責任信託においては，信託財産責任負担債務（第21条第1項第8号に掲げる権利に係る債務を除く。）に係る債権に基づいて固有財産に属する財産に対し強制執行，仮差押え，仮処分若しくは担保権の実行若しくは競売又は国税滞納処分をすることはできない。
　② 前項の規定に違反してされた強制執行，仮差押え，仮処分又は担保権の実行若しくは競売に対しては，受託者は，異議を主張することができる。この場合においては，民事執行法第38条及び民事保全法第45条の規定を準用する。
　③ 第1項の規定に違反してされた国税滞納処分に対しては，受託者は，異議を主張することができる。この場合においては，当該異議の主張は，当該国税滞納処分について不服の申立てをする方法でする。
23 （受益者に対する信託財産に係る給付の制限）
　第225条 限定責任信託においては，受益者に対する信託財産に係る給付は，その給付可能額（受益者に対し給付をすることができる額として純資産額の範囲内において法務省令で定める方法により算定される額をいう。以下この節において同じ。）を超えてすることはできない。

が改正され，現行信託法が制定される過程においては，旧信託法の商事信託に対する適用が，信託銀行実務にとって種々問題を発生させるとの主張が強く行われており，商事信託に関する法制度の研究も，相当程度行われていたことからすれば，信託法の改正でなく，商事信託法を別に制定するという選択肢も，理論上存在していたはずだからである。

　もっとも，信託法改正の結果として制定された現行信託法は，現在の信託銀行実務の感覚に相当程度合致した規定を数多く設けており，実質的には，「商事信託法」とほぼ同様の性格を有していると考えて差し支えない。また，既に議論したとおり，「商事信託」と「民事信託」とを比較して，商事信託にどのような理論的特徴があるかについては，信託目的と信託財産の管理処分に関する基本理念の違いが直感的に認められるものの，その違いを理論上明確に示すことは，極めて難しいのが実情である。さらに，現行信託法が，仮に商事信託への適用を念頭において制定されているとしても，民事信託に対する現行法の適用に際して，直ちに支障が生ずる規定は存在していない。むしろ，信託の基本構造に関する理論構成としても，現行信託法は基本的に全ての理論構成に対して無色中立の立場を貫いており，信託の多様性と柔軟性をもって是とする立場からすれば，民事信託に対する適用としても，十分な合理性と妥当性とを有するものと考えられる。

　以上のことからすると，現行信託法のほかにさらに商事信託法の制定を必要とする事情は，現在においては極めて小さくなっていると考えて差し支えない。ただし，現行信託法の規定は，信託関係当事者の合意を原則的に尊重し，裁判所による監督権限を極力抑制する傾向があるが，民事信託の典型例である家族間の財産管理においては，家庭裁判所の役割が，法的にも社会的にも期待されているため，この分野に対して信託法の適用を考える場合には，民法の規定する裁判所の監督権限から類推解釈を行う等，議論の調整が必要となるように思われる。

第3節　国際信託

(1)　国際信託の特徴

　「国際信託」とは，法律関係の一部が国外にある信託関係をいう。具体的には，信託財産の一部が国外において管理されている場合や，信託財産の管理処分に関する指図が国外から行われている場合，さらに，信託関係当事者が外国籍である場合等があり，国際信託の事例には様々なものがある。

　国際信託が生ずる理由について考えるためには，国際的な資産管理を信託を利用して行う場合と，国内で完結することが可能な信託関係の一部をあえて国外に置く場合との2つを，明確に区別することが必要である。

　国際的な資産管理を行う場合として信託が利用される場合には，信託関係当事者は，国際的な資産管理に際し，資産の移転や利益の取得に関して可能な限り柔軟性を持たせ，国内における資産管理と実質的に同様の効果を挙げることを目指すのが通常である。すなわち，この場合における信託関係形成の理由としては，国際的に点在している種々の理論的次元の異なる資産を，全て理論上同一次元の受益権に転換させ，財産相互間の通有性を確保しようとする意図が，背景として存在することが珍しくない。したがって，この場合における国際信託に関する解釈で最も重要となる点は，信託財産を構成する具体的な財産を受益権に転換する際における，経済的価値の評価ないし経済的利益の調整についてである。このような評価ないし調整については，信託関係が信託関係当事者の合意を基盤として成り立つ以上，原則としては当事者間における評価や調整に関する合意を尊重する必要があると考えられるが，関係者間で解釈が分かれた場合や，関係者が一致して不当な利益の取得を企図したような場合には，正義と衡平の観点から，関係当事者間の合意の解釈を改めて行う必要があることが避けられない。その際，信託関係に限らず，ある財産の経済的価値をどのような基準に従って把握すべきか，という法律学全体を通じての難問が，解釈者を悩ますこととなるであろう。

　他方，国内で完結することが可能な信託関係の一部をあえて国外に置く場合には，信託関係当事者は，法律関係が複雑なものとなることを懸念してお

らず，むしろ，法律関係を複雑にすることによって生ずる利益の取得を意図している場合が少なくない。なお，ここでいう「利益」には，信託財産の管理処分によって得られる収益のほか，国によって異なる税制を利用して税負担の軽減を図ること等も含まれる。この場合においては，信託関係当事者があえて複雑な法律関係の形成を意図している以上，解釈において最も重要な問題は，信託関係当事者の形成した外形的な法律関係に即した解釈をどこまで行うべきか，すなわち，外形的な法律関係を無視して，例えば経済的な利益の移転等に着目した合理的解釈を行うことがどのような場合に必要か，という点である。もとより，この問題は，国内で完結している信託関係でも同様に生ずるものであるが，国際信託の場合は，法律関係が複数国に渡るため，各国において「実質的解釈」の観点が異なる可能性を排除することができず，同一の法律関係に対する解釈が国により異なるという，さらに複雑な事態が生ずることとなる。もっとも，国内で完結する信託関係と比較して，国際信託の解釈が複雑となることは，法律が国家単位で制定されている以上避けられないことであるから，一国の法体系において採用すべき考え方として，国際的な法の調和を最重要視し，各国における独自の実質的観点をできる限り排除すべきであると考えるか，あるいは，各国における解釈を理論的に統一することが事実上不可能である以上，各国における法秩序は各国において守るほかなく，各国における正義と衡平の観念に照らして解釈を各々行うべきであると考えるかは，見解の分かれるところである。

　以上のとおり，国際信託には，理論的に未解決であったり，事実上解決が不可能であったりする問題点が多数存在しているが，これらの問題点の大半は，実は，国際信託に限ったものではなく，法律関係の解釈一般に関わる問題点であることを，改めて認識する必要がある。ただ，国際信託の場合には，後述する準拠法選択の問題点を筆頭に，適用される法律関係が複数国に及ぶため，その意味で正義と衡平の基準として具体的に機能することを期待される法律が相対的な存在となり，事態に対する明快な結論を一義的に導き出せなくなる場合が多い。しかしながら，この点についても，現行法の規定を絶対的な正義の基準と前提すること自体，異論のありうる考え方であり，全ての概念が法律により一義的に明らかになる，という考え方も，信託に関するこれまでの議論から明らかなとおり，絶対的な前提とはなり得ない。したが

って，国際信託についても，あえて国内における信託との理論的差異を強調する必要はなく，信託目的に拘束された法律関係であることを議論の中心に据えたうえで，信託関係当事者の合意内容を柔軟に解釈していくことが，問題の合理的かつ妥当な解決につながるものと考えられる。

(2) 信託の準拠法選択

　国際信託の複雑さが最も象徴的に示される点は，信託の準拠法選択の問題である。すなわち，信託関係が複数国に渡っている場合には，各国の法律がそれぞれ適用される可能性があるほか，複数国の法律を重畳適用すべきであるとの主張もなされうるから，準拠法選択の幅は限りなく広くなる傾向がある。この点について，日本における法適用通則法（平成18年法78号）は，法律構成ごとに，法適用に関する一般原則を示しているが，かかる牴触法規自体も，各国においてそれぞれ存在しており，その準拠法選択の問題がさらに生ずることを考えると，国際信託においては，一義的な解決を目指すこと自体に極めて大きな困難が伴うことが明らかである。

　現行信託法は，国内法の一種である以上，信託関係が国内で完結していることを暗黙のうちに前提としているため，国際信託に関する具体的な規定が特に用意されているわけではない。また，信託関係当事者間の法律関係や，信託関係当事者と第三者との法律関係の構成要素となる，「債権」「物権」「財産」「権利」「利益」といった基本的な概念の把握の仕方は，国により微妙に異なることも，注意しておく必要がある。しかも，信託関係においては，これまで議論してきたとおり，受益権の法的性格についても，多様な考え方があるわけであり，例えば，受益権を信託財産の実質所有権と考えた場合と，債権と考えた場合とで，準拠法選択の前提が異なってくる。

　このように，国際信託の解釈において，日本の信託法がどの範囲で適用されるのか，仮に日本の信託法を適用して結論を導いたとしても，かかる結論が「合理的」であり「妥当」であると判断できるか否かについて，理論上一義的な解答はないものと考えざるを得ない。しかしながら，解釈の対象となるべき信託関係が国際信託であり，信託関係の一部が国外に存在するとの一事をもって，日本の信託法の規定や日本の信託に関する議論が全て適用され

ないとする解釈に，問題があることも明らかである。

　そうすると，国際信託の準拠法選択の解釈においても，信託関係の本質的特徴である，信託目的により信託関係当事者や信託財産が拘束されている，という点から議論するほかないように思われる。この観点は，信託関係当事者が設定した外形的な法律構成を尊重しつつ，同時に，信託目的との関係で最も合理的な準拠法を併せて探究していくものであるため，全ての状況における準拠法選択の結論を一義的に明らかにすることは困難であるとしても，多くの状況において，理論上も実務上も妥当な結論を導くことを，相当程度期待することが可能となるように思われる。

第4節　知　財　信　託

(1)　知財信託の特徴

　「知財信託」とは，知的財産を信託財産とする信託関係をいう。知財信託は，要するに，知的財産の管理に関して信託を活用するものであり，現代的な信託の活用方法として，最も注目されているものの1つと言って差し支えない。もっとも，そのような実務上の特性から離れた理論的観点の下で，知財信託がどのような特徴を有すると考えられるかは，かなり困難な問題であるが，この問題については，知財信託の信託財産を構成する知的財産が，財産としてどのような特徴を有していると考えるかによって，解釈の基本的な方向性が導かれる。

　例えば，知的財産の特徴を，無形財産であると捉えた場合には，知財信託は他の無形財産を信託財産とする信託関係，典型的には債権信託とほぼ同一の次元のものとして捉えることができる。実際，知財信託の管理処分においては，信託財産が無形財産であるということから，債権信託における事務処理と相当の親近性があることは疑いなく，また，知的財産のうち，財産的価値が特に高いものの典型例は，知的財産の使用権を付与することと引換えに対価の支払いを求める債権であるから，知財信託と債権信託との連続性は，一般的には否定されるべきでないように思われる。ただし，債権は，原則として複数当事者間における請求権であり，その主要な発生原因である契約は，

第4節　知財信託

当事者間で自由に設定されるものであって，原則として内容が自由であるのに対し，知的財産については，そもそもの定義が各知財権利者の知的活動の成果であることからすれば，必ずしも権利関係の「相手方」を必要とするものでなく，知的財産権の内容についても，債権と同様の当事者間における自由が認められるべきかは，なお検討が必要である。

これに対して，知的財産の特徴を，権利者の知的活動の成果であると考えた場合には，知財信託は，権利者の知的活動の成果を信託目的に従って管理処分する制度ということとなり，他の信託関係とはかなり次元の異なる制度として位置づけられる。すなわち，これまで議論の対象としてきた一般的な信託関係では，信託財産は要するに「物」ないし「経済的価値」であり，本来的に管理処分の対象となるものであるのに対し，知財権利者の知的活動は，必ずしも「物」として結実するわけではなく，また，「経済的価値」を伴うとも限らない以上，かかる知的活動の成果を「管理処分」することの意味について，改めて考える必要が生ずるからである。実際，知的財産として，具体的な成果物や成果としての方法ないし手段のみならず，知的活動が行われることそれ自体をも含むものと考えるならば，かかる知的活動自体を「信託目的により拘束」することが果たして許されるべきか否かが，信託関係の本質的特徴に関わる問題として，正面から問い直される必要があるであろう。

現在のところ，知財信託に関して実務が特に注目している側面は，特許権や著作権等を典型とする現行法上明確に認められている知的財産権を，合理的かつ集中的に管理処分するための手段として活用するというものであり，かかる信託関係は，知財信託の理論的特徴についてどのように考えた場合でも，必ず知財信託の範疇に含まれるから，現時点において知財信託の理論的特徴を厳密に追求する必要性は，少なくとも実務上は生じていない。しかしながら，知財信託の実例が今後増加していけば，必然的に解釈を必要とする事態が生ずることとなり，その際には，知財信託の理論的特徴，および，知的財産の理論的特徴が何かという問題を避けて解釈を行うことはできない。したがって，現段階では未解決の問題であり，今後の方向性においても不確定な部分が多々あるとしても，知財信託および知的財産の理論的特徴については，さらに検討を加える必要がある。その際には，上述した点のうち，特に未解決の問題が多いと思われる，知財権利者の知的活動の成果としての側

面を，より深く考察することが有益であろう。

(2) 国際知財信託

　知財信託のうち，現在の実務で特に注目されているのは，複数国間にまたがって事業活動を展開する企業や団体等の行う，事業遂行の過程で各国において発生する知的財産を管理する方法としての，知財信託の活用である。

　国際的な知的財産の管理について従来一般的に行われてきた方法は，事業遂行に際して必要となる知的財産について，各国において付与ないし取得された権利等を，主な事業活動を行う国における事業拠点が一元的に管理し，当該権利の実施権限を他の国における事業拠点に付与する，というものであった。しかしながら，この方法によると，各国において発生する知的財産にかかる権利等が，主に事業を行う国の事業拠点にのみ帰属するため，その余の事業拠点は単に当該権利等の実施権限を得るのみで，当該権利等に伴う利益を部分的にしか享受できない。したがって，各国における事業活動の中で独自に生じてきた知的財産がこの一元的な管理に組み込まれると，主な事業活動を行う国に権利等が帰属してしまうため，独自に知的財産を生じさせた各国の事業拠点としては，当該知的財産について，一元的な管理に服させることに消極的な対応をする動機が生じかねない。

　これに対して，各国において取得ないし付与された知的財産に関する権利等につき，関係する全ての事業拠点との関係で相互に持分ないし共同所有的権利関係を持ち合う方法も，現在では少なからず行われている。この方法は，前述した主な事業活動を行う国における事業拠点が一元的に管理する方法と異なり，各事業拠点が，自国に関係する権利等をそれぞれ自己の権利として保有するものであるから，主に事業を展開する国との関係で知財管理が一方向的となる問題点を容易に回避することができる。しかしながら，この方法は，同一の権利関係が複数国間にわたって共同で帰属する以上，関係する国が多くなればなるほど法律関係が複雑になり，万一紛争が生じた場合には，解決に向けて多大な労力が費やされる恐れがある。

　このような実務の現状に対して，国際的な知財管理を目的とした信託関係を設定する方法は，上記で指摘した問題点を合理的かつ妥当に解決できる可

第 4 節　知 財 信 託

能性が高い。すなわち，知的財産の一元的管理という点から見れば，信託財産は信託目的に基づいて一元的に管理され，特定の関係者が恣意的な管理処分を行うことは許されない。また，関係者相互間の権利関係についても，信託関係の設定に際して受益権の内容を柔軟に調整することによって，各国における実務や規制の状況に応じた対処を，関係者間の合意で行うことができる。さらに，知財信託の下では，全ての信託関係当事者が信託目的の下に対等な立場にあるため，関係者間での法律上ないし事実上の優先劣後関係が生じなくなり，事業拠点間の無用な心理的対立が生ずる恐れをかなりの程度回避することができるが，これは複数国間にまたがって事業展開を行う企業実務にとって，無視できない長所である。

国際知財信託についての実務上の有用性と将来性については，以上に述べたとおりであるが，その理論的特徴について考えようとした場合には，国際信託の側面と知財信託の側面との双方について，改めて理論的特徴を考えなければならない，という難問が残されている。また，具体的な解釈の問題に限ったとしても，①信託関係当事者間の法律関係の基本構造，②知的財産の受益権への転換における法的問題点，③信託の準拠法選択における解釈指針，④信託税制および信託事務の執行における解釈指針，等々，多様な局面における議論が，未解決のまま山積しているのが実情である。

これまで本書で示してきた信託関係の各分野における議論から明らかなとおり，信託関係の本質的特徴である「信託目的による拘束性」を基に議論していくことによって，理論的な一貫性と実務上の合理性かつ妥当性との双方を備えた解決が導かれることは，相当程度期待を寄せて差し支えないように思われるが，国際知財信託を典型とする各分野における未解決の問題点については，今後において継続して考えていくほかない。要するに，信託に関する理論的観点から議論を行う必要性は，どのような立法が行われたとしても，常に存在するわけであり，本書の議論を契機として，さらに信託に関する議論が発展していくことを，心より願うものである。

参考文献

青木徹二『信託法論』（1926）
天野佳洋＝折原誠＝谷健太郎編『一問一答改正信託法の実務』（2007）
天野佳洋＝久保淳一『図解よくわかる信託と信託ビジネス』（2008）
新井誠『財産管理制度と民法・信託法』（1990）
新井誠『成年後見法と信託法』（2005）
新井誠『信託法』（第3版，2008）
新井誠編『高齢社会と信託』（1995）
新井誠編『欧州信託法の基本原理』（2003）
新井誠編『高齢社会における信託と遺産承継』（2006）
新井誠編『新信託法の基礎と運用』（2007）
新井誠編『キーワードで読む信託法』（2007）
新井誠編『信託ビジネスのニュートレンド：改正信託法対応版』（2008）
新井誠＝神田秀樹＝木南敦編『信託法制の展望』（2011）
イギリス信託・税制研究会編『イギリス信託・税制研究序説』（1994）
池田寅二郎『担保付社債信託法論』（1909）
石尾賢二『イギリス土地信託法の基礎的考察』（2000）
磯山淳『投資信託税制の理論と課題』（2008）
井上聡『信託の仕組み』（2007）
井上聡編『新しい信託30講』（2007）
入江眞太郎『全訂信託法原論』（1933）
岩田新『信託法新論』（1933）
植田淳『英米法における信認関係の法理』（1997）
海原文雄『英米信託法の諸問題（上・下）』（1993）
海原文雄『英米信託法概論』（1998）
占部裕典『信託課税法』（2001）
大蔵省銀行局編『外国ニ於ケル信託ニ関スル調査』（1916）
大阪谷公雄『信託法の研究（上・下）』（1991）
大塚正民＝樋口範雄編『現代アメリカ信託法』（2002）
奥村眞吾『これならわかる新信託法と税務』（2007）
奥村眞吾『信託税制ハンドブック』（2007）
落合誠一編『比較投資信託法制研究』（1996）
乙部辰良『詳解投資信託法』（2001）
小野傑＝深山雅也編『新しい信託法解説』（2007）
加藤浩＝川口博＝星田寛『相続・遺言・財産管理のためのオーダーメイド信託のすすめ：パーソナルトラスト活用法』（2005）
木内清章＝谷田尚『事業承継と信託：事業信託の展開と信託税務』（2009）
岸本雄次郎『信託制度と預り資産の倒産隔離』（2007）

参考文献

北浜法律事務所・外国法共同事業編『新信託の理論・実務と書式』(2008)
工藤聡一『ビジネス・トラスト法の研究』(2007)
経済法令研究会編『信託の基礎』(3訂版, 2010)
小林秀之編『資産流動化・証券化の再構築』(2010)
根田正樹＝矢内一好＝天野佳洋『信託の法務・税務・会計』(2007)
坂本隆志『図解いちばんやさしい信託と信託法の本』(2009)
佐藤勤『信託法概論』(2009)
佐藤哲治編『Q＆A信託法：信託法・信託法関係政省令の解説』(2007)
佐藤哲治編『よくわかる信託法』(2007)
佐藤英明『信託と課税』(2000)
鯖田豊則『信託の会計と税務』(2007)
鯖田豊則『要点解説100 信託実務がわかる』(2008)
四宮和夫『信託の研究』(1965)
四宮和夫『信託法』(新版, 1989)
澁谷彰久『預金口座と信託法理』(2009)
清水毅＝森藤有倫編『投資信託の計理と決算』(第2版, 2001)
商事信託研究会『商事信託法の研究』(2001)
信託会社協会編『信託法規ノ成立』(1922)
信託登記実務研究会編『信託登記の実務』(2009)
「信託と倒産」実務研究会編『信託と倒産』(2008)
鈴木正具＝大串淳子編『コンメンタール信託法』(2008)
住友信託銀行遺言信託研究会『実務家が書いた相続対策："争族"防止のための遺言・遺言信託』(改訂版, 2009)
瀬々敦子『中国民商法の比較法的考察：契約法，会社法，信託法，投資関係法の国際的位相』(2010)
第一東京弁護士会司法研究委員会編『社会インフラとしての新しい信託』(2010)
第一東京弁護士会総合法律研究所遺言信託実務研究部会編『遺言信託の実務』(2010)
高垣勲＝星野大記『よくわかる新信託法の実務：信託業法・登記・税務のすべて』(2007)
高橋研『信託の会計・税務ケーススタディ』(2007)
髙橋淳『信託の法律実務Q＆A』(2007)
高橋元『投資信託のしくみがわかる本』(2000)
田中和明『新信託法と信託実務』(2007)
田中和明『詳解信託法務』(2010)
田中俊之＝伊藤志保＝愛葉眞樹＝市川克也『証券投資信託の開示実務』(2000)
田中実『公益法人と公益信託』(1980)
田中實『公益信託の現代的展開』(1985)
田中實編『公益信託の理論と実務』(1991)
田中實＝山田昭＝雨宮孝子（補訂）『信託法』(改訂版, 1998)
田村威『投資信託：基礎と実務』(7訂版, 2010)

田村威＝杉田浩治＝林皓二＝青山直子『プロフェッショナル投資信託実務』（6訂版，2010）
知的財産研究所編『知的財産権の信託』（2004）
中央三井トラスト・グループ信託業務研究会編『Q＆A信託業務ハンドブック』（第3版，2008）
中央三井トラスト・ホールディングス編『詳解排出権信託：制度設計と活用事例』（2008）
寺本振透『知的財産権信託の解法』（2007）
寺本振透編『解説新信託法』（2007）
寺本昌広『逐条解説新しい信託法』（補訂版，2008）
道垣内弘人『信託法理と私法体系』（1996）
道垣内弘人『信託法入門』（2007）
道垣内弘人＝大村敦志＝滝沢昌彦編『信託取引と民法法理』（2003）
道垣内弘人＝小野傑＝福井修編『新しい信託法の理論と実務』（2007）
富田仁『信託の構造と信託契約：民法上の契約を目指して』（2006）
永石一郎＝赤沼康弘＝高野角司編『信託の実務Q＆A』（2010）
中田英幸『ドイツ信託法理：日本信託法との比較』（2008）
中野正俊『信託法講義』（2005）
中野正俊『信託法判例研究』（新訂版，2005）
日本信託銀行信託法研究会『アメリカ信託法』（1993）
日本税理士会連合会編＝西賀順好＝松本晃『Q＆Aよくわかる投資信託のしくみと税金』（第2版，2000）
日本弁護士連合会法的サービス企画推進センター遺言信託プロジェクトチーム『高齢者・障害者の財産管理と福祉信託』（2008）
日本法令不動産登記研究会編『わかりやすい信託登記の手続』（2008）
能見善久『現代信託法』（2004）
能見善久編『信託の実務と理論』（2009）
野村アセット編『投資信託の法務と実務』（第4版，2008）
野村資本市場研究所編『総解説米国の投資信託』（2008）
樋口範雄『フィデュシャリー［信認］の時代：信託と契約』（1999）
樋口範雄『アメリカ信託法ノートⅠ・Ⅱ』（2000-03）
樋口範雄『入門信託と信託法』（2007）
平川忠雄編『新しい信託の活用と税務・会計』（2007）
福田政之＝池袋真実＝大矢一郎＝月岡崇『詳解新信託法』（2007）
藤本幸彦＝鬼頭朱実『信託の税務：信託と集団投資ストラクチャー』（2007）
藤原勇喜『信託登記の理論と実務』（改訂増補版，2004）
星野豊『信託法理論の形成と応用』（2004）［星野・信託法理論］
細矢祐治『本邦信託論』（改訂増補版，1925）
細矢祐治『信託法理及信託法制』（1926）
松本崇＝西内彬『信託法・信託業法・兼営法（特別法コンメンタール）』（1972）

みずほ信託銀行編『債権流動化の法務と実務』(2005)
三谷進『アメリカ投資信託の形成と展開：両大戦間期から1960年代を中心に』(2001)
三井信託銀行編『新・よくわかる遺言と遺言信託』(1989)
三菱UFJ信託銀行編『信託の法務と実務』(5訂版，2008)
三淵忠彦『信託法通釈』(1926)
村松秀樹＝富澤賢一郎＝鈴木秀昭＝三木原聡『概説新信託法』(2008)
森泉章編『イギリス信託法原理の研究：F.W. メイトランドの所説を通して』(1992)
森藤有倫『不動産投資信託の計理・税務』(2001)
安田信託銀行遺言信託研究会編『わかりやすい遺言・相続：いわゆる「遺言信託」を中心として』(2001)
山田昭『信託立法過程の研究』(1981)
山田昭編『信託法・信託業法（日本立法資料全集2）』(1991)
山田＆パートナーズ＝TFPコンサルティンググループ＝TMI総合法律事務所編『信託：実務のための法務と税務』(2008)
山田剛志『金融の証券化と投資家保護：ドイツ投資信託からの法的・経済的示唆』(2000)
山田煕＝中森真紀子『信託の税務：相続税対策としての戦略的活用法』(1997)
山田雅俊＝阿曽芳樹＝井出真『絵でわかる不動産投資信託Q＆A：図解』(2000)
遊佐慶夫『信託法提要』(1919)
遊佐慶夫『信託法制評論』(1924)
横山亘『信託に関する登記』(1997)
吉野直行編『信託・証券化ファイナンス』(2008)
米倉明『信託法・成年後見の研究』(1998)
米倉明編『信託法の新展開：その第一歩をめざして』(2008)
渡辺裕泰『ファイナンス課税』(2006)
IPトレーディング・ジャパン編『事業再編における「信託」活用の実務』(2008)
UAP＝UAP信託編『詳解信託の税務』(2009)

事項索引

あ 行

池田寅二郎 …………………………………… 12
イリノイ型土地信託（Illinois Land Trust）
　……………………………………………… 206
エクイティ ……………………………………… 8, 28

か 行

家族間の財産管理と家庭裁判所 …… 3, 166, 254
間接代理人（問屋）の破産と委託者の取戻
　権 ……………………………………… 17, 177
擬制信託 ………………………… 195, 196, 197, 202
金融政策 ……………………………………… 171
原状回復請求 ………………………………… 139
国際的な信託関係 …………………………… 68
個人型の公益信託 …………………………… 243
コモン・ロー ………………………………… 8, 28

さ 行

財産の復旧 …………………………………… 139
再信託 …………… 70, 72, 75, 106, 136, 219, 224, 225
差止請求 ……………………………………… 139
私益信託 ………………………… 13, 239, 241, 242
自益信託 ……………………… 40, 44, 61, 92, 93, 159
四宮和夫 ……………………………………… 32
従業員年金の支給 …………………………… 215
受益権の譲渡担保 …………………………… 153
受益者兼本人・受託者兼代理人 …… 205, 207
受益者集会 …………………………………… 98
受益者代理人 ………………………………… 100
受託者への課税 ……………………………… 83

証券投資信託 ………………………………… 100
商事信託法 …………………………………… 254
震災による被害 ……………………………… 243
信託の多様性 ……………………………… 36, 254
信託の目的拘束性 … 25, 27, 36, 40, 43, 44, 93, 150,
　206, 216, 230, 232, 236, 241, 257, 258, 259, 261
信託法リステイトメント（Restatement
　of Trusts）………………………………… 1, 11
信認関係（Fiduciary Relationships）……… 11
請求権競合 …………………………………… 253
1873 年裁判所法（Judicature Act of 1873）
　………………………………………………… 10

た 行

退職従業員に対する年金支給 ……………… 87
大震災後の被災地支援 ……………………… 243
他益信託 ………………………… 40, 44, 93, 159
知財信託と債権信託との連続性 ………… 258
投　　資 …… 11, 48, 52, 100, 124, 125, 204, 205, 207,
　218, 219, 237, 250, 251

な 行

二重信託 ………………………………… 52, 219, 222

は 行

ビジネス・トラスト（Business Trust）… 206
保証金返還債務 ……………………………… 50

ま 行

民事信託 ………………………… 13, 14, 245, 253, 254
メイトランド（F. W. Maitland）…………… 10

条文索引

現行信託法

2条1項	5, 45, 164
2条3項	44
2条10項	220
2条11項	225
3条	5
4条	6, 39, 45
5条	41
6条	41
6条1項	167
8条	53
11条1項	51
14条	179
16条	55
17条	61
20条	61
21条1項3号	51
22条	59, 62
23条	63
25条	64
25条1項	17
26条	102
27条	201
27条1項	42, 117
27条2項	117
27条3項	42
28条	74, 105
29条	124
30条	119
31条	120
31条2項1号	122
31条2項2号	122, 129
31条2項3号	122
31条2項4号	122
31条4項	138
31条5項	138
32条	121
32条2項	122
32条4項	138
33条	84
34条	47, 132
34条1項	133
34条2項	133
35条	75
36条	126
37条	126
38条	127
39条	128
40条1項	140
44条	140
46条1項	167
48条	107
49条	108
50条	108
51条	109
52条	109
52条1項	112
52条4項	112
53条	110
53条1項	112
56条	67
56条1項1号	65
56条1項2号	65
57条2項	167
58条	79
58条4項	167
60条	65
62条1項	167
62条4項	167
63条1項	167
64条1項	168
66条2項	168
74条1項	168

74条2項	168	153条	222
75条	78	154条	222
76条	78	155条	226
77条	79	156条	227
78条	79	157条	229
79条	69	158条	229
80条	70	159条	226
80条1項	135	160条	228
80条2項	135	161条	229
80条3項	135	162条	229
80条4項	135	163条	231
81条	70	163条1号	41, 46
82条	70	163条2号	53, 222
83条	71, 136	163条3号	41
85条	136	163条5号	221
88条	82, 146	163条7号	6
89条	147	164条	230
90条	157	165条	232
91条	157	165条1項	169
92条	147	166条	232
93条	153	166条1項	169
94条	153	169条1項	169
95条	153	170条1項	169
96条	154	170条2項	169
97条	154	170条3項	169
98条	154	173条1項	169
101条	210, 234	176条	233
104条2項	168	180条1項	169
105条	99, 156	182条	90, 235
123条	99	182条2項	90
123条4項	168	183条6項	89
131条4項	168	185条	247
138条	100	186条	248
145条	163	189条	248
145条1項	42, 96	194条	249
149条	214	195条	249
150条	214	212条	249
150条1項	168	213条	250
151条	220	216条	251
152条	221	217条	253

条文索引

219 条	252	30 条	60
222 条 1 項	169	31 条	201
222 条 2 項	170	32 条	201
222 条 3 項	170	33 条	201
222 条 4 項	170	36 条	112
223 条	170	40 条 2 項	96, 162
224 条	252	41 条	165
225 条	253	47 条	162
229 条 1 項	170	50 条 1 項	77
230 条 1 項	170	52 条 1 項	77
230 条 2 項	170	62 条	96
232 条	252	63 条	27, 233
258 条	144		
258 条 1 項	170		
258 条 6 項	170	**公益信託法**	
259 条	145	1 条	238
260 条	145	2 条	239
		3 条	239

旧信託法

		4 条	239
1 条	4, 162	5 条	239
3 条 2 項	175	6 条	239
6 条	244	7 条	240
7 条	82	8 条 1 項	240
9 条	52	9 条	240
15 条	60		
16 条 1 項	27, 60	**所得税法**	
16 条 2 項	96, 162	2 条 1 項 8 号の 3	185
17 条	57, 60	6 条の 2	186
18 条	60	11 条 2 項	240
20 条	124	13 条 1 項	183, 185
22 条 1 項	165	13 条 2 項	185
23 条 1 項	96, 162		
24 条	69, 134	**相続税法**	
25 条	71, 134	9 条の 4 第 1 項	83
26 条 1 項	74, 104		
26 条 2 項	106	**平成 10 年改正信託業法**	
26 条 3 項	75, 106	10 条 1 項	134, 178
27 条	96, 140, 162		
28 条	131		

法人税法

2条29号の2 …………………………… 186
4条の6 …………………………… 187
12条1項 …………………………… 183, 185
12条2項 …………………………… 185

〈著者紹介〉

星野　豊（ほしの・ゆたか）
1968年　東京都生まれ
現　在　筑波大学人文社会科学研究科准教授
専　攻　民法・信託法

〈著　書〉
『信託法理論の形成と応用』（信山社，2004年）

法律学講座

◆◆◆

信　託　法

2011（平成23）年7月12日　第1版第1刷発行
8039-5：P288　¥3400E-013-100-100-020

著　者　星　野　　豊
発行者　今井　貴・渡辺左近
発行所　株式会社　信山社
〒113-0033　東京都文京区本郷6-2-9-102
Tel 03-3818-1019　Fax 03-3818-0344
info@shinzansha.co.jp
笠間才木支店　〒309-1611　茨城県笠間市笠間515-3
Tel 0296-71-9081　Fax 0296-71-9082
笠間来栖支店　〒309-1625　茨城県笠間市来栖2345-1
Tel 0296-71-0215　Fax 0296-72-5410
出版契約 2011-8039-5-01010　Printed in Japan

©星野豊，2011．印刷・製本／暁印刷・渋谷文泉閣
ISBN978-4-7972-8039-5 C3332　分類324.522-c009 信託法

JCOPY　〈(社)出版者著作権管理機構　委託出版物〉
本書の無断複写は著作権法上での例外を除き禁じられています。複写される場合は，
そのつど事前に，(社)出版者著作権管理機構（電話03-3513-6969，FAX03-3513-
6979，e-mail : info@copy.or.jp）の許諾を得てください。(信山社)

── 既刊・新刊 ──

星野　豊 著
信託法理論の形成と応用

信託法解釈における信託法理論の役割を再検討
信託法理論の歴史的な形成過程と背景に関する分析検討を行った第 1 部，代表的ないくつかの信託法理論を信託法に応用した場合における解釈相互の関係を検討した第 2 部からなる。信託銀行をはじめとする企業実務の行動と理論的観点との位置づけに配慮しながら，信託法理論と信託法の個々の問題点の解釈との相互関係について考察する。

── 信山社 ──

―― 既刊・新刊 ――

山田　昭 編著
〈日本立法資料全集 2〉
信託法・信託業法〔大正 11 年〕

大阪谷公雄 著
信託法の研究(上)　理論編

信託法の研究(下)　実務編

信託法の研究　別巻

海原文雄 著
英米信託法の諸問題(上)　基礎編

英米信託法の諸問題(下)　応用編

―― 信山社 ――

━━━━━ 既刊・新刊 ━━━━━

石田 穰 著　〈民法大系シリーズ〉
民法大系 (2) 物権法
民法大系 (3) 担保物権法

加賀山茂 著　〈現代民法シリーズ〉
現代民法 学習法入門
現代民法 担保法

平野裕之 著　〈民法総合シリーズ〉
民法総合3 担保物権法〔第2版〕
民法総合5 契約法
民法総合6 不法行為法〔第2版〕

━━━━━ 信山社 ━━━━━

―― 判例プラクティスシリーズ ――

松本恒雄・潮見佳男 編
判例プラクティス民法Ⅰ 総則・物権
判例プラクティス民法Ⅱ 債権
判例プラクティス民法Ⅲ 親族・相続

成瀬幸典・安田拓人 編
判例プラクティス刑法Ⅰ 総論

成瀬幸典・安田拓人・島田聡一郎 編
判例プラクティス刑法Ⅱ 各論　（近刊）

憲法判例研究会 編
判例プラクティス憲法　（近刊）
［執筆］
淺野博宣・尾形健・小島慎司・宍戸常寿・
曽我部真裕・中林暁生・山本龍彦

―― 信山社 ――

━━━━ プラクティスシリーズ ━━━━

潮見 佳男 著
プラクティス民法
債権総論〔第3版〕

木村 琢麿 著
プラクティス行政法

山川 隆一 編
プラクティス労働法

柳原正治・森川幸一・兼原敦子 編
プラクティス国際法講義

━━━━ 信山社 ━━━━

学術選書

1	太田勝造	民事紛争解決手続論〔第2刷新装版〕
6	戸根住夫	訴訟と非訟の交錯
11	岡本詔治	隣地通行権の理論と裁判〔第2刷新装版〕
17	中東正文	企業結合法制の理論
19	深川裕佳	相殺の担保的機能
20	徳田和幸	複雑訴訟の基礎理論
22	田村精一	国際私法及び親族法
23	鳥谷部茂	非典型担保の法理
24	並木　茂	要件事実論概説Ⅰ　契約法
31	野澤正充	民法学と消費者法学の軌跡
32	半田吉信	ドイツ新債務法と民法改正
33	潮見佳男	債務不履行の救済法理
39	岡本詔治	通行権裁判の現代的課題
40	王　冷然	適合性原則と私法秩序
41	吉村徳重	民事判決効の理論（上）
42	吉村徳重	民事判決効の理論（下）
43	吉村徳重	比較民事手続法
44	吉村徳重	民事紛争処理手続
75	小梁吉章	フランス信託法

信山社

──── 法律学の森シリーズ ────

新　正幸　憲法訴訟論〔第2版〕
大村敦志　フランス民法
潮見佳男　債権総論Ⅰ〔第2版〕
潮見佳男　債権総論Ⅱ〔第3版〕
潮見佳男　契約各論Ⅰ
潮見佳男　契約各論Ⅱ　　（続刊）
潮見佳男　不法行為法Ⅰ〔第2版〕
潮見佳男　不法行為法Ⅱ〔第2版〕
潮見佳男　不法行為法Ⅲ〔第2版〕　（続刊）
藤原正則　不当利得法
青竹正一　新会社法〔第3版〕
泉田栄一　会社法論
小宮文人　イギリス労働法
高　翔龍　韓国法〔第2版〕

──── 信山社 ────